LE GAI SAVOIR

(La Gaya Scienza)

OUVRAGES DU MÊME AUTEUR

EN VENTE

PAGES CHOISIES, publiées par HENRI ALBERT avec une préface. Portrait de Frédéric Nietzsche gravé sur bois par JULIEN TINAYRE. Un fort vol. in-18.................... 3.50

HUMAIN, TROP HUMAIN (1re partie), traduit par A. M. DESROUSSEAUX. Un vol. in-18.................... 3.5

LE GAI SAVOIR (*La Gaya Scienza*), traduit par HENRI ALBERT. Un volume in-18.................... 3.50

AINSI PARLAIT ZARATHOUSTRA, traduit par HENRI ALBERT. Un vol. in-18.................... 3.50

LA GÉNÉALOGIE DE LA MORALE, traduit par HENRI ALBERT. Un vol. in-18.................... 3.50

LE CRÉPUSCULE DES IDOLES, LE CAS WAGNER, NIETZSCHE CONTRE WAGNER, L'ANTÉCHRIST, traduit par HENRI ALBERT. Un volume in-18.................... 3.50

PAR DELA LE BIEN ET LE MAL, traduit par L. WEISCOPF et G. ART. Un volume in-8.................... 8 fr.

SOUS PRESSE

L'ORIGINE DE LA TRAGÉDIE, ou *Hellénisme et Pessimisme*, traduit par JEAN MARNOLD ET JACQUES MORLAND. Un volume in-18.................... 3.50

AURORE (*Pensées sur les préjugés moraux*), traduit par HENRI ALBERT. Un volume in-18.................... 3.5

EN PRÉPARATION (*volumes gr. in-18*) :

HOMÈRE ET LA PHILOLOGIE CLASSIQUE. — DE L'AVENIR DE NOS ÉTABLISSEMENTS PÉDAGOGIQUES, etc.................... 1 vol.

LA PHILOSOPHIE PENDANT LA PÉRIODE TRAGIQUE DE LA GRÈCE, etc.................... 1 vol.

CONSIDÉRATIONS INACTUELLES.................... 1 vol.

HUMAIN, TROP HUMAIN (2e partie).................... 1 vol.

PAR DELA LE BIEN ET LE MAL (nouvelle édition).................... 1 vol.

ŒUVRES COMPLÈTES DE FRÉDÉRIC NIETZSCHE

PUBLIÉES SOUS LA DIRECTION DE HENRI ALBERT

FRÉDÉRIC NIETZSCHE

Le gai Savoir

(« La gaya Scienza »)

TRADUIT PAR

HENRI ALBERT

PARIS
SOCIÉTÉ DV MERCVRE DE FRANCE
XV, RVE DE L'ÉCHAVDÉ-SAINT-GERMAIN, XV

MCMI

IL A ÉTÉ TIRÉ DE CET OUVRAGE

*Douze exemplaires sur papier de Hollande,
numérotés de 1 à 12*

JUSTIFICATION DU TIRAGE

Droits de traduction et de reproduction réservés pour tous pays,
y compris la Suède, la Norvège et le Danemark.

J'habite ma propre demeure,
Jamais je n'ai imité personne,
Et je me ris de tous les maîtres
Qui ne se moquent pas d'eux-mêmes.

Écrit au-dessus de ma porte.

AVANT-PROPOS
DE LA DEUXIÈME ÉDITION

I.

Ce livre aurait peut-être besoin d'autre chose que d'un avant-propos, car en fin de compte un doute continuerait à subsister malgré tout, savoir si l'on pourrait rendre sensible par des préfaces, à quelqu'un qui n'a pas vécu quelque chose d'analogue, ce qu'il y a d'*aventure* personnelle dans ce livre. Il semble être écrit dans le langage d'un vent de dégel : on y trouve de la pétulance, de l'inquiétude, des contradictions et un temps d'avril, ce qui fait songer sans cesse au voisinage de l'hiver, tout autant qu'à la *victoire* sur l'hiver, à la victoire qui arrive, qui doit arriver, qui est peut-être déjà arrivée... La reconnaissance rayonne sans cesse, comme si la chose la plus inattendue s'était réalisée, c'est la reconnaissance d'un convalescent, — car cette chose inattendue, ce fut la guérison. « Gai Savoir » : qu'est-ce sinon les saturnales d'un esprit qui a résisté patiemment à une terrible et longue pression — patiemment, sévèrement, froidemen , sans se soumettre, mais sans espoir, — et qui maintenant, tout à coup, est assailli par l'espoir, par l'espoir de guérison, par *l'ivresse* de la guérison ? Quoi d'étonnant si beaucoup de choses déraisonnables et folles sont amenées au jour, beaucoup de tendresse malicieuse gaspillée pour des problèmes hérissés d'aiguillons qui n'ont pas l'air de vouloir être caressés et attirés. C'est que ce livre tout entier n'est que fête après les privations et les faiblesses, il est la jubilation des forces renaissantes, la nouvelle foi en demain et en après-demain, le sentiment soudain et le pressentiment de l'avenir, des aventures prochaines et des mers nouvellement ouvertes, des buts permis de nouveau et auxquels il est de nouveau permis de croire. Et combien de choses avais-je derrière moi!... Cette espèce de désert d'épuisement, d'incrédulité, de congélation en pleine jeunesse, cette sénilité qui s'était introduite dans la vie, alors que je n'avais qu'en faire, cette tyrannie de la douleur, surpassée encore par la tyrannie de la fierté qui rejette les *conséquences* de la douleur — et c'est se consoler que de savoir accepter des conséquences, — cet isolement radical pour se garer contre un mépris des hommes, un mépris devenu clairvoyant jusqu'à la maladie, cette restriction par principe à tout ce que la connaissance a d'amer, d'âpre, de blessant, une restriction que prescrivait le *dégoût* né peu à peu d'une imprudente diète et d'une gâterie intellectuelles — on appelle cela du romantisme, — hélas! qui donc pourrait sentir tout cela avec moi! Mais celui qui le pourrait compterait certainement en ma faveur plus qu'un peu de folie, d'impétuosité et de « Gai

Savoir », — il me compterait par exemple la poignée de chansons qui cette fois accompagneront le volume — des chansons où un poète se moque des poètes d'une façon difficilement pardonnable. Hélas ! ce n'est pas seulement sur les poètes et leurs « beaux sentiments lyriques » que ce ressuscité doit déverser sa méchanceté : qui sait de quelle sorte est la victime qu'il se cherche, quel monstre de sujet parodique le charmera dans peu de temps ? « *Incipit tragœdia* » — est-il dit à la fin de ce livre d'une simplicité inquiétante : que l'on soit sur ses gardes ! Quelque chose d'essentiellement malicieux et méchant se prépare : *incipit parodia*, cela ne laisse aucun doute...

2.

— Mais laissons là M. Nietzsche : que nous importe que M. Nietzsche ait recouvré la santé ?... Un psychologue connaît peu de questions aussi attrayantes que celles du rapport de la santé avec la philosophie, et pour le cas où il tomberait lui-même malade, il apporterait à sa maladie toute sa curiosité scientifique. Car, en admettant que l'on soit une personne, on a nécessairement aussi la philosophie de sa personne : mais il existe là une différence sensible. Chez l'une ce sont les défauts qui font les raisonnements philosophiques, chez l'autre les richesses et les forces. Le premier a *besoin* de sa philosophie, soit comme soutien, tranquillisation, médicament, soit comme moyen de salut et d'édification, soit encore pour arriver à l'oubli de soi ; chez le second la philosophie n'est qu'un bel objet de luxe, dans le meilleur cas la volupté d'une reconnaissance triomphante qui finit par éprouver le besoin de s'inscrire en majuscules cosmiques dans le ciel des idées. Mais dans l'autre cas, plus habituel, lorsque la détresse se met à philosopher, comme chez tous les penseurs malades — et peut-être les penseurs malades dominent-ils dans l'histoire de la philosophie : — qu'adviendra-t-il de la pensée elle-même lorsqu'elle sera mise sous la *pression* de la maladie? C'est là la question qui regarde le psychologue : et dans ce cas l'expérience est possible. Tout comme le voyageur qui se propose de s'éveiller à une heure déterminée, et qui s'abandonne alors tranquillement au sommeil : nous autres philosophes, en admettant que nous tombions malades, nous nous résignons, pour un temps, corps et âme, à la maladie — nous fermons en quelque sorte les yeux devant nous-mêmes. Et comme le voyageur sait que quelque chose ne dort *pas*, que quelque chose compte les heures et ne manquera pas de le réveiller, de même, nous aussi, nous savons que le moment décisif nous trouvera éveillés, — qu'alors quelque chose sortira de son repaire et surprendra l'esprit *en flagrant délit*, je veux dire en train de faiblir, ou bien de rétrograder, de se résigner, ou de s'endurcir, ou bien encore de s'épaissir, ou quelles que soient les maladies de l'esprit qui, pendant les jours de santé, ont contre elles la *fierté* de l'esprit (car ce dicton demeure vrai : « l'esprit fier, le paon, le cheval sont les trois animaux les plus fiers de la terre » —). Après une pareille interrogation de soi, une pareille tentation, on apprend à jeter un regard plus subtil vers tout ce qui a été jusqu'à présent philosophie ; on devine mieux qu'auparavant quels sont les détours involontaires, les rues détournées, les reposoirs, les places *ensoleillées* de l'idée où les penseurs souffrants, précisément parce qu'ils souffrent, sont conduits et transportés ; on sait maintenant où le *corps* malade et ses besoins poussent et attirent l'esprit — vers le soleil, le silence, la douceur, la patience, le remède, le cordial, sous quelque forme que ce soit. Toute philosophie qui place la paix plus haut que la guerre, toute éthique avec une conception négative de l'idée de bonheur, toute métaphysique et physique qui connaît un final, un état définitif d'une espèce quelconque, toute aspiration, surtout esthétique ou religieuse, à un à-côté, un au-delà, un en-dehors, un au-dessus autorisent à s'informer si ce ne fut pas la maladie qui a inspiré le philosophe. L'inconscient déguisement des besoins physiologiques sous le manteau de l'objectif, de l'idéal, de l'idée pure va si loin que l'on pourrait s'en effrayer, — et je me suis assez souvent demandé si, d'une façon générale, la philosophie n'a pas été jusqu'à présent surtout une interprétation du corps, et *un malentendu du corps*. Derrière les plus hautes évaluations qui guidèrent jusqu'à présent l'histoire de la pensée se cachent des malentendus de conformation physique, soit d'individus, soit de castes, soit de races tout entières. On peut considérer toujours en première ligne toutes ces audacieuses folies de la métaphysique, surtout pour ce qui en est de la réponse à la question de la *valeur* de la vie, comme des symptômes de constitutions physiques déterminées; et si de telles affirmations ou de telles négations de la vie n'ont, dans leur ensemble, pas la moindre importance au point de vue scientifique, elles n'en donnent pas moins à l'historien et au psychologue de précieux indices, étant des symptômes du corps, de sa réussite ou de sa non-réussite, de sa plénitude, de sa puissance, de sa souveraineté dans l'histoire, ou bien alors de ses arrêts, de ses fatigues, de ses appauvrissements, de son pressentiment de la fin, de sa volonté de la fin. J'attends toujours encore qu'un *médecin* philosophe, au sens exceptionnel du mot, — un de ceux qui poursuivent le problème de la santé générale du peuple, de l'époque, de la race, de l'humanité — ait une fois le courage de pousser à sa conséquence extrême ce que je ne fais que soupçonner et de hasarder cette idée : « Chez tous les philosophes, il ne s'est, jusqu'à présent, nullement agi de « vérité », mais d'autre chose, disons de santé, d'avenir, de croissance, de puissance, de vie… »

3.

— On devine que je ne voudrais pas prendre congé avec ingratitude de cette époque de malaise profond, dont l'avantage persiste pour moi aujourd'hui encore : tout comme j'ai très bien conscience des avantages que me procure, en général, ma santé chancelante, sur tous les gens à l'esprit trapu. Un philosophe qui a parcouru le chemin à travers plusieurs santés, et qui le parcourt encore, a aussi traversé tout autant de philosophies : car il ne *peut* faire autrement que de transposer chaque fois son état dans la forme lointaine plus spirituelle, — cet art de la transfiguration c'est précisément la philosophie. Nous ne sommes pas libres, nous autres philosophes, de séparer le corps de l'âme, comme fait le peuple, et nous sommes moins libres encore de séparer l'âme de l'esprit. Nous ne sommes pas des grenouilles pensantes, nous ne sommes pas des appareils objectifs et enregistreurs avec des entrailles en réfrigération, — il faut sans cesse que nous enfantions nos pensées dans la douleur et que, maternellement, nous leur donnions ce que nous avons en nous de sang, de cœur, d'ardeur, de joie, de passion, de tourment, de conscience, de fatalité. La vie consiste, pour nous, à transformer sans cesse tout ce que nous sommes, en clarté et en flamme, et aussi tout ce qui nous touche. Nous ne *pouvons* faire autrement. Et pour ce qui en est de la maladie, ne serions-nous pas tentés de demander si, d'une façon générale, nous pouvons nous en passer ? La grande douleur seule est la dernière libératrice de l'esprit, c'est elle qui enseigne le *grand soupçon*, qui fait de chaque U un X, un X vrai et véritable, c'est-à-dire l'avant-dernière lettre avant la dernière.. Ce n'est que la grande douleur, cette longue et lente douleur qui prend son temps, où nous nous consumons en quelque sorte comme brûlés au bois vert, cette douleur nous contraint, nous autres philosophes, à descendre dans nos dernières profondeurs et à nous débarrasser de tout bien-être, de toute demi-teinte, de toute douceur, de tout moyen-terme, où nous avions peut-être mis précédemment notre humanité. Je doute fort qu'une pareille douleur rende « meilleur »; — mais je sais qu'elle nous rend *plus profonds*. Soit donc que nous apprenions à lui opposer notre fierté, notre moquerie, notre force de volonté et que nous fassions comme le peau rouge qui, quoique horriblement torturé, s'indemnise de son bourreau par la méchanceté de sa langue, soit que nous nous retirions, devant la douleur, dans le néant oriental — on l'appelle Nirvana, — dans la résignation muette, rigide et sourde, dans l'oubli et l'effacement de soi : toujours on revient comme un autre homme de ces dangereux exercices dans la domination de soi, avec quelques points d'interrogation en plus, avant tout avec la *volonté* d'interroger dorénavant plus qu'il n'a été interrogé jusqu'à présent, avec plus de profondeur, de sévérité, de dureté, de méchanceté et de silence. C'en est fait de la confiance en la vie : la vie elle-même est devenue un *problème.* — Mais que l'on ne s'imagine pas que tout ceci vous a nécessairement rendu misanthrope ! L'amour de la vie est même possible encore, — si ce n'est que l'on aime autrement. Notre amour est comme l'amour pour une femme sur qui nous avons des soupçons... Cependant le charme de tout ce qui est problématique, la joie causée par l'X sont trop grands, chez ces hommes plus spiritualisés et plus intellectuels, pour que ce plaisir ne passe pas toujours de nouveau comme une flamme claire sur toutes les misères de ce qui est problématique, sur tous les dangers de l'incertitude, même sur la jalousie de l'amoureux. Nous connaisons un bonheur nouveau...

4.

Que je n'oublie pas, pour finir, de dire l'essentiel : on revient *régénéré* de pareils abîmes, de pareilles maladies graves, et aussi de la maladie du grave soupçon, on revient comme si l'on avait changé de peau, plus chatouilleux, plus méchant, avec un goût plus subtil pour la joie, avec une langue plus tendre pour toutes les choses bonnes, avec l'esprit plus gai, avec une seconde innocence, plus dangereuse, dans la joie ; on revient plus enfantin et, en même temps, cent fois plus raffiné qu'on ne le fut jamais auparavant. Ah ! combien la jouissance vous répugne maintenant, la jouissance grossière, sourde et grise comme l'entendent généralement les jouisseurs, nos gens « cultivés », nos riches et nos dirigeants ! Avec quelle malice nous écoutons maintenant le grand tintamarre de foire par lequel l'« homme instruit » des grandes villes se laisse imposer des jouissances spirituelles, par l'art, le livre et la musique, aidés de boissons spiritueuses ! Combien aujourd'hui le cri de passion du théâtre nous fait mal à l'oreille, combien est devenu étranger à notre goût tout ce désordre romantique, ce gâchis des sens qu'aime la populace cultivée, sans oublier ses aspirations au sublime, à l'élevé, au tortillé ! Non, s'il faut un art à nous autres convalescents, ce sera un art bien *différent* — un art malicieux, léger fluide, divinement artificiel, un art qui jaillit comme une flamme claire dans un ciel sans nuages! Avant tout : un art pour les artistes, pour les artistes uniquement. Nous savons mieux à présent ce qui pour *cela* est nécessaire, en première ligne la sérénité, toute espèce de sérénité, mes amis! aussi en tant qu'artistes : — je pourrais le démontrer. Il y a des choses que nous savons maintenant trop bien, nous, les initiés : il nous faut dès lors apprendre à bien oublier, à bien *ignorer*, en tant qu'artistes! Et pour ce qui en est de notre avenir, on aura de la peine à nous retrouver sur les traces de ces jeunes Égyptiens qui la nuit rendent les temples peu sûrs, qui embrassent les statues et veulent absolument dévoiler, découvrir, mettre en pleine lumière ce qui, pour de bonnes raisons, est tenu caché. Non, nous ne trouvons plus de plaisir à cette chose de mauvais goût, la volonté de vérité, de la « vérité à tout prix », cette folie de jeune homme dans l'amour de la vérité : nous avons trop d'expérience pour cela, nous sommes trop sérieux, trop gais, trop éprouvés par le feu, trop profonds... Nous ne croyons plus que la vérité demeure vérité si on lui enlève son voile; nous avons assez vécu pour écrire cela. C'est aujourd'hui pour nous affaire de convenance de ne pas vouloir tout voir nu, de ne pas vouloir assister à toutes choses, de ne pas vouloir tout comprendre et « savoir ». « Est-il vrai que le bon Dieu est présent partout, demanda une petite fille à sa mère, mais je trouve cela inconvenant. » — Une indication pour les philosophes! On devrait honorer davantage la pudeur que met la nature à se cacher derrière les énigmes et les multiples incertitudes. Peut-être la vérité est-elle une femme qui a des raisons de ne pas vouloir montrer ses raisons! Peut-être son nom est-il *Baubô*, pour parler grec!... Ah! ces Grecs, ils s'entendaient à *vivre* : pour cela il importe de rester bravement à la surface, de s'en tenir à l'épiderme, d'adorer l'apparence, de croire à la forme, aux sons, aux paroles, à tout l'Olympe de l'apparence! Ces Grecs étaient superficiels —*par profondeur !* Et n'y revenons-nous pas, nous autres casse-cous de l'esprit, qui avons gravi le sommet le plus élevé et le plus dangereux des idées actuelles, pour, de là, regarder alentour, regarder *en bas ?* Ne sommes-nous pas, précisément en cela — des Grecs? Adorateurs des formes, des sons, des paroles? A cause de cela — artistes?

Ruta près Gênes, en automne 1886.

PLAISANTERIE, RUSE ET VENGEANCE

PROLOGUE EN VERS

1.

INVITATION

Goûtez donc mes mets, mangeurs!
Demain vous les trouverez meilleurs,
Excellents après-demain!
S'il vous en faut davantage — alors
Sept choses anciennes, pour sept nouvelles,
Vous donneront le courage.

2.

MON BONHEUR

Depuis que je suis fatigué de chercher
J'ai appris à trouver.
Depuis qu'un vent s'est opposé à moi
Je navigue avec tous les vents.

3.

INTRÉPIDITÉ

Où que tu sois, creuse profondément!
A tes pieds se trouve la source!
Laisse crier les obscurantistes :
« En bas est toujours — l'enfer ! »

4.

COLLOQUE

A. Ai-je été malade? suis-je guéri?
 Et qui donc fut mon médecin?
 Comment ai-je pu oublier tout cela!
B. Ce n'est que maintenant que je te crois guéri.
 Car celui qui a oublié se porte bien.

5.

AUX VERTUEUX

Nos vertus, elles aussi, doivent s'élever d'un pied léger :
Pareilles aux vers d'Homère, il faut qu'elles viennent *et partent*.

6.

SAGESSE DU MONDE

Ne reste pas sur terrain plat!
Ne monte pas trop haut!
Le monde est le plus beau,
Vu à mi-hauteur.

7.

VADEMECUM — VADETECUM

Mon allure et mon langage t'attirent,
Tu viens sur mes pas, tu veux me suivre?
Suis-toi toi-même fidèlement : —
Et tu me suivras, moi! — Tout doux! Tout doux!

8.

LORS DU TROISIÈME CHANGEMENT DE PEAU

Déjà ma peau se craquelle et se gerce,

Déjà mon désir de serpent,
Malgré la terre absorbée,
Convoite de la terre nouvelle;
Déjà je rampe, parmi les pierres et l'herbe,
Affamé, sur ma piste tortueuse,
Pour manger, ce que j'ai toujours mangé,
La nourriture du serpent, la terre!

9.

MES ROSES

Oui ! mon bonheur — veut rendre heureux !
Tout bonheur veut rendre heureux !
Voulez-vous cueillir mes roses?

Il faut vous baisser, vous cacher,
Parmi les ronces, les rochers,
Souvent vous lécher les doigts!

Car mon bonheur est moqueur!
Car mon bonheur est perfide! —
Voulez-vous cueillir mes roses ?

10.

LE DÉDAIGNEUX

Puisque je répands au hasard
Vous me traitez de dédaigneux.
Celui qui boit dans les gobelets trop pleins
Les laisse déborder au hasard —
Ne pensez pas plus mal du vin.

11.

LE PROVERBE PARLE

Sévère et doux, grossier et fin
Familier et étrange, malpropre et pur,

Rendez-vous des fous et des sages :
Je suis, je veux être tout cela,
En même temps colombe, serpent et cochon.

12.

A UN AMI DE LA LUMIÈRE

Si tu ne veux pas que tes yeux et tes sens faiblissent
Cours après le soleil — à l'ombre !

13.

POUR LES DANSEURS

Glace lisse,
Un paradis,
Pour celui qui sait bien danser.

14.

LE BRAVE

Plutôt une inimitié de bon bois,
Qu'une amitié faite de bois recollés !

15.

ROUILLE

Il faut la rouille aussi : l'arme aiguë ne suffit pas !
Autrement on dira toujours de toi : « il est trop jeune » !

16.

VERS LES HAUTEURS

« Comment gravirais-je le mieux la montagne ? »
Monte toujours et n'y pense pas !

17.

SENTENCE DE L'HOMME FORT

Ne demande jamais ! A quoi bon gémir !
Prends, je t'en prie, prends toujours !

18.

AMES ÉTROITES

Je hais les âmes étroites :
Il n'y a là rien de bon et presque rien de mauvais.

19.

LE SÉDUCTEUR INVOLONTAIRE

Pour passer le temps, il a lancé en l'air une parole vide,
Et pourtant à cause d'elle une femme est tombée.

20.

A CONSIDÉRER

Une double peine est plus facile à porter
Qu'une seule peine : veux-tu t'y hasarder ?

21.

CONTRE LA VANITÉ

Ne t'enfle pas, autrement
La moindre piqûre te fera crever.

22.

HOMME ET FEMME

« Enlève la femme, celle pour qui bat ton cœur ! » —
Ainsi pense l'homme ; la femme n'enlève pas, elle vole.

23.

INTERPRÉTATION

Si je vois clair en moi je me mets dedans,
Je ne puis pas être mon propre interprète.
Mais celui qui s'élève sur sa propre voie
Porte avec lui mon image à la lumière.

24.

MÉDICAMENT POUR LE PESSIMISTE

Tu te plains de ne rien trouver à ton goût ?
Alors, ce sont toujours tes vieilles lubies ?
Je t'entends jurer, tapager, cracher —
J'en perds patience, mon cœur se brise.
Écoute, mon ami, décide-toi librement,
D'avaler un petit crapaud gras,
Vite, et sans y jeter un regard ! —
C'est souverain contre la dyspepsie !

25.

PRIÈRE

Je connais l'esprit de beaucoup d'hommes
Et ne sais pas qui je suis moi-même !
Mon œil est bien trop près de moi —
Je ne suis pas ce que je contemple.
Je saurais m'être plus utile,
Si je me trouvais plus loin de moi.
Pas aussi loin, certes, que mon ennemi !
L'ami le plus proche est déjà trop loin —
Pourtant au milieu entre celui-ci et moi !
Devinez-vous ce que je demande ?

26.

MA DURETÉ

Il faut que je passe sur cent degrés,
Il faut que je monte, je vous entends appeler :
« Tu es dur ! Sommes-nous donc de pierre ? » —
Il faut que je passe sur cent degrés,
Et personne ne voudrait me servir de degré.

27.

LE VOYAGEUR

« Plus de sentier ! Abîme alentour et silence de mort ! »
Tu l'as voulu ! Pourquoi quittais-tu le sentier ?
Hardi ! c'est le moment ! Le regard froid et clair !
Tu es perdu si tu crois au danger.

28.

CONSOLATION POUR LES DÉBUTANTS

Voyez l'enfant, les cochons grognent autour de lui,
Abandonné à lui-même, les orteils repliés !
Il ne sait que pleurer et pleurer encore —
Apprit-il jamais à se tenir droit et à marcher ?
Soyez sans crainte ! Bientôt, je pense,
Vous pourrez voir danser l'enfant !
Dès qu'il saura se tenir sur ses deux pieds
Vous le verrez se mettre sur la tête.

29.

ÉGOISME DES ÉTOILES

Si je ne tournais sans cesse autour de moi-même,
Tel une tonne qu'on roule,

Comment supporterais-je sans prendre feu
De courir après le brûlant soleil?

30.

LE PROCHAIN

Je n'aime pas que mon prochain soit auprès de moi :
Qu'il s'en aille au loin et dans les hauteurs!
Comment ferait-il autrement pour devenir mon étoile ?

31.

LE SAINT MASQUÉ

Pour que ton bonheur ne nous oppresse pas,
Tu te voiles de l'astuce du diable,
De l'esprit du diable, du costume du diable.
Mais en vain! De ton regard
S'échappe la sainteté.

32.

L'ASSUJETTI

A. Il s'arrête et écoute : qu'est-ce qui a pu le tromper?
   Qu'a-t-il entendu bourdonner à ses oreilles?
   Qu'est-ce qui a bien pu l'abattre ainsi?
B. Comme tous ceux qui ont porté des chaînes,
   Les bruits de chaînes le poursuivent partout.

33.

LE SOLITAIRE

Je déteste autant de suivre que de conduire.
Obéir? Non! Et gouverner jamais!
Celui qui n'est pas terrible pour *lui*, n'inspire la terreur à person
Et celui seul qui inspire la terreur peut conduire les autres.

Je déteste déjà de me conduire moi-même !
J'aime, comme les animaux des forêts et des mers,
A me perdre pour un bon moment,
A m'accroupir, rêveur, dans des déserts charmants,
A me rappeler enfin, moi-même, du lointain,
A me séduire moi-même — vers moi-même.

34.

SENECA ET HOC GENUS OMNE

Ils écrivent et écrivent toujours leur insupportable
Et sage *larifari*
Comme s'il s'agissait de *primum scribere,
Deinde philosophari.*

35.

GLACE

Oui parfois je fais de la glace :
Elle est utile pour digérer !
Si tu avais beaucoup à digérer,
Ah ! comme tu aimerais ma glace !

36.

ÉCRIT POUR LA JEUNESSE

L'*alpha* et l'*omega* de ma sagesse
M'est apparu : qu'ai-je entendu ?...
Maintenant cela résonne tout autrement,
Je n'entends plus que Ah ! et Oh !
Vieilles scies de ma jeunesse.

37.

ATTENTION!

Il ne fait pas bon voyager maintenant dans cette contrée ;
Et si tu as de l'esprit sois doublement sur tes gardes !
On t'attire et on t'aime, jusqu'à ce que l'on te déchire.
Esprits exaltés — : ils manquent toujours d'esprit !

38.

L'HOMME PIEUX PARLE

Dieu nous aime *parce* qu'il nous a créés ! —
« L'homme a créé Dieu ! » — C'est votre réponse subtile.
Et il n'aimerait pas ce qu'il a créé ?
*Parce qu'*il l'a créé il devrait le nier ?
Ça boite, ça porte le sabot du diable.

39.

EN ÉTÉ

Nous devrons manger notre pain
A la sueur de notre front ?
Il vaut mieux ne rien manger lorsqu'on est en sueur,
D'après le sage conseil des médecins.
Sous la canicule, que nous manque-t-il ?
Que veut ce signe enflammé ?
A la sueur de notre front
Nous devons boire notre vin.

40.

SANS ENVIE

Son regard est sans envie et vous l'honorez pour cela ?
Il se soucie peu de vos honneurs ;

Il a l'œil de l'aigle pour le lointain,
Il ne vous voit pas ! — il ne voit que des étoiles !

41.

HÉRACLITISME

Tout bonheur sur la terre,
Amis, est dans la lutte !
Oui, pour devenir amis
Il faut la fumée de la poudre !
Trois fois les amis sont unis :
Frères devant la misère,
Egaux devant l'ennemi,
Libres — devant la mort !

42.

PRINCIPE DES TROP SUBTILS

Plutôt marcher sur la pointe des pieds
Qu'à quatre pattes !
Plutôt passer à travers le trou de la serrure,
Que par les portes ouvertes !

43.

CONSEIL

Tu aspires à la gloire ?
Écoute donc un conseil :
Renonce à temps, librement,
A l'honneur !

44.

A FOND

Un chercheur, moi ! — Garde-toi de ce mot ! —

Je suis *lourd* seulement — de tant de livres !
Je ne fais que tomber sans cesse
Pour tomber, enfin, jusqu'au fond !

45.

POUR TOUJOURS

« Je viens aujourd'hui parce que cela me plaît ».—
Ainsi pense chacun qui vient pour toujours.
Que lui importe ce que dit le monde :
« Tu viens trop tôt ! Tu viens trop tard ! »

46.

JUGEMENTS DES HOMMES FATIGUÉS

Tous les épuisés maudissent le soleil ! :
Pour eux la valeur des arbres — c'est l'ombre !

47.

DESCENTE

« Il baisse, il tombe » — vous écriez-vous moqueurs ;
La vérité c'est qu'il descend vers vous !

Son trop grand bonheur a été son malheur,
Sa trop grande lumière suit votre obscurité.

48.

CONTRE LES LOIS

A partir d'aujourd'hui je suspens
A mon cou la montre qui marque les heures :
A partir d'aujourd'hui cessent le cours des étoiles,
Du soleil, le chant du coq, les ombres ;
Et tout ce que le temps a jamais proclamé,

Est maintenant muet, sourd et aveugle : —
Pour moi toute nature se tait,
Au tic tac de la loi et de l'heure.

49.

LE SAGE PARLE

Etranger au peuple et pourtant utile au peuple,
Je suis mon chemin, tantôt soleil, tantôt nuage —
Et toujours au-dessus de ce peuple !

50.

AVOIR PERDU LA TÊTE

Elle a de l'esprit maintenant — comment s'y est-elle pris
— Par elle un homme vient de perdre la raison,
Son esprit était riche avant ce mauvais-passe-temps :
Il s'en est allé au diable — non ! chez la femme !

51.

PIEUX SOUHAIT

« Que toutes les clefs
Aillent donc vite se perdre,
Et que dans toutes les serrures
Tourne un passe-partout ! »
Ainsi pense, à tout instant,
Celui qui est lui-même — un passe-partout.

52.

ÉCRIRE AVEC LE PIED

Je n'écris pas qu'avec la main,
Le pied veut sans cesse écrire aussi.

Solide, libre et brave, il veut en être,
Tantôt à travers champs, tantôt sur le papier.

53.

« HUMAIN, TROP HUMAIN », UN LIVRE

Mélancolique, timide, tant que tu regardes en arrière,
Confiant en l'avenir, partout où tu as confiance en toi-même :
Oiseau, dois-je te compter parmi les aigles ?
Es-tu le favori de Miverve, hibou ?

54.

A MON LECTEUR

Bonne mâchoire et bon estomac —
C'est ce que je te souhaite !
Et quand tu auras digéré mon livre,
Tu t'entendras certes avec moi !

55.

LE PEINTRE RÉALISTE

« Fidèle à la nature et complet ! » —Comment s'y prend-il :
Depuis quand la nature se *soumet*-elle à un tableau ?
Infinie est la plus petite parcelle du monde ! —
Finalement il en peint ce qui lui *platt*.
Et qu'est-ce qui lui plait ? Ce qu'il *sait* peindre !

56.

VANITÉ DE POÈTE

Donnez-moi de la colle, et je trouverai
Moi-même le bois à coller !
Mettre un sens dans quatre rimes insensées —
Ce n'est pas là petite fierté !

57.

LE GOÛT QUI CHOISIT

Si l'on me laissait choisir librement
Je choisirais volontiers une petite place,
Pour moi, au milieu du paradis :
Et plus volontiers encore — devant sa porte !

58.

LE NEZ CROCHU

Le nez s'avance insolent
Dans le monde. La narine se gonfle —
C'est pourquoi, rhinocéros sans corne,
Hautain bonhomme, tu tombes toujours en avant !
Et réunies toujours, on rencontre ces deux choses :
Le fierté droite et le nez crochu.

59.

LA PLUME GRIBOUILLE

La plume gribouille : quel enfer !
Suis-je condamné à gribouiller ?
Mais bravement je saisis l'encrier,
Et j'écris à grands flots d'encre.
Quelles belles coulées larges et pleines !
Comme tout ce que je fais me réussit !
L'écriture, il est vrai, manque de clarté —
Qu'importe ! Qui donc lit ce que j'écris ?

60.

HOMMES SUPÉRIEURS

Celui-ci s'élève — il faut le louer !
Mais celui-là vient toujours d'en haut !

Il vit même au-dessus de la louange,
Il *est* d'en-haut !

61.

LE SCEPTIQUE PARLE

La moitié de ta vie est passée,
L'aiguille tourne, ton âme frissonne !
Longtemps elle a erré déjà,
Elle cherche et n'a pas trouvé — et ici elle hésite ?

La moitié de ta vie est passée :
Elle fut douleur et erreur, d'heure en heure !
Que cherches-tu encore ? *Pourquoi ?* — —
C'est ce que je cherche — la raison de ma recherche !

62.

ECCE HOMO

Oui, je sais bien d'où je viens !
Inassouvi, comme la flamme,
J'arde pour me consumer.
Ce que je tiens devient lumière,
Charbon ce que je délaisse :
Car je suis flamme assurément !

63.

MORALE D'ÉTOILE

Prédestinée à ton orbite,
Que t'importe, étoile, l'obscurité ?

Roule, bienheureuse, à travers ce temps !
La misère te paraît étrangère et lointaine !

Au monde le plus éloigné tu destines ta clarté ;
La pitié doit être péché pour toi !

Tu n'admets qu'une seule loi : sois pur !

LIVRE PREMIER

I.

La doctrine du but de la vie. — J'ai beau regarder les hommes, soit avec un regard bienveillant, soit avec le mauvais œil, je les trouve toujours occupés, tous et chacun en particulier, à une même tâche : à faire ce qui est utile à la conservation de l'espèce humaine. Et ce n'est certes pas à cause d'un sentiment d'amour pour cette espèce, mais simplement puisque, en eux, rien n'est plus ancien, plus fort, plus inexorable, plus invincible que cet instinct, — puisque cet instinct est précisément l'*essence* de notre espèce et de notre troupeau. Quoique l'on arrive assez rapidement, avec la vue basse dont on est coutumier, à séparer nettement, selon l'usage, à une distance de cinq pas, ses prochains en hommes utiles et nuisibles, bons et méchants, lorsque l'on fait un décompte général, en réfléchissant plus longuement sur l'ensemble, on finit par se méfier de cette épuration et de cette distinction et l'on y renonce complètement. L'homme le plus nuisible est peut-être encore le plus utile au point de vue de la conservation de l'espèce; car il entretient chez lui, ou par son influence sur les autres, des instincts sans lesquels l'humanité serait amolie ou corrompue depuis longtemps. La haine, la joie méchante, le désir de rapine et de domination, et tout ce qui, pour le reste, s'appelle le mal : cela fait partie de l'extraordinaire économie dans la conservation de l'espèce, une économie coûteuse, prodigue et, en somme, excessivement insensée : — mais qui, *cela est prouvé*, a conservé jusqu'à présent notre race. Je ne sais plus, mon cher frère en humanité, si, en somme, tu *peux* vivre au détriment de l'espèce, c'est-à-dire d'une façon « déraisonnable » et « mauvaise » ; ce qui aurait pu nuire à l'espèce s'est peut-être éteint déjà depuis des milliers d'années et fait maintenant partie de ces choses qui, même auprès de Dieu, ne sont plus possibles. Suis tes meilleurs où tes plus mauvais penchants et, avant tout, va à ta perte ! — dans les deux cas tu seras probablement encore, d'une façon ou d'une autre, le bienfaiteur qui encourage l'humanité, et, à cause de cela, tu pourras avoir tes louangeurs — et de même tes railleurs ! Mais tu ne trouveras jamais celui qui saurait te railler, toi l'individu, entièrement, même dans ce que tu as de meilleur, celui qui saurait te faire apercevoir, suffisamment pour répondre à la vérité, ton incommensurable pauvreté de mouche et de grenouille ! Pour rire sur soi-même, comme il conviendrait de rire — *comme si la vérité partait du cœur* — les meilleurs n'ont pas encore eu jusqu'à présent assez de véracité, les plus doués assez de génie ! Peut-être y a-t-il encore un avenir pour le rire ! Ce sera lorsque, la maxime : « l'espèce est tout, l'individu n'est rien », se sera incorporée à l'humanité, et que chacun pourra, à chaque moment, pénétrer dans le domaine de cette délivrance dernière, de cette ultime irresponsabilité. Peut-être alors le rire se sera-t-il allié à la sagesse, peut-être ne restera-t-il plus que le « Gai Savoir ». En attendant il en est tout autrement, en attendant la comédie de l'existence n'est pas encore « devenue consciente » à elle-même, en attendant c'est encore le temps de la tragédie, le temps des morales et des religions. Que signifie cette apparition toujours nouvelle de ces fondateurs de morales et de religions, de ces instigateurs à la lutte pour les évaluations morales, de ces maîtres du remords et des guerres de religion? Que signifient ces héros sur de pareilles planches? Car jusqu'à présent, ce furent bien des héros; et tout le reste qui, par moments, était seul visible et très proche de nous, n'a jamais fait que servir à la préparation de ces héros, soit comme machinerie et comme coulisse, soit dans le rôle de confident et de valet. (Les poètes, par exemple, furent toujours les valets d'une morale quelconque.) — Il va de soi que ces tragiques, eux aussi, travaillent dans l'intérêt de l'*espèce*, bien qu'ils s'imaginent peut-être travailler dans l'intérêt de Dieu et comme envoyés de Dieu. Eux aussi activent la vie de l'espèce, *en activant la croyance en la vie.* « Il vaut la peine de vivre — ainsi s'écrie chacun d'eux — la vie tire à conséquence, il y a quelque chose derrière et au-dessous d'elle, prenez garde! » Cet instinct qui règne d'une façon égale chez les hommes supérieurs et vulgaires, l'instinct de conservation, se manifeste, de temps en temps, sous couleur de raison, ou de passion intellectuelle ; il se présente alors, entouré d'une suite nombreuse de motifs, et veut, à toute force, faire oublier qu'il n'est au fond qu'impulsion, instinct, folie et manque de raisons. Il *faut* aimer la vie, *car...!* Il *faut* que l'homme active sa vie et celle de son prochain, *car...!* Et quels que soient encore tous ces « il faut » et ces « car », maintenant et dans l'avenir. Afin que tout ce qui arrive, nécessairement et toujours par soi-même, sans aucune fin, apparaisse dorénavant comme ayant été fait en vue d'un but, plausible à l'homme comme raison et loi dernière, — le maître de Morale s'impose comme maître du but de la vie ; il invente pour cela une seconde et autre vie, et, au moyen de sa nouvelle mécanique, il fait sortir notre vie, ancienne et ordinaire, de ses gonds, anciens et ordinaires. Oui, il ne veut à aucun prix que nous nous mettions à rire de l'existence, ni de nous-même — ni de lui. Pour lui l'être est toujours l'être, quelque chose de premier, de dernier et d'immense ; pour lui il n'y a point d'espèce, de somme, de zéro. Ses inventions et ses appréciations auront beau être folles et fantasques, il aura beau méconnaître la marche de la nature et les conditions de la nature : — et toutes les éthiques furent jusqu'à présent insensées et contraires à la nature, au point que chacune d'elles aurait mené l'humanité à sa perte, si elle s'était emparée de l'humanité — quoi qu'il en soit, chaque fois que « le héros » montait sur les planches quelque chose de nouveau était atteint, l'opposé épouvantable du rire, cette profonde émotion de plusieurs à la pensée : « oui, il vaut la peine que je vive! oui, je suis digne de vivre! » — la vie, et moi et toi, et nous tous, tant que nous sommes, nous devînmes de nouveau *intéressants* pour nous. — Il ne faut pas nier qu'*à la longue* le rire, la raison et la nature ont fini par se rendre maîtres de chacun de ces grands maîtres en téléologie : la courte tragédie a toujours fini par revenir à l'éternelle comédie de l'existence, et la mer au « sourire innombrable » — pour parler avec Eschyle — finira par couvrir de ses flots la plus grande de ces tragédies. Mais malgré tout ce rire correcteur, somme toute, la nature humaine a été transformée par l'apparition toujours nouvelle de ces proclamateurs du but de la vie, — elle a maintenant un besoin de plus, précisément celui de voir apparaître toujours de nouveau de pareilles doctrines de la « fin ». L'homme est devenu peu à peu un animal fantasque qui aura à remplir une condition d'existence de plus que tout autre animale : *il faut* que, de temps en temps, l'homme se figure savoir *pourquoi* il existe, son espèce ne peut pas prospérer sans une confiance périodique en la vie! Sans la foi à la *raison dans la vie*. Et, toujours de nouveau, l'espèce humaine décrétera de temps en temps : « Il y a quelque chose sur quoi l'on n'a absolument pas le droit de rire! » Et le plus prévoyant des philanthropes ajoutera : « Non seulement le rire et la sagesse joyeuse, mais encore le tragique, avec toute sa sublime déraison, font partie des moyens et des nécessités pour conserver l'espèce! » — Et par conséquent! par conséquent! par conséquent! Me comprenez-vous, ô mes frères ? Comprenez-vous cette nouvelle loi du flux et du reflux ? Nous aussi nous aurons notre temps !

2.

La conscience intellectuelle. — Je refais toujours à nouveau la même expérience, et, toujours à nouveau, je regimbe contre mon expérience ; je ne veux pas y croire, malgré son évidence : *la plupart des hommes manquent de conscience intellectuelle* ; il m'a même semblé parfois qu'avec les revendications d'une telle conscience on se trouvait solitaire, comme dans un désert, dans les villes les plus populeuses. Chacun te regarde avec des yeux étrangers et continue à manier sa balance, appelant telle chose bonne, telle autre mauvaise ; personne ne rougit lorsque tu laisses entendre que les unités dont on se sert n'ont pas leur poids trébuchant, — on ne se révolte pas non plus contre toi : tout au plus rira-t-on de tes doutes. Je veux dire : *la plupart* des hommes ne trouvent pas méprisable de croire telle ou telle chose et de vivre conformément à ces choses, *sans* avoir au préalable pris conscience des raisons dernières et certaines, pour ou contre elles, et sans même s'être donné la peine de trouver ces raisons ; les hommes les plus doués et les femmes les plus nobles font encore partie de ce grand nombre. Mais que m'importent la bonté de cœur, la finesse et le génie, lorsque l'homme qui possède ces vertus tolère en lui des sentiments tièdes à l'égard de la foi et du jugement, si le *besoin de certitude* n'est pas en lui le désir le plus profond, la plus intime nécessité, — étant ce qui sépare les hommes supérieurs des hommes inférieurs ! Chez certains hommes pieux j'ai trouvé une haine de la raison dont je leur ai été reconnaissant : ainsi se révélait du moins leur mauvaise conscience intellectuelle ! Mais se trouver au milieu de cette *rerum concordia discors* et de toute cette merveilleuse incertitude, de cette multiplicité de la vie, et *ne point interroger*, ne point trembler du désir et de la joie de l'interrogation, ne pas même haïr l'interrogateur, peut-être même s'en amuser jusqu'à l'épuisement — c'est cela que je trouve *méprisable*, et c'est ce sentiment de mépris que je commence par chercher chez chacun : — et une folie quelconque finit toujours par me convaincre que chaque homme possède ce sentiment en tant qu'homme. C'est là de l'injustice à ma façon.

3.

Noble et vulgaire. — Aux natures vulgaires tous les sentiments nobles et généreux paraissent impropres et, pour cela, le plus souvent invraisemblables : ils clignent de l'œil quand ils en entendent parler, et semblent vouloir dire : « il doit y avoir là un bon petit avantage, on ne peut pas regarder à travers tous les murs » : — ils se montrent envieux à l'égard de l'homme noble, comme s'il cherchait son avantage par des chemins détournés. S'ils sont convaincus avec trop de précision de l'absence d'intentions égoïstes et de gains personnels, l'homme noble devient pour eux une espèce de fou : ils le méprisent dans sa joie et se rient de ses yeux brillants. « Comment peut-on se réjouir du préjudice qui vous est causé, comment peut-on accepter un désavantage, avec les yeux ouverts ! L'affection noble doit se compliquer d'une maladie de la raison. » — Ainsi pensent-ils, et ils jettent un regard de mépris, le même qu'ils ont en voyant le plaisir que l'aliéné prend à son idée fixe. La nature vulgaire se distingue par le fait qu'elle garde sans cesse son avantage en vue et que cette préoccupation du but et de l'avantage est elle-même plus forte que l'instinct et le plus violent qu'elle a en elle : ne pas se laisser entraîner par son instinct à des actes qui ne répondent pas à un but — c'est là leur sagesse et le sentiment de leur dignité. Comparée à la nature vulgaire, la nature supérieure est la plus *déraisonnable* — car l'homme noble, généreux, celui qui se sacrifie, succombe en effet à ses instincts, et, dans ses meilleurs moments, sa raison *fait une pause.* Un animal qui protège ses petits au danger de sa vie, ou qui, lorsqu'il est en chaleur, suit la femelle jusqu'à la mort, ne songe pas au danger de la mort ; sa raison, elle aussi, fait une pause, puisque le plaisir que lui procure sa couvée ou sa femelle et la crainte d'en être privé le domine entièrement, il devient plus bête qu'il ne l'est généralement, tout comme l'homme noble et généreux. Celui-ci éprouve quelques sensations de plaisir ou de déplaisir avec tant d'intensité que l'intellect devra se taire ou se mettre au service de ces sensations : alors son cœur lui monte au cerveau et l'on parlera dorénavant de

« passion ». (Çà et là on rencontre aussi l'opposé de ce phénomène, et, en quelque sorte, le « renversement de la passion », par exemple chez Fontenelle, à qui quelqu'un mit un jour la main sur le cœur, en disant : « Ce que vous avez là, mon cher, est aussi du cerveau. ») C'est la déraison, ou la fausse raison de la passion que le vulgaire méprise chez l'homme noble, surtout lorsque cette passion se concentre sur des objets dont la valeur lui paraît être tout à fait fantasque et arbitraire. Il s'irrite contre celui qui succombe à la passion du ventre, mais il comprend pourtant l'attrait qui exerce cette tyrannie ; il ne s'explique pas, par contre, comment on peut, par exemple, pour l'amour d'une passion de la connaissance, mettre en jeu sa santé et son honneur. Le goût des natures supérieures se fixe sur les exceptions, sur les choses qui généralement laissent froid et ne semblent pas avoir de saveur ; la nature supérieure a une façon d'apprécier qui lui est particulière. Avec cela, dans son idiosyncrasie du goût, elle s'imagine généralement ne pas avoir de façon d'apprécier à elle particulière, elle fixe au contraire ses valeurs et ses non-valeurs particulières comme des valeurs et des non-valeurs universelles, et tombe ainsi dans l'incompréhensible et l'irréalisable. Il est très rare qu'une nature supérieure conserve assez de raison pour comprendre et pour traiter les hommes ordinaires en tant qu'hommes ordinaires : généralement elle a foi en sa passion, comme si chez tous elle était la passion restée cachée, et justement dans cette idée elle est pleine d'ardeur et d'éloquence.

Lorsque de tels hommes d'exception ne se considèrent pas eux-mêmes comme des exceptions, comment donc seraient-ils jamais capables de comprendre les natures vulgaires et d'évaluer la règle d'une façon équitable ! — Et ainsi ils parlent, eux aussi, de la folie, de l'impropriété et de l'esprit fantasque de l'humanité, pleins d'étonnement sur la frénésie du monde qui ne veut pas reconnaître ce qui serait pour lui « la seule chose nécessaire ». — C'est là l'éternelle injustice des hommes nobles.

4.

Ce qui conserve l'espèce. — Les esprits les plus forts et les plus méchants ont jusqu'à présent fait faire les plus grands progrès à l'humanité : ils allumèrent toujours à nouveau les passions qui s'endormaient — toute société organisée endort les passions, — ils éveillèrent toujours à nouveau le sens de la comparaison, de la contradiction, le plaisir de ce qui est neuf, osé, non éprouvé, ils forcèrent l'homme à opposer des opinions aux opinions, un type idéal à un type idéal. Par les armes, par le renversement des bornes frontières, par la violation de la piété, le plus souvent : mais aussi par de nouvelles religions et de nouvelles morales ! La même « méchanceté » est dans l'âme de tous les maîtres et de tous les prédicateurs de ce qui est *neuf*, — cette méchanceté qui jette le discrédit sur un conquérant, même lorsqu'elle s'exprime d'une façon plus subtile, et ne met pas de suite les muscles en mouvement, ce qui d'ailleurs fait diminuer le discrédit ! Ce qui est neuf, cependant, est de toute façon le *mal*, étant ce qui conquiert et veut renverser les vieilles bornes et les piétés anciennes ; et ce n'est que ce qui est ancien qui puisse être le bien ! Les hommes de bien de toutes les époques ont été ceux qui ont approfondi les vieilles idées pour leur faire porter des fruits, les cultivateurs de l'esprit. Mais toute terre finit par être épuisée et il faut que toujours revienne le soc de la charrue du mal. Il y a maintenant une doctrine de la morale, foncièrement erronée, doctrine surtout très fêtée en Angleterre : d'après elle les jugements « bien » et « mal » sont l'accumulation des expériences sur ce qui est « opportun » et « inopportun » ; d'après elle ce qui est appelé bien conserve l'espèce, ce qui est appelé mal est nuisible à l'espèce. Mais en réalité les mauvais instincts sont opportuns, conservateurs de l'espèce et indispensables au même titre que les bons : — si ce n'est que leur fonction est différente.

5.

Devoirs absolus. — Tous les hommes qui sentent qu'il leur faut les paroles et les intonations les plus violentes, les attitudes et les gestes les plus éloquents, pour *pouvoir* agir, les politiciens révolutionnaires, les socialistes, les prédicateurs, avec ou sans christianisme, tous ceux qui veulent éviter les demi-succès : tous ceux-là parlent de « devoirs », et toujours de devoirs qui ont un caractère absolu

— autrement ils n'auraient point droit à leur pathos démesuré : ils le savent fort bien. C'est pourquoi ils s'emparent avidement d'une philosophie de la morale qui prêche un impératif catégorique quelconque, ou bien ils s'assimilent un beau morceau de religion, comme fit par exemple Mazzini. Parce qu'ils désirent que l'on ait absolument confiance en eux, il faut qu'ils commencent par avoir en eux-mêmes une confiance absolue, en vertu d'un dernier commandement quelconque, indiscutable et sublime sans condition, d'un commandement dont ils se sentent les serviteurs et les instruments et voudraient se faire reconnaître comme tels. Nous trouvons là les adversaires les plus naturels et souvent très influents de l'émancipation morale et du scepticisme, mais ils sont rares. Il y a par contre une classe très nombreuse de ces adversaires, partout où l'intérêt enseigne la soumission, tandis que la réputation et l'honneur semblent l'interdire. Celui qui se sent déshonoré à la pensée qu'il est *l'instrument* d'un prince, d'un parti, d'une secte, ou même d'une puissance d'argent — par exemple en tant que descendant d'une famille ancienne et fière — mais qui veut justement être cet instrument ou bien est forcé de l'être, en face de lui-même et de l'opinion publique, celui-là aura besoin de principes pathétiques que l'on peut avoir sans cesse à la bouche : — des principes d'une obligation absolue à quoi l'on peut se soumettre et se montrer soumis sans honte. Toute servilité un peu subtile tient à l'impératif catégorique et se montre l'ennemie mortelle de tous ceux qui veulent enlever au devoir son caractère absolu : c'est pourquoi elle exige d'eux la convenance, et bien plus que la convenance.

6.

Dignité perdue. — La méditation a perdu toute sa dignité de forme, on a tourné en ridicule le cérémonial et l'attitude solennelle de celui qui réfléchit et l'on ne tolérerait plus un homme sage du vieux style. Nous pensons trop vite, nous pensons en chemin, tout en marchant, au milieu des affaires de toute espèce, même lorsqu'il s'agit de penser aux choses les plus sérieuses; il ne nous faut que peu de préparation, et même peu de silence : — c'est comme si nous portions dans notre tête une machine d'un mouvement incessant, qui continue à travailler même dans les conditions les plus défavorables. Autrefois on s'apercevait au visage de chacun qu'il voulait se mettre à penser — c'était là une chose exceptionnelle ! — qu'il voulait devenir plus sage et se préparait à une idée : on contractait le visage comme pour une prière et l'on s'arrêtait de marcher; on se tenait même immobile pendant des heures dans la rue, lorsque la pensée « venait » — sur une ou sur deux jambes. C'est ainsi que cela « en valait la peine » !

7.

Pour les hommes actifs. — Celui qui veut faire des choses de la morale l'objet de son étude s'ouvre un énorme champ de travail. Toutes les catégories de passions doivent être méditées séparément, à travers les temps, les peuples, les individus grands et petits; il faut mettre en lumière toutes leurs raisons, toutes leurs appréciations, toutes leurs conceptions des choses! Jusqu'à présent, tout ce qui a donné de la couleur à l'existence n'a pas encore d'histoire : où trouverait-on, par exemple, une histoire de l'amour, de l'avidité, de l'envie, de la conscience, de la piété, de la cruauté? Nous manquons même complètement jusqu'à ce jour d'une histoire du droit, ou même seulement d'une histoire de la pénalité. A-t-on déjà pris pour objet d'étude la division multiple du temps, les suites d'une fixation régulière du travail, des fêtes et du repos? Connaît-on les effets normaux des aliments? Y a-t-il une philosophie de la nutrition? (L'agitation, que l'on recommence sans cesse, pour et contre le végétarianisme prouve déjà qu'il n'existe pas de pareille philosophie!) A-t-on déjà recueilli des expériences sur la vie en commun, par exemple la vie claustrale? La dialectique du mariage et de l'amitié est-elle déjà exposée? Les mœurs des savants, des commerçants, des artistes, des artisans — ont-elles déjà trouvé leur penseur? Il reste tant de choses à penser en cette matière! Tout ce que les hommes ont considéré jusqu'à présent comme leurs « conditions d'existence », et toute raison, toute passion, toute superstition dans ces considérations, — a-t-on déjà étudié cela jusqu'au bout? Rien que l'obsertion des différents degrés de croissance que les instincts humains ont pris ou pourraient prendre, selon les différents climats, donnerait déjà trop.

affaire au plus actif; il faudrait des générations de savants, travaillant selon un plan commun, pour épuiser les différents points de vue et l'ensemble de la matière. Il en est de même pour la démonstration des motifs qui amenèrent la variété des climats moraux (« *pourquoi* tel soleil d'un jugement fondamental et d'une évolution morale luit-il ici — et là tel autre ? ») Et c'est encore un travail nouveau qui détermine ce qu'il y a d'erroné dans tous ces motifs et qui établit toute l'essence des jugements moraux portés jusqu'à présent. En supposant que tous ces travaux fussent faits, ce serait alors au tour de la plus épineuse de toutes les questions de venir au premier plan : la question de savoir si la science est à même de *donner* des buts nouveaux à l'activité de l'homme, après avoir donné la preuve qu'elle peut en enlever et en détruire — et alors ce serait la place d'une expérimentation qui pourrait satisfaire toute espèce d'héroïsme, d'une expérimentation de plusieurs siècles qui laisserait dans l'ombre tous les grands travaux et tous les grands sacrifices que l'histoire nous a fait connaître jusqu'à ce jour. Jusqu'à présent l'histoire n'a pas encore édifié ses constructions de cyclope; pour cela aussi le temps viendra.

8.

Vertus inconscientes. — Toutes les qualités personnelles dont un homme a conscience — et surtout lorsqu'il suppose aussi leur visibilité et leur éloquence pour son entourage — sont soumises à de tout autres lois de développement que ces qualités à lui inconnues ou mal connues, qui savent se cacher même à l'œil du plus subtil observateur, par leur finesse, comme derrière le néant. Il en est ainsi des fines sculptures sur les écailles des reptiles : ce serait une erreur de voir dans ces écailles un ornement ou bien un moyen de défense, — car on ne peut les voir qu'au microscope, c'est-à-dire avec un œil rendu plus aigu par un moyen artificiel, tel que des animaux du même genre pour lesquels il aurait, à son tour, servi d'ornement ou de défense n'en possèdent pas ! Nos qualités morales visibles, et surtout celles que l'on *croit* visibles, suivent leur voie, — et nos qualités invisibles aux dénominations identiques, qui, par rapport aux autres, ne peuvent nous servir ni d'ornement ni d'arme, *suivent également leur voie :* une voie bien différente probablement, avec des lignes, des finesses et des sculptures qui pourraient peut-être faire plaisir à un dieu muni d'un divin microscope. Nous possédons par exemple notre activité, notre ambition, notre perspicacité : tout le monde les connaît —, et en outre nous possédons probablement, encore une fois, *notre* activité, *notre* ambition, *notre* perspicacité ; mais pour ces qualités qui sont nos écailles de reptiles à nous, le microscope n'a pas encore été inventé ! — Et ici les amis de la moralité instinctive s'écrieront : « Bravo ! Il admet du moins la possibilité de vertus inconscientes, — cela nous suffit ! » — Oh ! comme il vous suffit de peu de chose !

9.

Nos éruptions. — Il y a une infinité de choses que l'humanité s'est appropriées pendant des stades antérieurs, mais d'une façon si faible et si embryonnaire que personne n'a pu en percevoir l'appropriation, des choses qui, beaucoup plus tard, peut-être après des siècles, jaillissent soudain à la lumière : elles sont devenues fortes et mûres dans l'intervalle. A certaines époques tel ou tel talent, telle ou telle vertu semblent faire complètement défaut, de même à certains hommes : mais on n'a qu'à attendre jusqu'aux enfants et petits-enfants, si l'on en a le temps, — ceux-ci apportent à la lumière l'âme de leurs grands-parents, cette âme dont les grands-parents eux-mêmes ne savaient rien encore. Souvent le fils déjà devient le révélateur de son père : celui-ci se comprend mieux lui-même depuis qu'il a un fils. Nous avons tous en nous des plantations et des jardins inconnus ; et, pour me servir d'une autre image, nous sommes tous des volcans en travail qui auront leur heure d'éruption : il est vrai que personne ne sait si ce moment est proche ou loin, Dieu lui-même l'ignore.

10.

Une espèce d'atavisme. — J'interprète le plus volontiers les hommes exceptionnels d'une époque comme les pousses tardives, soudainement émergées, de cultures passées et des forces de ces cultures : en quelque sorte comme l'atavisme d'un peuple et de ses mœurs : — c'est ainsi seulement que l'on pourra trouver chez eux quelque chose à *interpréter!* Maintenant ils apparaissent étranges, rares, extraordinaires : et celui qui sent en lui ces forces est obligé de les soigner, de les défendre contre un monde ennemi, de les vénérer et de veiller à leur croissance : et il devient ainsi soit un grand homme, soit un original et un fou, à moins qu'il ne périsse à temps. Autrefois ces qualités rares étaient habituelles et elles étaient, par conséquent, considérées comme vulgaires : elles ne distinguaient point. Peut-être étaient-elles exigées, posées comme condition ; il était impossible de grandir avec elles, pour une raison déjà, c'est qu'il n'y avait pas de danger pour que l'on devienne, avec elles, fou et solitaire. C'est surtout dans les familles, et dans les castes *conservatrices* d'un peuple que se présentent de pareils contre-coups d'instincts anciens, tandis que l'apparition d'un tel atavisme n'est pas probable là où les races, les usages, les évaluations de valeurs alternent rapidement. Car, parmi les forces d'évolution chez les peuples, l'allure signifie autant qu'en musique ; dans notre cas particulier, un *andante* de l'évolution est absolument nécessaire, car c'est là l'allure d'un esprit passionné et lent : et c'est de cette *espèce* qu'est l'esprit des familles conservatrices.

11.

La conscience. — Le conscient est l'évolution dernière et tardive du système organique, et par conséquent aussi ce qu'il y a dans ce système de moins achevé et de moins fort. D'innombrables méprises ont leur origine dans le conscient, des méprises qui font périr un animal, un homme plus tôt qu'il ne serait nécessaire, « malgré le destin, » comme dit Homère. Si le lien conservateur des instincts n'était pas infiniment plus puissant, s'il ne servait pas, dans l'ensemble, de régulateur : l'humanité périrait par ses jugements absurdes, par ses divagations avec les yeux ouverts, par ses jugements superficiels et sa crédulité, en un mot par sa conscience : ou plutôt sans celle-ci elle n'existerait plus depuis longtemps ! Toute fonction, avant d'être développée et mûre, est un danger pour l'organisme : tant mieux si elle est bien tyrannisée pendant son développement. C'est ainsi que le conscient est tyrannisé et pas pour le moins par la fierté que l'on y met ! On s'imagine que *c'est là le noyau* de l'être humain, ce qu'il a de durable, d'éternel, de primordial ! On tient le conscient pour une quantité stable donnée ! On nie sa croissance, son intermittence ! On le considère comme l' « unité de l'organisme » ! — Cette ridicule surestimation, cette méconnaissance de la conscience a eu ce résultat heureux que par là le développement trop rapide de la conscience a été empêché. Parce que les hommes croyaient déjà posséder le conscient, ils se sont donné peu de peine pour l'acquérir — et, maintenant encore, il n'en est pas autrement. Une tâche demeure toute nouvelle et à peine perceptible à l'œil humain, à peine clairement reconnaissable, la tâche de *s'incorporer le savoir* et de le rendre instinctif. Cette tâche ne peut être aperçue que par ceux qui ont compris que, jusqu'à présent, seules nos erreurs ont été incorporées et que toute notre conscience se rapporte à des erreurs !

12.

Du but de la science. — Comment, le dernier but de la science serait de créer à l'homme autant de plaisir et aussi peu de déplaisir que possible? Mais comment, si le plaisir et le déplaisir étaient tellement solidement liés l'un à l'autre que celui qui *voudrait* goûter de l'un autant qu'il est possible, serait *forcé* de goûter aussi de l'autre autant qu'il est possible, — que celui qui voudrait apprendre à « jubiler jusqu'au ciel » devrait aussi se préparer à être « triste jusqu'à la mort » (1) ? Et il en est peut-être ainsi ! Les stoïciens du moins le croyaient, et ils étaient conséquents lorsqu'ils demandaient le moins de plaisir possible pour que la vie leur causât le moins de déplaisir possible (lorsque l'on prononce la sentence « le vertueux et le plus heureux » l'on présente en même temps l'enseigne de l'école aux masses et l'on donne une subtilité casuistique pour les gens plus subtils). Aujourd'hui encore vous avez le choix : soit *aussi peu de déplaisir que possible*, bref, l'absence de douleur — et, en somme, les socialistes et les politi-

---

(1) Allusion à la chanson de Claire dans l'*Egmont* de Gœthe
   « Himmelhoch jauchzend.
   Zum Tode betruebt... » — N. d. T.

ciens de tous les partis ne devraient, honnêtement, pas promettre davantage à leurs partisans — soit *autant de déplaisir que possible,* comme prix pour l'augmentation d'une foule de jouissances et de plaisirs, subtils et rarement goûtés jusqu'ici ! Si vous vous décidez pour la première alternative, si vous voulez diminuer et amoindrir la souffrance des hommes, eh bien ! il vous faudra diminuer et amoindrir aussi la *capacité de joie.* Il est certain qu'*avec la science* on peut favoriser l'un et l'autre but. Peut-être connaît-on maintenant la science plutôt à cause de sa faculté de priver les hommes de leur plaisir et de les rendre plus froids, plus insensibles, plus stoïques. Mais on pourrait aussi lui découvrir des facultés de *grande dispensatrice des douleurs.* Et alors sa force contraire serait peut-être découverte en même temps, sa faculté immense de faire luire pour la joie un nouveau ciel étoilé !

13.

POUR LA DOCTRINE DU SENTIMENT DE PUISSANCE. — A faire du bien et à faire du mal on exerce sa puissance sur les autres — et l'on ne veut pas davantage ! A *faire du mal,* sur ceux à qui nous sommes forcés de faire sentir notre puissance ; car la douleur est pour cela un moyen beaucoup plus sensible que le plaisir : — la douleur s'informe toujours des causes, tandis que le plaisir est porté à s'en tenir à lui-même et à ne pas regarder en arrière. A *faire le bien* et à vouloir le bien sur ceux qui dépendent déjà de nous d'une façon ou d'une autre (c'est-à-dire qui sont habitués à penser à nous comme à leur cause) ; nous voulons augmenter leur puissance puisque de cette façon nous augmentons la nôtre, ou bien nous voulons leur montrer l'avantage qu'il y a à être sous notre domination — ainsi ils se satisferont davantage de leur situation et seront plus hostiles et plus prêts à la lutte contre les ennemis de *notre* puissance. Que nous fassions des sacrifices soit à faire le bien, soit à faire le mal, cela ne change pas la valeur définitive de nos actes ; même si nous y apportions notre vie comme fait le martyr en faveur de son église, ce serait un sacrifice apporté à *notre* besoin de puissance, ou bien en vue de conserver notre sentiment de puissance. Celui qui sent qu'il « est en possession de la vérité » combien d'autres possessions ne laisse-t-il pas échapper pour sauver ce sentiment ! Que de choses ne jette-t-il pas par-dessus bord pour se maintenir « en haut », — c'est-à-dire *au-dessus* de ceux qui sont privés de la vérité ! Certainement la condition où nous nous trouvons pour faire le mal est rarement aussi infiniment agréable que celle où nous nous trouvons pour faire du bien, — c'est là un signe qu'il nous manque encore de la puissance, ou bien c'est la révélation de l'humeur que nous cause cette pauvreté, c'est l'annonce de nouveaux dangers et de nouvelles incertitudes pour notre capital de puissance et notre horizon est voilé par ces précisions de vengeance, de raillerie, de punition, d'insuccès. Ce n'est que pour les hommes les plus irritables et les plus vides du sentiment de puissance qu'il peut être agréable d'imprimer au récalcitrant le sceau de la puissance, pour ceux qui ne voient qu'un fardeau et un ennui dans l'aspect des hommes déjà assujettis (ceux-ci étant l'objet de la bienveillance). Il s'agit de savoir comment on a l'habitude d'*épicer* sa vie ; c'est une affaire de goût de préférer l'accroissement de puissance lent ou soudain, sûr ou dangereux et hardi, — on cherche toujours telle ou telle épice selon son tempérament. Un butin facile, pour les natures altières, est quelque chose de méprisable ; un sentiment de bien-être ne leur vient qu'à l'aspect d'hommes non abattus qui pourraient devenir leurs ennemis, et de même à l'aspect de toutes les possessions difficilement accessibles ; ils sont souvent durs envers celui qui souffre, car ils ne le jugent pas digne de leur effort et de leur fierté, mais ils se montrent d'autant plus courtois envers leurs semblables, avec qui la lutte serait certainement honorable, si l'occasion devait s'en présenter. C'est sous l'effet du sentiment de bien-être que procure *cette* perspective que les hommes d'une caste chevaleresque se sont habitués à l'échange d'une politesse de choix. — La pitié est le sentiment le plus agréable chez ceux qui sont peu fiers et n'ont point l'espérance d'une grande conquête : pour eux, la proie facile — et tel est celui qui souffre — est quelque chose de ravissant. On vante la pitié, comme étant la vertu des filles de joie.

14.

Tout ce que l'on appelle amour. — Avidité et amour : quels sentiments différents nous saisissent à chacun de ces mots! — et pourtant il se pourrait bien que cela fût le même instinct, dénommé deux fois; d'une part, il est dénigré du point de vue de ceux qui possèdent déjà, chez qui l'instinct de possession s'est déjà un peu calmé et qui craignent maintenant pour leurs « biens »; d'autre part il est glorifié du point de vue des insatisfaits et des avides qui le trouvent bon. Notre amour du prochain — n'est-il pas un désir impérieux de nouvelle *propriété?* Et n'en est-il pas de même de notre amour de la science, de la vérité, et, en général, de tout désir de nouveauté? Nous nous fatiguons peu à peu de ce qui est vieux, de ce que nous possédons avec certitude, et nous nous mettons à étendre de nouveau les mains; même le plus beau paysage où nous vivons depuis trois mois n'est plus certain de notre amour, et c'est un rivage lointain qui excite notre avidité. L'objet de la possession s'amoindrit généralement par le fait qu'il est possédé. Le plaisir que nous prenons à nous-mêmes veut se maintenir en transformant *en nous-mêmes* quelque chose de toujours nouveau, — c'est là ce que l'on appelle posséder. Se lasser d'une possession, c'est se lasser de nous-mêmes. (On peut aussi souffrir d'une trop grande richesse, — le désir de rejeter, de distribuer peut aussi s'attribuer le nom d'« amour »). Lorsque nous voyons souffrir quelqu'un, nous saisissons volontiers l'occasion qui nous est offerte, pour nous empa... de lui; c'est ce qui crée par exemple l'homme ch... table et apitoyé; lui aussi appelle « amour » le désir de possession nouvelle éveillé en lui, et il y prend son plaisir, comme devant une nouvelle conquête qui lui fait signe. Mais c'est l'amour des sexes qui se révèle de la façon la plus claire comme désir de propriété : celui qui aime veut posséder, à lui tout seul, la personne qu'il désire, il veut avoir un pouvoir absolu tant sur son âme que sur son corps, il veut être aimé uniquement et habiter l'autre âme, y dominer comme ce qu'il y a de plus élevé et de plus admirable. Si l'on considère que cela ne signifie pas autre chose que d'exclure le monde entier d'un bien précieux, d'un bonheur et d'une jouissance : si l'on considère que celui qui aime vise à l'appauvrissement et à la privation de tous les autres compétiteurs, qu'il vise à devenir le dragon de son trésor, comme le plus indiscret et le plus égoïste de tous les conquérants et exploiteurs; si l'on considère enfin que, pour celui qui aime, tout le reste du monde semble indifférent, pâle, sans valeur et qu'il est prêt à apporter tous les sacrifices, à troubler toute espèce d'ordre, à mettre à l'arrière-plan tous les intérêts : on s'étonnera que cette sauvage avidité, cette injustice de l'amour sexuel ait été glorifiée et divinisée à un tel point et à toutes les époques, oui, que, de cet amour, on ait fait ressortir l'idée d'amour, en opposition à l'égoïsme, tandis qu'il est peut-être précisément l'expression la plus naturelle de l'égoïsme. Ici ce furent apparemment ceux qui ne possédaient pas et qui désiraient posséder qui ont établi l'usage courant dans la langue — il y en eut probablement toujours de trop. Ceux qui, sur ce domaine, ont été favorisés par beaucoup de possession et de satiété, ont bien laissé échapper, de temps en temps, une invective contre le « démon furieux », comme disait cet Athénien, le plus aimable et le plus aimé de tous, Sophocle : mais Eros se mettait toujours à rire de pareil calomniateurs, — justement ses plus grands favoris. — Il y a bien çà et là, sur la terre, une espèce de continuation de l'amour où ce désir avide que deux personnes ont l'une pour l'autre fait place à un nouveau désir, à une nouvelle avidité, à une soif *commune*, supérieure, d'un idéal placé au-dessus d'elles : mais qui connaît cet amour ? Qui est-ce qui l'a vécu ? Son véritable nom est *amitié*.

15.

A DISTANCE. — Cette montagne rend la contrée qu'elle domine charmante et digne d'admiration à tout point de vue : après nous être dit cela pour la centième fois, nous nous trouvons, à son égard, dans un état d'esprit si déraisonnable et si plein de reconnaissance que nous nous imaginons qu'elle, la donatrice de tous ces charmes, doit être, elle-même, ce qu'il y a de plus charmant dans la contrée — et c'est pourquoi nous montons sur la montagne et nous voilà désillusionnés ! Soudain la montagne elle-même, et tout le paysage qui l'entoure, se trouvent comme désensorcelés ; nous avons oublié qu'il y a certaines grandeurs tout comme certaines bontés qui ne veulent être vues qu'à une certaine distance, et surtout d'en bas, à aucun prix d'en haut, — ce n'est qu'ainsi qu'elles font de l'*effet*. Peut-être connais-tu des hommes, dans ton entourage, qui ne doivent se regarder eux-mêmes qu'à une certaine distance pour se trouver supportables, séduisants et vivifiants ; il faut leur déconseiller la connaissance de soi.

16.

Sur le passage. — Dans les rapports avec les personnes qui ont de la pudeur à l'égard de leurs sentiments il faut savoir dissimuler ; elles éprouvent une haine soudaine contre celui qui les prend sur le fait d'un sentiment tendre ou enthousiaste ou élevé, comme si l'on avait vu leurs pensées les plus secrètes. Si l'on veut leur faire du bien, en de pareils moments, il faut les faire rire ou bien leur glisser, en plaisantant, une froide méchanceté : — leur sentiment s'y glace et elles sont de nouveau maîtresses d'elles-mêmes. Mais je donne la morale avant l'histoire. — Nous avons une fois été si près l'un de l'autre, dans la vie, que rien ne semblait plus entraver notre amitié et notre fraternité et qu'il n'y avait plus entre nous qu'un petit passage. Au moment où tu voulus t'y engager, je t'ai demandé : « Veux-tu prendre le passage pour venir auprès de moi ? » — Mais alors tu changeas d'avis et, lorsque je t'en ai prié encore une fois, tu ne me répondis rien. Depuis lors des montagnes et des fleuves et tout ce qui peut séparer et rendre étranger s'est précipité entre nous, et, si nous voulions nous rejoindre, nous ne le pourrions plus. Mais lorsque tu songes maintenant à ce petit passage, tu ne trouves plus de paroles, — il ne te vient que des sanglots et de l'étonnement.

17.

MOTIVER SA PAUVRETÉ. — Il est vrai que par aucun artifice nous ne pouvons faire d'une pauvre vertu une vertu riche et abondante, mais nous pouvons enjoliver cette pauvreté et en faire une nécessité, en sorte que son aspect ne nous fait plus mal et qu'à cause d'elle nous ne jetons plus à la fatalité un regard de reproche. C'est ainsi que fait le jardinier avisé qui place le pauvre petit ruisseau de son jardin dans les bras d'une nymphe des sources et qui motive ainsi la pauvreté : — et qui n'aurait pas comme lui besoin des nymphes !

18.

FIERTÉ ANTIQUE. — L'antique coloris de la distinction NOUS manque, parce que l'esclave antique manque à notre sentiment. Un Grec d'origine noble trouvait entre sa supériorité et cette ultime bassesse de si énormes échelons intermédiaires et un tel éloignement, qu'il pouvait à peine apercevoir distinctement l'esclave : Platon lui-même ne l'a pas vu entièrement. Il en est autrement de nous, habitués, comme nous le sommes, à la *doctrine* de l'égalité entre les hommes, si ce n'est à l'égalité elle-même. Un être qui n'aurait pas la libre disposition de soi et qui manquerait de loisirs,— à nos yeux, ce ne serait là nullement quelque chose de méprisable; car ce genre de servilité adhère encore trop à chacun de nous, selon les conditions de notre ordre et de notre activité sociales, qui sont foncièrement différentes de celles des anciens. — Le philosophe grec traversait la vie avec le sentiment intime qu'il y avait beaucoup plus d'esclaves qu'on se le figurait — c'est-à-dire que chacun était esclave pour peu qu'il ne fût point philosophe; son orgueil débordait lorsqu'il considérait que, même les plus puissants de la terre, se trouvaient parmi ses esclaves. Cette fierté, elle aussi, est devenue, pour nous, étrangère et impossible; pas même en symbole le mot « esclave » ne possède pour nous toute son intensité.

19.

LE MAL. — Examinez la vie des hommes et des peuples, les meilleurs et les plus féconds, et demandez-vous si un arbre qui doit s'élever fièrement dans les airs peut se passer du mauvais temps et des tempêtes : si la défaveur et la résistance du dehors, si toutes espèces de haine, d'envie, d'entêtement, de méfiance, de dureté, d'avidité, de violence ne font pas partie des circonstances *favorisantes*, sans lesquelles une grande croissance, même dans la vertu, serait à peine possible? Le poison qui fait périr la nature plus faible est un fortifiant pour le fort — aussi ne l'appelle-t-il pas poison.

20.

DIGNITÉ DE LA FOLIE. — Encore quelques milliers d'années sur la voie qui suivit le dernier siècle ! — et dans tout ce que fait l'homme la plus haute sagesse sera visible : mais par cela justement la sagesse aura perdu toute sa dignité. Certes, il sera alors nécessaire d'être sage, mais ce sera aussi si vulgaire et si ordinaire qu'un esprit dégoûté pourra considérer cette nécessité comme une grossièreté. Et de même qu'une tyrannie de la vérité et de la science serait capable d'amener une hausse dans la valeur du mensonge, de même une tyrannie de la sagesse pourrait faire germer un nouveau genre de noblesse d'âme. Être noble — ce serait peut-être alors avoir des folies dans la tête.

21.

A CEUX QUI ENSEIGNENT LE DÉSINTÉRESSEMENT. — On appelle *bonnes* les vertus d'un homme, non en regard des effets qu'elles ont pour lui-même, mais en regard des effets que nous leur supposons pour nous et pour la société : — dans l'éloge de la vertu on a été, de tous temps, très peu « désintéressé », très peu « non égoïste » ! Car autrement on aurait dû remarquer que les vertus (comme l'application, l'obéissance, la chasteté, la piété, la justice) sont généralement *nuisibles* à celui qui les possède, étant des instincts qui règnent avec pas trop de violence et d'avidité, des instincts qui ne veulent à aucun prix se laisser tenir en équilibre par la raison, avec les autres instincts. Lorsque tu possèdes une vertu, une vertu véritable et entière (et non pas seulement le petit instinct d'une vertu) — tu es la *victime* de cette vertu ! Mais c'est pour cela que ton voisin loue ta vertu. On loue le travailleur, bien que par son application il nuise à ses facultés visuelles, à l'originalité et à la fraîcheur de son esprit ; on vénère et on plaint le jeune homme qui s'est « éreinté de travail » parce que l'on porte ce jugement : « Pour la société en bloc la perte du meilleur individu n'est qu'un petit sacrifice ! Il est regrettable que ce sacrifice soit nécessaire ! Mais il serait, certes, bien plus regrettable que l'individu pensât autrement et qu'il accordât plus d'importance à sa conservation et à son développement qu'à son travail au service de la société. » Et c'est pourquoi l'on ne plaint pas ce jeune homme à cause de lui-même, mais parce que, par cette mort, un *instrument* soumis et — ce que l'on appelle un « brave homme » — a été perdu pour la société désintéressée. Peut-être prend-on encore en considération le fait qu'il eût peut-être été plus utile à la société s'il avait travaillé avec plus d'égards envers lui-même et s'il s'était conservé plus longtemps. On s'avoue bien l'avantage qu'il y aurait eu, mais on estime supérieur et plus durable cet autre avantage qu'un sacrifice a été fait et que le sentiment de la bête de sacrifice a de nouveau une fois reçu une confirmation *visible*. C'est donc, d'une part, la nature d'instrument dans les vertus qui est proprement louée, lorsqu'on loue les vertus, et, d'autre part, l'instinct qui ne se laisse pas maintenir dans ses bornes par l'avantage général de l'individu — en un mot : la déraison dans la vertu, grâce à laquelle l'être individuel se laisse transformer en fonction de la collectivité. L'éloge de la vertu est l'éloge de quelque chose de nuisible dans le privé, l'éloge d'instincts qui enlèvent à l'homme son plus noble amour de soi et la force de la plus haute protection de soi-même. Il est vrai qu'en vue de l'éducation, et pour inculquer des habitudes vertueuses on fait ressortir une série d'effets de la vertu qui font paraître semblables la vertu et l'avantage privé, — et il existe, en effet, une pareille similitude ! La ténacité aveugle, cette vertu typique des instruments, est représentée comme le chemin des richesses et des honneurs et comme le poison le plus salutaire contre l'ennui et les passions : mais on passe sous silence ce que cette ténacité a de dangereux, ce qui est son danger supérieur. L'éducation procède généralement ainsi : elle cherche à déterminer chez l'individu, par une série d'attractions et d'avantages, une façon de penser et d'agir qui, devenue habitude, instinct, passion, domine en lui et sur lui, *contre son dernier avantage*, mais « pour le bien général ». Combien souvent je m'aperçois que la ténacité aveugle procure, il est vrai, des richesses et des honneurs, mais enlève en même temps, aux organes, la finesse au moyen de quoi les richesses et les honneurs pourraient procurer une jouissance, et aussi que ces remèdes radicaux contre l'ennui et les passions émoussent en même temps les sens et les rendent récalcitrants à toute nouvelle excitation. (La plus active de toutes les époques — notre époque — de tout son argent et de toute son activité, ne sait pas faire autre chose que d'accumuler toujours plus d'argent et toujours plus d'activité, c'est qu'il faut plus de génie pour dépenser que pour acquérir ! — Eh bien ! nous finirons par en avoir le « dégoût » !) Si l'éducation réussit, toute vertu de l'individu devient une utilité publique et un désavantage privé, au sens du but privé supérieur, — ce sera probablement une espèce de dépérissement de l'esprit et des sens, ou même un déclin précoce : qu'on évalue, à ce point de vue, les unes après les autres, les vertus de l'obéissance, de la chasteté, de la piété, de la justice. L'éloge de l'altruiste, du vertueux, de celui qui se sacrifie — donc l'éloge de celui qui n'emploie pas toute sa force et toute sa raison à sa propre conservation, à son développement, son élévation, son avancement, à l'élargissement de sa puissance, mais qui, par rapport à sa personne, vit humble et irréfléchi, peut-être même indifférent et ironique, — cet éloge n'a certes pas jailli de l'esprit de désintéressement ! Le « prochain » loue le désintéressement puisqu'il *en retire des avantages !* Si le prochain raisonnait lui-même d'une façon « désintéressée », il refuserait cette rupture de forces, ce dommage occasionné en *sa* faveur, il s'opposerait à la naissance de pareils penchants, et il affirmerait avant tout son désintéressement, en les désignant précisément comme *mauvais !* — Voici indiquée la contradiction fondamentale de cette morale, aujourd'hui tellement en honneur : les *motifs* de cette morale sont en contradiction avec son *principe !* Ce dont cette morale veut se servir pour faire sa démonstration est réfuté par son critérium de moralité. Le principe : « tu dois renoncer à toi-même et t'offrir en sacrifice, » pour ne point réfuter sa propre morale, ne devrait être décrété que par un être qui renoncerait par là lui-même à son avantage et qui amènerait peut-être, par ce sacrifice exigé des individus, sa propre chute. Mais dès que le prochain (ou bien la société) recommande l'altruisme *à cause de son utilité*, le principe contraire : « tu dois chercher l'avantage, même au dépens de tout le reste, » est mis en pratique, et l'on prêche d'une haleine un « tu dois » et un « tu ne dois pas » !

22.

L'ORDRE DU JOUR POUR LE ROI. — La journée commence : commençons, pour cette journée, à mettre en ordre les affaires et les plaisirs de notre très gracieux maître qui maintenant daigne encore se reposer. Sa Majesté a du mauvais temps aujourd'hui : nous nous garderons de l'appeler mauvais ; on ne parlera pas du temps, — mais nous donnerons aujourd'hui aux affaires un tour plus solennel, aux fêtes quelque chose de plus pompeux qu'il ne serait autrement nécessaire. Sa Majesté sera peut-être malade : nous présenterons au déjeuner la dernière bonne nouvelle d'hier soir, l'arrivée de M. de Montaigne qui sait si agréablement plaisanter sa maladie, — il souffre de calculs. Nous recevrons quelques personnes. (Personnes ! — que dirait cette vieille grenouille enflée qui se trouvera au milieu d'elles, si elle entendait ce mot! « Je ne suis pas une personne, dirait-elle, mais toujours la chose elle-même. ») — La réception durera plus longtemps qu'il ne sera agréable à chacun : cela sera une raison suffisante pour raconter l'anecdote de ce poète qui écrivit à sa porte : « Celui qui entre ici me fera honneur; celui qui n'entre pas me fera plaisir. » — C'est là vraiment dire une impolitesse d'une façon polie! Et, peut-être ce poète, pour sa part, a-t-il tout à fait raison d'être impoli : on dit que ses vers sont meilleurs que ceux de tel faiseur. Qu'il en fasse donc encore beaucoup et qu'il se retire autant que possible du monde : et c'est bien là le sens de sa gentille petite méchanceté. Par contre un prince vaut toujours mieux que les vers qu'il fait, même si... — mais que faisons-nous? Nous causons et la cour tout entière croit que nous travaillons déjà et que nous nous cassons la tête : aucune lumière ne s'allume avant celle que l'on voit à notre fenêtre. — Écoutez! N'était-ce pas la sonnette? Au diable! Le jour et la danse commencent et nous ne savons pas nos tours! Il nous faudra donc improviser, — tout le monde improvise sa journée. Faisons aujourd'hui comme tout le monde! — Et ainsi s'est dissipé mon singulier rêve du matin, peut-être aux sons durs de l'horloge de la tour qui vient d'annoncer, avec la solennité qui lui est propre, la cinquième heure. Il me semble que cette fois-ci le dieu des rêves a voulu se moquer de mes habitudes, — c'est mon habitude de commencer ma journée en l'apprêtant de façon à la rendre tolérable *pour moi* et il est possible qu'il me soit arrivé souvent de le faire d'une façon trop cérémonieuse et princière.

23.

Les symptômes de la corruption. — Prêtez votre attention aux symptômes de ces conditions de la société, nécessaires de temps en temps, et que l'on appelle « corruption ». Chaque fois que la corruption se manifeste quelque part une *superstition* multiple prend le dessus, et la croyance générale qu'un peuple a acceptée jusqu'alors devient pâle et impuissante : car la superstition est une libre pensée de second ordre, — celui qui s'y soumet choisit certaines formes et formules qui lui plaisent et se permet de choisir. Le superstitieux, comparé aux croyant, est toujours plus « personnel » que lui ; et une société superstitieuse sera celle où il y aura déjà beaucoup d'individus et du plaisir à tout ce qui est individuel. Considérée à ce point de vue, la superstition apparaît toujours comme un *progrès* par rapport à la foi et comme un signe annonçant que l'intellect devient plus indépendant et veut avoir ses droits. Les partisans de la vieille religion et de la vieille religiosité se plaignent alors de la corruption, — c'est aussi eux qui ont déterminé jusqu'ici l'usage dans la langue et qui ont fait à la superstition une mauvaise réputation, même auprès des esprits les plus libres. Apprenons donc qu'elle est un symptôme de l'*émancipation*. — En second lieu, on accuse de *relâchement* une société dont s'empare la corruption : il est visible en effet qu'alors la valeur de la guerre et de la joie de la guerre diminuent et qu'on aspire aux agréments de la vie avec autant d'ardeur que l'on aspirait autrefois aux honneurs de la guerre et de la gymnastique. Mais on a l'habitude de passer sous silence que cette vieille énergie populaire, cette passion populaire, qui, par la guerre et les tournois, recevait une visibilité magnifique, s'est transformée maintenant en passion privée divisée infiniment et moins visible; il est même probable que, dans l'état de « corruption », la puissance et la force de l'énergie qu'un peuple dépense sont plus grandes que jamais, et l'individu en use avec beaucoup plus de prodigalité qu'il n'a pu le faire précédemment: — car alors il n'était pas encore assez riche pour cela! C'est donc précisément aux époques de « relâchement » que la tragédie court les maisons et les rues, que naissent le grand amour et la grande haine et que la flamme de la connaissance s'élève avec éclat vers le ciel. — On prétend, en troisième lieu, que, pour compenser en quelque sorte le reproche de superstition et de relâchement, aux époques de corruption, les mœurs sont plus douces et que, comparée aux époques anciennes, plus croyantes et plus fortes, la cruauté est maintenant en diminution. Mais je ne puis pas non plus accéder à cet éloge, tout aussi peu qu'au blâme qu'il contient : je ne reconnais qu'une chose, c'est que la cruauté s'affine maintenant et que les formes qu'elle revêtait anciennement lui sont dorénavant contraires : la blessure et le supplice, cependant, au moyen de la parole et du regard, atteignent, en temps de corruption, leur développement complet, — c'est maintenant seulement que la méchanceté est créée et la joie que procure la méchanceté. Les hommes de la corruption sont spirituels et calomniateurs; ils savent qu'il y a encore d'autres façons d'assassinat que par le poignard et la surprise, — ils savent aussi que l'on croit tout ce qui est *bien dit*. — En quatrième lieu : lorsque « les mœurs se corrompent », ces êtres que l'on nomme tyrans commencent à surgir : ce sont les précurseurs et, en quelque sorte, les précoces *avant-coureurs des individus*. Encore un peu de patience : et ce fruit, qui est le fruit des fruits, sera suspendu, mûr et doré, à l'arbre d'un peuple, — et ce n'est qu'à cause de ces fruits que cet arbre existe! Lorsque la décomposition a atteint son apogée, de même que la lutte des tyrans de toute espèce, le César arrive toujours, le tyran définitif, qui met fin à ce combat épuisé à la conquête de la prépondérance, en faisant travailler pour lui la fatigue. A son époque, l'individu est généralement le plus mûr, et, par conséquent, la « culture » est la plus élevée et la plus féconde, non grâce au tyran, ni par lui : quoique ce soit le propre des hommes d'une culture supérieure de flatter leur César en se faisant passer pour *son* œuvre. La vérité est cependant qu'ils ont besoin de repos du dehors puisque l'inquiétude et le travail se trouvent en eux. En ces temps la corruptibilité et la trahison sont le plus fréquents : car l'amour de *l'ego* qui vient d'être découvert est maintenant beaucoup plus puissant que l'amour de la vieille patrie, usée et rabâchée; et le besoin de se mettre à l'abri d'une façon quelconque contre les terribles ballottements de la fortune, ouvre même les mains les plus nobles, dès qu'un homme riche et un puissant se montre prêt à y jeter de l'or. L'avenir est alors si incertain qu'il faut vivre au jour le jour : un état d'âme qui donne jeu facile à tous les séducteurs, — car on ne se laisse séduire et corrompre que pour « un jour » et l'on se réserve l'avenir et la vertu ! On sait que les individus, ces véritables hommes « *en soi-même* » songent aux choses du moment, bien plus que leurs antipodes, les hommes de troupeau, parce qu'ils savent qu'ils ne peuvent pas plus compter sur eux-mêmes que sur l'avenir; de même, ils aiment à s'attacher aux hommes de puissance, parce qu'ils se croient capables d'actions et d'investigations qui, auprès de la foule, ne peuvent obtenir ni compréhension ni grâce, — mais le tyran ou le César comprend le droit de l'individu, même dans ses transgressions, il a intérêt à favoriser une morale privée plus courageuse et même à lui tendre la main. Car il pense de lui-même et veut que l'on pense de lui-même ce que Napoléon a exprimé une fois avec le tour classique qui lui était particulier : « J'ai le droit de répondre à toutes vos plaintes par un éternel *moi*. Je suis à part de tout le monde, je n'accepte les conditions de personne. Vous devez vous soumettre à toutes mes fantaisies, et trouver tout simple que je me donne de pareilles distractions (1). » C'est ce que

---

(1) *Mémoires de Madame de Rémusat*, tome I, pages 114-115 Edition de 1880). Nietzsche cite d'après une traduction allemande et intervertit l'ordre des deux phrases. — N. d. T.

Napoléon dit un jour à son épouse, celle-ci ayant des raisons pour mettre en doute sa fidélité conjugale. — Les époques de corruption sont celles où les pommes tombent des arbres : je veux dire les individus, ceux qui portent la semence de l'avenir, les promoteurs de la colonisation intellectuelle et de la formation nouvelle des liens de l'État et de la société. Corruption — ce n'est là qu'un terme injurieux pour les *temps d'automne* d'un peuple.

24.

DIFFÉRENTS MÉCONTENTEMENTS. — Les mécontents faibles et en quelque sorte féminins sont les plus inventifs à rendre la vie plus belle et plus profonde ; les mécontents forts — les hommes parmi les mécontents, pour rester dans l'image — sont les plus inventifs à améliorer et à étayer la vie. Les premiers montrent leur faiblesse et leur féminité en ceci qu'ils aiment à se laisser tromper, de temps en temps, et qu'ils se contentent parfois d'un peu d'ivresse et d'enthousiasme, mais qu'en général on ne peut pas les satisfaire et qu'ils souffrent de l'incurabilité de leur mécontentement ; de plus ils encouragent tous ceux qui savent créer des consolations opiatives et narcotiques et en veulent, à cause de cela, à ceux qui placent le médecin plus haut que le pasteur, — c'est ainsi qu'ils entretiennent la *continuité* des véritables calamités ! S'il n'y avait pas eu en Europe, depuis l'époque du Moyen âge, un grand nombre de mécontents de cette espèce, la célèbre faculté européenne d'*évolution* continuelle ne se serait peut-être pas du tout formée : car les prétentions des mécontents forts sont trop grossières et en somme trop modestes pour que l'on n'arrive pas à les faire se tenir tranquilles. La Chine donne l'exemple d'un pays où le mécontentement en grand et la faculté d'évolution ont disparu depuis plusieurs siècles ; les socialistes et les idolâtres de l'Etat en Europe, avec leurs mesures d'amélioration et de garantie de la vie, pourraient facilement amener l'Europe à des conditions chinoises et à un « bonheur » chinois, à condition qu'ils puissent extirper d'abord ce mécontentement et ce romantisme maladifs, tendres et féminins qui, pour le moment, existent encore en abondance. L'Europe est un malade qui doit la plus grande reconnaissance à son incurabilité et aux éternelles transformations de son mal ; ces situations toujours nouvelles, ces dangers, ces douleurs, ces moyens d'inquisition, également toujours nouveaux, ont fini par engendrer une irritabilité intellectuelle qui équivaut presque au génie et certainement à la mère de tout génie.

25.

NE PAS ÊTRE PRÉDESTINÉ A LA CONNAISSANCE. — Il existe une humilité naïve, assez fréquente en somme, qui, lorsqu'on la possède, vous rend, une fois pour toutes, impropre à être disciple de la connaissance. Car, au moment où un homme de cette espèce aperçoit quelque chose qui le frappe, il se retourne en quelque sorte sur lui-même et se dit :

« Tu t'es trompé ! Où avais-tu tes sens ! Cela ne peut pas être la vérité ! » — Et alors, au lieu d'y regarder encore une fois de plus près, au lieu de prêter encore l'oreille, il s'enfuit intimidé et évite de rencontrer la chose frappante qu'il cherche à se sortir de la tête aussi vite que possible. Son canon intérieur dit : « Je ne veux rien voir qui soit en contradiction avec l'opinion courante sur les choses ! Suis-je fait, moi, pour découvrir des vérités nouvelles ? Il y en a déjà trop d'anciennes. »

26.

QUE SIGNIFIE VIVRE. — Vivre — cela signifie : repousser sans cesse quelque chose qui veut mourir. Vivre — cela signifie : être cruel et implacable contre tout ce qui, en nous, devient faible et vieux, et pas seulement en nous. Vivre cela signifierait donc : être sans pitié pour les agonisants, les misérables, les vieillards ? Etre sans cesse assassin ? — Et pourtant le vieux Moïse a dit : « Tu ne tueras point ! »

27.

LE RENONCIATEUR. — Que fait celui qui renonce ? Il aspire à un monde supérieur, il veut s'envoler plus loin et plus haut que tous les hommes de l'affirmation, — il *jette loin de lui* beaucoup de choses qui alourdiraient son vol, et parmi ces choses il y en a qui ont de la valeur et qu'il aime : il sacrifie tout cela à son désir des hauteurs. Or, c'est ce sacrifice et ce rejet qui sont seuls visibles en lui : c'est pour cela qu'on lui donne le nom de renonciateur, et c'est comme tel qu'il se dresse devant nous drapé dans son froc, et comme s'il était l'âme d'un silice. Mais il est très satisfait de cette impression qu'il nous produit : il veut cacher à nos yeux son désir, sa fierté, son intention de s'élever dans les airs, *au-dessus* de nous. Oui ! il est plus fin que nous ne le pensions, et si poli avec nous — cet affirmateur ! Car il est cela tout comme nous, même dans sa renonciation.

28.

Nuire avec ce que l'on a de meilleur. — Il arrive que nos forces nous poussent tellement en avant que nous ne pouvons plus supporter nos faiblesses et que nous périssons par elles : il nous arrive bien aussi de prévoir ce résultat, et pourtant nous ne voulons pas qu'il en soit autrement. Alors nous nous faisons durs à l'égard de ce qui devrait être ménagé en nous, et notre grandeur est aussi notre barbarie. Une telle catastrophe que nous finissons par payer de notre vie est un exemple de l'influence générale qu'exercent les grands hommes sur les autres et sur leur époque : — justement avec ce qu'ils ont de meilleurs, avec ce qu'eux seuls savent faire ils ruinent beaucoup d'êtres faibles, incertains, qui sont encore dans le devenir et le vouloir — et c'est par cela qu'ils sont nuisibles. Le cas peut même se présenter où, somme toute, ils ne font que nuire, puisque ce qu'ils ont de meilleur n'est absorbé, en quelque sorte dégusté, que par ceux qui y perdent leur raison et leur ambition, comme sous l'influence d'une boisson forte : ils sont mis dans un tel état d'ivresse que leurs membres se briseront sur tous les faux chemins où les conduira leur ivresse.

29.

Ceux qui ajoutent un mensonge. — Lorsqu'en France on commença à combattre l'unité d'Aristote et, par conséquent, aussi à la défendre, on put voir de nouveau ce que l'on voit souvent, mais toujours avec beaucoup de déplaisir : — on *se mentit à soi-même* pour trouver les raisons qui font subsister ces lois, rien que pour ne pas avouer que l'on s'était *habitué* à leur domination et que l'on ne voulait plus entendre parler d'autre chose. Et c'est ainsi que l'on agit dans toute morale, dans toute religion régnantes, et l'on a toujours agi ainsi : les intentions que l'on met derrière l'habitude sont toujours ajoutées mensongèrement lorsque quelqu'un commence à nier l'habitude et à demander les raisons et les intentions. C'est là que se trouve la grande mauvaise foi des conservateurs de toutes les époques : — ils ajoutent des mensonges.

30.

Comédie des hommes célèbres. — Les hommes célèbres qui ont besoin de leur gloire, comme par exemple tous les politiciens, ne choisissent plus leurs amis et leurs alliés sans arrière-pensée : de celui-ci ils veulent un peu de l'éclat et du reflet de sa vertu, de celui-là la crainte qu'inspirent certaines qualités douteuses que chacun lui connaît. A un autre ils volent sa réputation de paresseux, de fainéant, puisqu'il est utile à leur but de passer par moments pour inattentif et indolent : — ils cachent ainsi qu'ils sont aux aguets ; tantôt ils ont besoin auprès d'eux du fantaisiste, tantôt du chercheur, tantôt du pédant, en quelque sorte comme la présence de leur propre personne, mais il arrive tout aussi souvent qu'ils n'ont plus besoin de tous ceux-là ! Et ainsi dépérissent sans cesse leurs entourages et leurs aspects extérieurs, tandis que tout semble vouloir se pousser dans cet entourage et vouloir lui donner du « caractère » ; en cela ils ressemblent aux grandes villes. Leur réputation se transforme sans cesse tout comme leur caractère, car leurs moyens changeants exigent ce changement et poussent en avant tantôt l'une tantôt l'autre de leurs qualités réelles ou supposées, pour les mettre en scène : leurs amis et leurs alliés font partie de ces qualités de scène. Par contre il faut que ce qu'ils veulent demeure d'autant plus ferme, comme édifié en bronze et rayonnant au loin, — et cela aussi a parfois besoin de sa comédie et de son jeu de scène.

31.

COMMERCE ET NOBLESSE. — La vente et l'achat paraissent maintenant vulgaires, tout comme l'art de lire et d'écrire ; chacun y est exercé, même lorsqu'il n'est pas commerçant, et il s'exerce encore chaque jour dans cette matière : tout comme autrefois, à l'âge des hommes plus sauvages, chacun était chasseur et s'exerçait jour pour jour dans l'art de la chasse. A cette époque-là la chasse était vulgaire : mais tout comme celle-ci finit par devenir un privilège des puissants et des nobles et perdit ainsi son caractère journalier et vulgaire, par le fait qu'elle cessa d'être nécessaire pour se changer en objet de plaisir et de luxe : — il pourrait en advenir une fois de même de l'achat et de la vente. On peut imaginer des conditions de la société où l'on ne vend ni n'achète et où la nécessité de cet art se perd peu à peu complètement ; peut-être qu'alors il y aura des individus moins soumis aux lois de la condition générale qui se permettront l'achat et la vente comme un *luxe du sentiment*. Alors seulement le commerce prendrait de la distinction et les nobles s'en occuperaient peut-être tout aussi volontiers qu'ils s'occupent jusqu'à présent de guerre et de politique : tandis qu'au contraire il se pourrait que les évaluations de la politique fussent complètement transformées. Maintenant déjà la politique cesse d'être le métier du gentilhomme : et il serait possible qu'on la trouvât un jour tellement vulgaire qu'on la rangerait, comme toute littérature de partis et de journaux, sous la rubrique « prostitution de l'esprit ».

32.

DISCIPLES QUE L'ON NE SOUHAITAIT POINT. — Que dois-je faire de ces deux jeunes gens, s'écria avec humeur un philosophe qui « corrompait » la jeunesse, comme Socrate l'avait corrompue autrefois. — ce sont des disciples qui m'arrivent mal à propos. Celui-ci ne sait pas dire « non » et cet autre répond à toutes choses « entre les deux ». En admettant qu'ils saisissent ma doctrine, le premier *souffrirait* trop, car mes idées exigent une âme guerrière, un désir de faire mal, un plaisir de la négation, une enveloppe dure — il succomberait à ses plaies ouvertes et à ses plaies intérieures. Et l'autre, de toutes les causes qu'il défend, s'accommoderait une partie moyenne pour en faire quelque chose de médiocre, — je souhaite un pareil disciple à mon ennemi.

33.

AU DEHORS DES SALLES DE COURS. — « Pour vous démontrer que l'homme fait au fond partie des animaux d'un bon naturel, je vous ferais souvenir de sa longue crédulité. Maintenant seulement, très tard et après une énorme victoire sur soi-même, il est devenu un animal méfiant, — oui! l'homme est maintenant plus méchant que jamais. » — Je ne comprends pas cela : pourquoi l'homme serait-il maintenant plus méfiant et plus méchant? — « Puisqu'il a maintenant une science, — puisqu'il a besoin d'une science ! » —

34.

HISTORIA ABSCONDITA. — Tout grand homme possède une force rétroactive : à cause de lui toute l'histoire est remise sur la balance, et mille secrets du passé sortent de leur cachette — pour être éclairés par *son* soleil. Il n'est pas du tout possible de prévoir tout ce qui sera encore de l'histoire. Le passé peut-être demeure encore tout à fait inexploré ! Il est encore besoin de beaucoup de forces rétroactives.

35.

Hérésie et sorcellerie. — Penser autrement que ce n'est l'usage — c'est beaucoup moins l'effet d'une meilleure intelligence que l'effet de penchants forts et méchants, de penchants séparateurs, isolants, hautains, moqueurs, perfides. L'hérésie est la contre-partie de la sorcellerie, elle est tout aussi peu quelque chose d'innocent ou même de vénérable en soi. Les hérétiques et les sorciers sont deux catégories d'hommes méchants : ils ont ceci en commun que, non seulement ils sont méchants, mais qu'ils se sentent aussi méchants. Leur désir insurmontable c'est de causer un dommage à ce qui règne (hommes où opinions). La Réforme, une espèce de redoublement de l'esprit du Moyen âge, à une époque où le Moyen âge n'avait plus pour lui la bonne conscience, les produisit tous deux en abondance.

36.

Dernières paroles. — On se souvient peut-être que l'empereur Auguste, cet homme terrible qui se possédait et qui savait se taire, tout aussi bien qu'un sage comme Socrate, devint indiscret à l'égard de lui-même par ses dernières paroles : il laissa pour la première fois tomber son masque lorsqu'il donna à entendre qu'il avait porté un masque et joué la comédie, — il avait joué à la perfection le père de la patrie et la sagesse sur le trône, jusqu'à donner la complète illusion ! *Plaudite, amici, comœdia finita est!* — La pensée de Néron mourant : *qualis artifex pereo!* fut aussi la pensée d'Auguste mourant : Vanité d'histrion ! Loquacité d'histrion ! Et c'est bien la contre-partie de Socrate mourant ! — Mais Tibère mourut en silence, lui qui fut le plus tourmenté de ceux qui se tourmentèrent eux-mêmes, — celui-ci fut *vrai* et ne fut point un comédien ! Qu'est-ce qui a bien pu lui passer par la tête à sa dernière heure ! Peut-être ceci : « La vie — c'est là une longue mort. Quel fou j'ai été de raccourcir tant d'existences ! Étais-je fait, *moi*, pour être un bienfaiteur ? J'aurais dû leur donner la vie éternelle : ainsi j'aurais pu les *voir mourir* éternellement. J'aurais de si bons yeux pour cela : *qualis spectator pereo!* » Lorsque, après une longue agonie, il sembla reprendre des forces, on jugea bon de l'étouffer avec des oreillers, — il mourut ainsi d'une double mort.

37.

DE TROIS ERREURS. — Dans les derniers siècles on a fait avancer la science, soit parce que, avec elle et par elle, on espérait le mieux comprendre la bonté et la sagesse de Dieu — le principal motif dans l'âme des grands Anglais (comme Newton) — soit parce que l'on croyait à l'utilité absolue de la connaissance, surtout au lien le plus intime entre la morale, la science et le bonheur — principal motif dans l'âme des grands Français (comme Voltaire) —, soit parce que l'on croyait posséder et aimer dans la science quelque chose de désintéressé, d'inoffensif, quelque chose qui se suffit à soi-même, quelque chose de tout à fait innocent, à quoi les mauvais instincts de l'homme ne participent nullement — le motif principal dans l'âme de Spinoza, qui, en tant que connaisseur, se sentait divin : — donc pour trois erreurs.

38.

LES EXPLOSIFS. — Si l'on considère combien la force chez les jeunes gens est immobilisée dans son besoin d'explosion, on ne s'étonnera plus de voir combien ils manquent de finesse et de préférence pour se décider en faveur de telle ou telle cause. Ce qui les attire, c'est le spectacle de l'ardeur qui entoure une cause et, en quelque sorte, le spectacle de la mèche allumée, — et non la cause en elle-même. C'est pourquoi les séducteurs les plus subtils s'entendent à leur faire espérer l'explosion plutôt qu'à les persuader par des raisons : on ne gagne pas avec des arguments ces vrais barils à poudre.

39.

Goût changé. — Le changement du goût général est plus important que celui des opinions ; les opinions, avec toutes les preuves, les réfutations et toute la mascarade intellectuelle ne sont que des symptômes d'un changement de goût et certainement pas, ce pour quoi on les tient encore généralement, les causes de ce changement de goût. Comment se transforme le goût général ? Par le fait que des individus puissants et influents prononcent sans honte leur *hoc est ridiculum, hoc est absurdum*, c'est-à-dire le jugement de leur goût et de leur dégoût, et qu'ils imposent ce jugement avec tyrannie : — ils imposent ainsi une contrainte à beaucoup de gens, une contrainte qui se change peu à peu en une habitude chez plusieurs et finalement en un *besoin de tout le monde*. Mais ce fait que les individus ont d'autres sensations et d'autres goûts a généralement sa raison dans la singularité de leur façon de vivre, de se nourrir et de digérer, il est peut-être dû à la présence d'une dose plus ou moins grande de sels inorganiques dans leur sang et dans leur cerveau, en un mot à la propriété de leur caractère physique : mais ils ont le courage d'avouer leurs habitudes physiques et d'en écouter les exigences dans les nuances les plus fines : leurs jugements esthétiques et moraux font partie de ces « fines nuances » du caractère physique.

40.

De l'absence des formes nobles. — Les soldats et leurs chefs ont encore des rapports bien supérieurs à ceux des ouvriers et des patrons. Provisoirement du moins, toute civilisation à base militaire se trouve bien au-dessus de tout ce que l'on appelle civilisation industrielle : cette dernière, dans son état actuel, est la forme d'existence la plus basse qu'il y ait eu jusqu'à présent. Ce sont simplement les lois de la nécessité qui sont ici en vigueur : on veut vivre et l'on est forcé de se vendre, mais on méprise celui qui exploite cette nécessité et qui s'*achète*, le travailleur. Il est singulier que la soumission à des personnes puissantes, qui inspirent la crainte et même la terreur, à des tyrans et des chefs d'armées produit une impression beaucoup moins pénible que la soumission à des personnes inconnues et sans intérêt, comme le sont toutes les illustrations de l'industrie: dans le patron, l'ouvrier ne voit généralement qu'un homme rusé et exploiteur, un chien qui spécule sur toutes les misères et dont le nom, l'allure, les mœurs, la réputation lui sont tout à fait indifférents. Les fabricants et les grands entrepreneurs du commerce ont probablement beaucoup trop manqué, jusqu'à présent, de toutes ces formes et de ces signes distinctifs de la *race supérieure*, qui sont nécessaires pour rendre des *personnes* intéressantes ; s'ils avaient dans leur regard et dans leur geste la distinction de la noblesse héréditaire, il n'existerait peut-être pas de socialisme des masses. Car au fond les masses sont prêtes à l'*esclavage* sous toutes ses formes, pourvu que celui qui est au-dessus d'eux affirme sans cesse sa supériorité, qu'il légitime le fait qu'il est *né* pour commander — par la noblesse de la forme! L'homme le plus vulgaire sent que la noblesse ne s'improvise pas, et qu'il lui faut honorer en elle le fruit de longues périodes, — mais l'absence de formes supérieures et la fameuse vulgarité des fabricants, avec leurs mains rouges et grasses, éveille en l'homme vulgaire la pensée que ce n'est que le hasard et la chance qui ont élevés ici l'un au-dessus de l'autre : eh bien ! décide-t-il à part soi, essayons une fois, *nous*, du hasard et de la chance. Jetons les dés! — et le socialisme commence.

41.

CONTRE LE REMORDS. — Le penseur cherche à trouver telle ou telle explication dans ses propres actes, dans ses recherches et ses interrogations : le succès ou l'insuccès sont pour lui avant tout des *réponses*. Cependant, se fâcher de ce que quelque chose ne réussisse pas, ou même éprouver des remords — il laisse cela à ceux qui agissent, parce qu'on le leur ordonne, et qui s'attendent à des coups si leur gracieux maître n'est pas satisfait du résultat.

42.

TRAVAIL ET ENNUI. — Dans les pays de la civilisation presque tous les hommes se ressemblent maintenant en ceci qu'ils cherchent du travail à cause du salaire ; — pour eux tout le travail est un moyen et non le but lui-même ; c'est pourquoi ils mettent peu de finesse au choix du travail, pourvu qu'il procure un gain abondant. Or il y a des hommes rares qui préfèrent périr plutôt que de travailler, sans que le travail leur procure de la *joie* : ils sont minutieux et difficiles à satisfaire, ils ne se contentent pas d'un gain abondant, lorsque le travail n'est pas lui-même le gain de tous les gains. De cette espèce d'hommes rares font partie les artistes et les contemplatifs de toute espèce, mais aussi ces désœuvrés qui passent leur vie à la chasse ou bien aux intrigues d'amour et aux aventures. Tous ceux-là cherchent le travail et la peine lorsqu'ils sont mêlés de plaisir, et le travail le plus difficile et le plus dur, si cela est nécessaire. Mais autrement ils sont d'une paresse décidée, quand même cette paresse devrait entraîner l'appauvrissement, le déshonneur, les dangers pour la santé et pour la vie. Ils ne craignent pas autant l'ennui que le travail sans plaisir : il leur faut même beaucoup d'ennui pour que *leur* travail puisse leur réussir. Pour le penseur et pour l'esprit inventif l'ennui est ce « calme plat » de l'âme qui précède la course heureuse et les vents joyeux ; il leur faut le supporter, en *attendre* l'effet à part eux : — c'est *cela* précisément que les natures moindres n'arrivent absolument pas à obtenir d'elles-mêmes ! Chasser l'ennui de n'importe quelle façon, cela est vulgaire, tout comme le travail sans plaisir est vulgaire. Les Asiatiques se distinguent peut-être en cela des Européens qu'ils sont capables d'un repos plus long et plus profond que ceux-ci ; leurs narcotiques même agissent plus lentement et exigent de la patience, à l'encontre de l'insupportable soudaineté de ce poison européen, l'alcool.

43.

Ce que révèlent les lois. — On se méprend grossièrement en étudiant la pénalité d'un peuple comme si elle était l'expression de son caractère; les lois ne révèlent pas ce qu'est un peuple, mais seulement ce qui lui paraît étrange, bizarre, monstrueux, étranger. La loi se rapporte aux exceptions de la moralité des mœurs; et les punitions les plus dures frappent ce qui est conforme aux mœurs du peuple voisin. C'est ainsi que, chez les Wahabis, il n'y a que deux péchés mortels: avoir un autre dieu que celui des Wahabis et — fumer (ils désignent cela comme « la plus honteuse manière de boisson »). « Et qu'est-ce qui en est du meurtre et de l'adultère? » — interrogea avec étonnement l'Anglais à qui l'on rapportait ces choses. « Et bien! Dieu est plein de grâce et de miséricorde! » — répondit le vieux chef. — De même il y avait chez les anciens Romains une croyance qu'une femme ne pouvait se rendre coupable d'un péché mortel que de deux façons: d'une part en commettant adultère et d'autre part — en buvant du vin. Le vieux Caton prétendait que l'on n'avait créé l'usage de s'embrasser entre parents que pour contrôler les femmes sur ce point; un baiser signifiait : sent-elle le vin? Et l'on a véritablement puni de mort les femmes que l'on surprenait en train de boire du vin : et ce n'était certainement pas parce que les femmes, sous l'influence du vin, oubliaient parfois toute velléité de dire « non » ; les Romains craignaient surtout l'influence du souffle orgiaque et dionysien qui passait encore de temps en temps sur les femmes du midi de l'Europe, alors que le vin était une nouveauté, comme une monstrueuse manifestation antinationale qui renversait la base du sentiment romain; c'était pour eux comme une trahison de Rome, comme une assimilation de l'étranger.

44.

Les motifs que l'on croit. — Malgré l'importance qu'il peut y avoir à connaître les vrais motifs qui ont guidé jusqu'à présent les actions humaines, peut-être est-il plus important encore, pour celui qui cherche la connaissance, de savoir quelle *croyance* s'est attachée à tel ou tel motif, je veux dire, de connaître ce que l'humanité a supposé et et imaginé jusqu'à présent comme étant le véritable levier de ses actes. Car le bonheur et la misère intérieure des hommes leur sont échus en partage selon leur croyance en tel ou tel motif, — et *non pas* par ce qui fut le motif véritable ! Ce dernier n'a qu'un intérêt secondaire.

45.

Epicure. — Oui, je suis fier de voir le caractère d'Epicure d'une façon peut-être différente de celle de tout le monde, et de jouir de l'antiquité, comme d'un bonheur d'après-midi, chaque fois que je lis ou entends quelque chose de lui ; — je vois son œil errer sur de vastes mers blanchâtres, sur des falaises où repose le soleil, tandis que de grands et de petits animaux s'éjouent sous ses rayons, sûrs et tranquilles comme cette clarté et ces yeux mêmes. Un pareil bonheur n'a pu être inventé que par quelqu'un qui souffrait sans cesse, c'est le bonheur d'un œil qui a vu s'apaiser sous son regard la mer de l'existence, et qui maintenant ne peut pas se lasser de regarder la surface de cette mer, son épiderme multicolore, tendre et frissonnant : il n'y eut jamais auparavant pareille modestie de la volupté.

46.

Notre étonnement. — Il y a un bonheur profond et radical dans le fait que la science découvre des choses qui *tiennent bon* et qui sont la cause de découvertes toujours nouvelles : — car, certes ! il pourrait en être autrement. Nous sommes si intimement persuadés de l'incertitude et de la fantaisie de nos jugements et de l'éternel transformation des lois et des idées humaines que notre étonnement est grand de voir *combien* les résultats de la science tiennent bon ! Autrefois on ne savait rien de cette instabilité de toutes choses humaines, la moralité des mœurs maintenait la croyance que toute la vie intérieure de l'homme était fixée avec d'éternels crampons à la nécessité d'airain : — peut-être éprouvait-on alors une semblable volupté d'étonnement lorsqu'on se faisait raconter des fables et des histoires de fées. Le merveilleux faisait tant de bien à ces hommes qui devaient se fatiguer parfois de la règle et de l'éternité. Perdre une fois pied! Planer! Errer! Etre fou! — cela faisait partie du paradis et des ivresses d'autrefois : tandis que notre béatitude ressemble à celle du naufragé qui est descendu à terre et qui se place avec les deux pieds sur la vieille terre ferme — étonné de ne pas la sentir vaciller.

47.

DE LA RÉPRESSION DES PASSIONS. — Si l'on s'interdit continuement l'expression des passions comme quelque chose qu'il faut laisser au « vulgaire », aux natures plus grossières, bourgeoises et paysannes, — si l'on veut donc, non réfréner les passions elles-mêmes, mais seulement leur langage et leurs gestes : on atteint néanmoins, *en même temps,* ce que l'on ne veut pas atteindre, la répression des passions elles-mêmes, du moins leur affaiblissement et leur transformation : — comme il en est advenu, exemple instructif! de la cour de Louis XIV et de tout ce qui en dépendait. L'époque suivante, élevée à mettre un frein aux formes extérieures, avait perdu les passions elles-mêmes et pris par contre une allure élégante, superficielle, badine, — époque tellement atteinte de l'incapacité d'être malhonnête, que même une offense n'était acceptée et rendue qu'avec des paroles courtoises. Peut-être notre époque offre-t-elle une singulière contre-partie de cela : je vois partout, dans la vie et au théâtre, et non pour le moins dans tout ce que l'on écrit, le sentiment du bien-être que causent toutes les irruptions *grossières*, tous les gestes *vulgaires* de la passion : on exige maintenant une certaine convention du caractère passionné — mais à aucun prix on ne voudrait la passion elle-même ! Malgré cela on finira par l'atteindre et nos descendants posséderont une *sauvagerie véritable*, et non pas seulement la sauvagerie et la grossièreté des manières.

48.

Connaissance de la misère. — Peut-être les hommes, tout aussi bien que les époques, ne sont-ils séparés les uns des autres, par rien autant que par les degrés différents de connaissance de la misère qu'ils ont : misère de l'âme tout aussi bien que misère du corps. Pour ce qui en est de ces dernières misères, nous autres hommes d'aujourd'hui, malgré nos faiblesses et nos infirmités, à cause de notre manque d'expériences sérieuses, sommes peut-être tous devenus des ignorants et des fantaisistes : en comparaison d'une époque de la crainte — l'époque la plus longue de l'humanité — où l'individu avait à se protéger lui-même de la violence, et était forcé, à cause de cela, à être violent lui-même. Alors l'homme traversait une dure école de souffrances physiques et de privations, et trouvait, dans une certaine cruauté à l'égard de soi-même, dans un exercice volontaire de la douleur, un moyen nécessaire à sa conservation ; alors on élevait son entourage à supporter la douleur, alors on aimait provoquer la douleur, et l'on voyait les autres frappés de ce qu'il y a de plus terrible dans ce genre, sans avoir d'autre sentiment que celui de la propre sécurité. Mais pour ce qui en est de la misère de l'âme, j'examine maintenant chaque homme pour me rendre compte s'il la connaît par expérience ou par description; s'il croit nécessaire de simuler cette connaissance, par exemple comme une marque de bonne éducation, ou bien si, au fond de son âme, il ne croit pas du tout aux grandes douleurs de l'âme et si, lorsqu'on les nomme en sa présence, il se passe en lui quelque chose d'analogue à ce qui arrive lorsque l'on parle de souffrances physiques — il pense alors de suite à ses maux de dents et d'estomac. Il me semble qu'il en est ainsi chez la plupart des gens. Or, de cet universel manque d'exercice dans la douleur sous les deux espèces, et de l'aspect peu fréquent d'un homme qui souffre, il résulte une conséquence importante : on déteste maintenant la douleur, bien plus que ne faisaient les hommes anciens, on dit d'elle plus de mal que jamais, on trouve même presque insupportable l'existence d'une douleur, ne fût-ce que *comme idée*, et à l'existence tout entière, on en fait une question de conscience et un reproche. La naissance de philosophies pessimistes n'est absolument pas l'indice de grandes et de terribles misères; mais ces mises en question de la valeur de vie en général se produisent en des temps où l'affinement et l'allègement de l'existence trouvent déjà trop sanglantes et trop malignes les inévitables piqûres de mouches de l'âme et du corps, et voudraient faire apparaître, dans la pénurie de véritables expériences douloureuses, l'*imagination du supplice* comme une souffrance d'espèce supérieure. — Il y aurait bien un remède contre les philosophies pessimistes et la trop grande sensibilité qui me semble être la véritable « misère du présent » : — mais peut-être ce remède paraîtrait-il trop cruel et serait-il lui-même compté parmi les symptômes sur lesquels on se base pour prétendre maintenant que « l'existence est quelque chose de mauvais ». Eh bien! le remède contre la « misère » s'appelle : *misère.*

49.

LA GÉNÉROSITÉ ET CE QUI LUI RESSEMBLE. — Les phénomènes paradoxaux, tels que la froideur soudaine dans l'attitude d'un homme sentimental, tels que l'humour du mélancolique, tels que, avant tout, la *générosité*, en tant que renoncement soudain à la vengeance ou à la satisfaction de l'envie — se présentent chez les hommes qui possèdent une puissante force centrifuge, chez les hommes qui sont pris d'une soudaine satiété et d'un dégoût subit. Leurs satisfactions sont si rapides et si violentes qu'elles sont immédiatement suivies d'antipathie, de répugnance et de fuite dans le goût opposé : dans ces contrastes se résolvent les crises du sentiment, chez l'un par une froideur subite, chez l'autre par un accès d'hilarité, chez un troisième par les larmes et le sacrifice de soi. L'homme généreux — du moins l'espèce d'hommes généreux qui a toujours fait le plus d'impression — me paraît être l'homme d'une extrême soif de vengeance qui voit, tout proche de lui, la possibilité d'un assouvissement et qui, vidant la coupe jusqu'à sa dernière goutte, se satisfait déjà *en imagination*, de sorte qu'un énorme et rapide dégoût suit cette débauche; — il s'élève alors « au dessus de lui-même », comme on dit, il pardonne à son ennemi, il le bénit même et le vénère. Avec cette violation de son moi, avec cette raillerie de son instinct de vengeance, tout à l'heure encore si puissant, il ne fait que céder à un nouvel instinct qui vient de se manifester puissamment en lui (le dégoût), et cela avec la même débauche impatiente qu'il avait mise tout à l'heure à *prélever* dans son imagination, à épuiser, en quelque sorte, la joie de la vengeance. Il y a dans la générosité le même degré d'égoïsme que dans la vengeance, mais cet égoïsme est d'une autre qualité.

50.

L'ARGUMENT DE L'ISOLEMENT. — Le reproche de la conscience, même chez les plus consciencieux, est faible à côté du sentiment : « Telle et telle chose est contraire aux bonnes mœurs de *ta* société. » Un regard froid, une bouche crispée, chez ceux parmi lesquels et pour lesquels on a été élevé, inspirera la *crainte* même au plus fort. Que craint-on là en somme ? L'isolement ! car c'est là un argument qui détruit même les meilleurs arguments en faveur d'une personne ou d'une chose ! — C'est ainsi que l'instinct de troupeau parle en nous.

51.

Véracité. — Je loue toute espèce de scepticisme auquel il m'est permis de répondre : « Essayons toujours ! » Mais je ne veux plus entendre parler de toutes les choses et de toutes les questions qui ne permettent pas l'expérience. Ce sont là les bornes de ma « véracité » : car ici la bravoure a perdu son droit.

52.

Ce que les autres savent de nous. — Ce que nous savons de nous-mêmes et ce que nous avons gardé dans la mémoire, pour le bonheur de notre vie, n'est pas si décisif qu'on le croit. Il arrive un jour que ce que *les autres* savent sur nous (ou croient savoir) se jette sur nous — et maintenant nous reconnaissons que c'est là ce qu'il y a de plus puissant. On s'en tire mieux avec sa mauvaise conscience qu'avec sa mauvaise réputation.

53.

Où le bien commence. — Où la faible force visuelle de l'œil n'est plus en état de voir, à cause de son extrême finesse, comme tel le mauvais instinct, l'homme place le royaume du bien; et le sentiment d'avoir maintenant passé dans ce royaume provoque la vibration de tous les instincts qui étaient menacés et limités par les instincts mauvais, tels que le sentiment de sécurité, de bien-être, de bienveillance. Donc : plus l'œil est obtus, plus est grand le domaine du bien ! De là l'éternelle sérénité du peuple et des enfants ! De là l'abattement des grands esprits, leur humeur noire, voisine de la mauvaise conscience !

54.

LA CONSCIENCE DE L'APPARENCE. — Quelle place admirable j'occupe en face de l'existence tout entière, avec ma connaissance, comme cela me paraît nouveau et en même temps épouvantable et ironique ! J'ai découvert *pour moi* que la vieille humanité, la vieille animalité, oui même tous les temps primitifs et le passé de toute existence sensible, continuent à vivre en moi, à écrire, à aimer, à haïr, à conclure, — je me suis réveillé soudain au milieu de ce rêve, mais seulement pour avoir conscience que je rêvais tout à l'heure et qu'*il faut* que je continue à rêver, pour ne pas périr : tout comme il faut que le somnambule continue à rêver pour ne pas s'affaisser. Qu'est désormais pour moi l' « apparence » ? Ce n'est certainement pas l'opposé d'un « être » quelconque — que puis-je énoncer de cet être, si ce n'est les attributs de son apparence ? Ce n'est certes pas un masque inanimé que l'on pourrait mettre, et peut-être même enlever, à un X inconnu ! L'apparence est pour moi la vie et l'action elle-même qui, dans son ironie de soi-même, va jusqu'à me faire sentir qu'il y a là apparence et feu-follet et danse des elfes et rien autre chose — que, parmi ces rêveurs, moi aussi, moi « qui cherche la connaissance », je danse le pas de tout le monde, que le connaisseur est un moyen pour prolonger la danse terrestre, et qu'en raison de cela il fait partie des maîtres de cérémonie de la vie, et que la sublime conséquence et le lien de toutes les connaissances est et sera peut-être le moyen suprême pour *maintenir* la généralité de la rêverie, l'entente de tous ces rêveurs entre eux et, par cela même, *la durée du rêve*.

55.

La dernière noblesse de sentiment. — Qu'est-ce qui rend donc « noble » ? Ce n'est certainement pas de faire des sacrifices ; le voluptueux le plus féroce fait des sacrifices. Ce n'est certainement pas d'obéir à une passion ; il y a des passions méprisables. Ce n'est certainement pas de faire quelque chose pour les autres, sans égoïsme ; peut-être la conséquence de l'égoïsme est-elle la plus forte, justement chez les plus nobles. — Mais c'est le fait que la passion qui s'empare de l'homme noble est une passion particulière, sans qu'il le sache ; c'est l'emploi d'une mesure rare et singulière et presque une folie ; c'est la sensation de chaleur dans les choses que d'autres sentent froides au toucher ; c'est la divination de valeurs pour lesquelles une balance n'a pas encore été inventée ; c'est le sacrifice sur des autels voués à des dieux inconnus ; c'est la bravoure sans le désir des honneurs ; c'est un contentement de soi qui déborde et qui prodigue son abondance aux hommes et aux choses. Jusqu'à présent, cela a donc été la rareté et l'ignorance de cette rareté qui rendait noble. Que l'on considère cependant que, par cette ligne de conduite, tout ce qui était ordinaire, prochain, indispensable, bref tout ce qui servait le plus à conserver l'espèce, en général la *règle* dans l'humanité de jusqu'à présent, a été jugé avec injustice et calomnié dans son ensemble, en faveur de l'exception. Se faire l'avocat de la règle — cela pourrait peut-être devenir la dernière forme et la dernière finesse, par quoi la noblesse de sentiment se manifeste sur la terre.

56.

Le désir de souffrance. — Quand je songe au désir de faire quelque chose, tel qu'il chatouille et stimule sans cesse des milliers de jeunes Européens qui tous ne peuvent supporter ni l'ennui, ni eux-mêmes, — je me rends compte qu'il doit y avoir en eux un désir de souffrir d'une façon quelconque afin de tirer de leur souffrance une raison probante pour agir. La misère est nécessaire ! De là les cris des politiciens, de là les nombreuses « calamités publiques » de toutes les classes imaginables, calamités fausses, inventées, exagérées, et l'aveugle empressement à y croire. Ce jeune monde exige que *du dehors* vienne, ou devienne visible, non pas le bonheur — mais le malheur ; et leur imagination s'occupe déjà d'avance à en faire un monstre, pour pouvoir ensuite lutter avec ce monstre. Si ces êtres avides de misère sentaient en eux la force de faire du bien, en eux-mêmes, pour eux-mêmes, ils s'entendraient aussi à se créer, en eux-mêmes, une misère propre et personnelle. Leurs sensations pourraient alors être plus subtiles, et leurs satisfactions résonner comme de bonne musique; tandis que maintenant ils remplissent le monde de leur cri de détresse et, par conséquent, trop souvent, en premier lieu de leur *sentiment de détresse!* Ils ne savent rien faire d'eux-mêmes — c'est pourquoi ils crayonnent au mur la misère des autres : ils ont toujours besoin des autres ! Et toujours de nouveau d'autres autres ! — Pardonnez-moi, mes amis, j'ai osé crayonner au mur mon *bonheur*.

LIVRE DEUXIÈME

57.

Pour les réalistes. — O hommes désenchantés, vous qui vous sentez cuirassés contre la passion et l'imagination et qui aimeriez bien faire de votre doctrine un objet d'orgueil et un ornement, vous vous appelez réalistes et vous donnez à entendre que le monde est conformé réellement tel qu'il vous apparaît : devant vous seuls la vérité se trouverait dévoilée et c'est vous qui seriez peut-être la meilleure partie de cette vérité, — ô images bien-aimées de Saïs ! Mais vous aussi, lorsque vous apparaissez sans voile, ne demeurez-vous pas des êtres très passionnés et obscurs, lorsque l'on vous compare aux poissons, des êtres qui ressemblent encore trop à des artistes amoureux ! — et qu'est la « réalité » pour un artiste amoureux ? Vous portez encore avec vous les façons d'apprécier qui ont leur origine dans les passions et les intrigues des siècles passés ! Votre sobriété encore est pénétrée d'une secrète et indestructible ivresse ! Votre amour de la « réalité » par exemple — c'est là un vieil et antique « amour » ! Dans chaque sentiment, dans chaque impression des sens, il y a quelque chose de ce vieil amour ; et de même quelque jeu de l'imagination (un préjugé, une déraison, une ignorance, une crainte ou quoi que ce soit d'autre) y ont travaillé et en ont tissé les mailles. Voyez cette montagne ! Voyez ce nuage ! Qu'est-ce qu'il y a là de réel ? Déduisez-en donc la fantasmagorie et tout ce que les hommes y ont *ajouté*, vous qui êtes hommes de sens rassis ! Oui, si vous pouviez faire *cela !* Si vous pouviez oublier votre origine, votre passé, votre première éducation, — tout ce que vous avez en vous d'humain et d'animal ! Il n'y a pour nous point de « réalité » — et il n'y en a pas non plus pour vous autres gens sobres — nous sommes beaucoup moins étrangers les uns aux autres que vous ne le croyez, et peut-être notre bonne volonté de dépasser l'ivresse est-elle tout aussi respectable que la croyance d'être en général *incapable* d'ivresse.

58.

Comme créateurs seulement. — Il y a une chose qui m'a causé la plus grande difficulté et qui continue de m'en causer sans cesse : me rendre compte qu'il est infiniment plus important de *connaître le nom* des choses que de savoir ce qu'elles sont. La réputation, le nom, l'aspect, l'importance, la mesure habituelle et le poids d'une chose — à l'origine le plus souvent une erreur, une qualification arbitraire, jetée sur les choses comme un vêtement, et profondément étrangère à leur esprit, même à leur surface — par la croyance que l'on avait en tout cela, par son développement de génération en génération, s'est peu à peu attaché à la chose, s'y est identifié, pour devenir son propre corps; l'apparence primitive finit par devenir presque toujours l'essence, et fait *l'effet* d'être l'essence. Quel fou serait celui qui s'imaginerait qu'il suffit d'indiquer cette origine et cette enveloppe nébuleuse de l'illusion pour *détruire* ce monde considéré comme essentiel, ce monde que l'on dénomme « réalité »! Ce n'est que comme créateurs que nous pouvons détruire! — Mais n'oublions pas non plus ceci : il suffit de créer des noms nouveaux, des appréciations et des probabilités nouvelles pour créer peu à peu des « choses » nouvelles.

59.

Nous autres artistes. — Lorsque nous aimons une femme il nous arrive parfois de haïr la nature en songeant à toutes les rebutantes fonctions naturelles à quoi toute femme est soumise; volontiers nous penserions à autre chose, mais si, par hasard, notre âme effleure ce sujet elle est prise d'un mouvement d'impatience et jette un regard de mépris sur la nature : — nous voilà offensés puisque la nature semble empiéter sur nos droits de propriété de la façon la plus profane. Et nous garons nos oreilles de toute physiologie, nous décrétons à part nous que nous voulons ignorer que l'homme est encore autre chose qu'*âme* et *forme*. Pour tous ceux qui aiment, « l'homme sous la peau » est une abomination, une monstruosité, un blasphème envers Dieu et l'amour. — Eh bien! ce sentiment de ceux qui aiment, à l'égard de la nature et des fonctions naturelles, était autrefois celui des adorateurs de Dieu et de sa « toute puissance » : dans tout ce que les astronomes, les géologues, les physiologistes, les médecins disent de la nature, ces adorateurs voient un empiètement sur ce qu'ils ont de plus sacré, donc une attaque, — et de plus la preuve de l'imprudence de celui qui attaque! Les « lois de la nature » leur apparaissaient déjà comme une calomnie de Dieu; au fond ils n'auraient pas demandé mieux que de voir ramener toute mécanique à des actes de volonté et d'arbitraire moraux : — mais puisque personne ne pouvait leur rendre ce service, ils préféraient se *cacher* à eux-mêmes la nature et la mécanique, autant qu'ils le pouvaient, afin de vivre dans le rêve. Ah! ces hommes du temps passé s'entendaient à *rêver*, sans avoir besoin au préalable de s'endormir! — et nous-mêmes, nous autres hommes d'aujourd'hui, nous nous y entendons encore trop bien, malgré notre bonne volonté à être éveillés et à vivre dans la clarté du jour! Il nous suffit d'aimer, de haïr, de désirer, il suffit même simplement de sentir pour qu'*immédiatement* l'esprit et la force du rêve descendent sur nous; et, les yeux ouverts, insensibles à tout danger, nous gravissons le chemin le plus dangereux qui mène aux sommets et aux tours de l'imagination ; le vertige ne nous atteint pas, nous qui sommes nés pour grimper, — somnambules en plein jour! Nous autres artistes! Nous qui cachons le naturel, lunatiques et ivres du divin! Voyageurs infatigables, silencieux comme la mort, nous passons sur les hauteurs, sans nous en apercevoir, croyant être en pleine, en pleine sécurité !

60.

Les femmes et leurs effets a distance. — Ai-je encore des oreilles ? Serais-je tout oreille, rien qu'oreille et plus autre chose ? Me voici au milieu de l'incendie des vagues qui se brisent en flammes blanches et viennent lécher mes pieds : — de tous côtés j'entends la mer hurler, menacer, mugir, sa voix stridente monte jusqu'à moi, tandis que dans les dernières profondeurs le vieil ébranleur chante sa mélodie, sourde comme le mugissement d'un taureau ; et il s'accompagne en mesure d'un tel piétinement que, dans les falaises qui s'effritent, le cœur du vieux démon des roches se met à en trembler. Alors soudain, comme surgissant du néant, apparaît à la porte de ce labyrinthe d'enfer, à quelques brasses seulement, — un grand bateau à voiles, glissant, silencieux comme un fantôme. Oh ! l'apparition de cette beauté ! Quel enchantement s'empare de moi ! Comment ? Tout le silence et tout le repos du monde se sont-ils embarqués ici ? Mon bonheur lui-même s'est-il assis à cette place tranquille, mon moi plus heureux, mon second moi éternel ? Ne serait-il pas encore mort et non plus vivant ? Serait-ce un être intermédiaire, un esprit silencieux, contemplatif, glissant et flottant ? Semblable au vaisseau qui de ses voiles blanches passe sur la mer obscure, comme un énorme papillon ! Oui ! Passer *au-dessus* de l'existence ! C'est cela !

C'est là ce qu'il faudrait! — — Mais quoi! ce bruit aurait-il rendu mon imagination vagabonde? Tout grand bruit fait que nous plaçons le bonheur dans le silence et dans le lointain. Lorsqu'un homme se trouve au milieu de *son* agitation, exposé au ressac où les jets et les projets se mêlent, il lui arrive parfois de voir passer auprès de lui des êtres dont il envie le bonheur et la retraite, — *ce sont les femmes*. Il s'imaginerait presque que là-bas, auprès des femmes, demeure son meilleur moi ; qu'en ces endroits silencieux le bruit des vagues les plus formidables deviendrait silence de mort, et la vie elle-même un rêve sur la vie. Pourtant! Pourtant! Noble rêveur, sur les plus beaux bateaux à voiles il y a aussi beaucoup de bruits et de querelles, hélas! et des petites querelles si misérables ! Le charme et l'effet le plus puissant de la femme, c'est, pour parler le langage des philosophes, leur action à distance : mais pour cela il faut d'abord et avant tout — de la *distance!*

61.

A L'HONNEUR DE L'AMITIÉ. — Le fait que le sentiment de l'amitié était considéré par l'antiquité comme le sentiment le plus élevé, supérieur même à la fierté la plus vantée des gens sobres et des sages, un sentiment qui serait l'unique rival de cette fierté, plus sacré encore : ce fait est très bien exprimé par l'histoire de ce roi macédonien qui avait fait hommage d'un talent à un philosophe d'Athènes méprisé du monde, lequel le lui avait rendu. «Comment? s'écria le roi, n'a-t-il donc pas d'ami? » Il voulait dire par là : « J'honore cette fierté du sage et de l'homme indépendant, mais j'honorerais davantage encore son humanité, si l'ami en lui avait remporté la victoire sur sa fierté. Le philosophe s'est amoindri devant moi en montrant qu'il ne connaissait pas l'un des deux sentiments, — et c'est celui des deux qui est supérieur! »

62.

Amour. — L'amour pardonne à son objet même le désir.

63.

La femme dans la musique. — D'où vient que les vents chauds et pluvieux amènent avec eux un état d'esprit qui dispose à la musique et au plaisir inventif de la mélodie? Ne sont-ce pas les mêmes vents qui emplissent les églises et qui donnent aux femmes les idées amoureuses?

64.

Femmes sceptiques. — Je crains que les femmes devenues vieilles, dans les plus intimes replis de leur cœur, soient plus sceptiques que tous les hommes. Elles croient au côté superficiel de la vie comme s'il était l'essence même de la vie, et toute vertu, toute profondeur, n'est pour elle qu'une enveloppe qui cache cette « vérité », un voile très nécessaire jeté sur un *pudendum*, — donc une affaire de convenance et de pudeur, rien de plus!

65.

Don de soi-même. — Il y a des femmes de sentiment noble avec une certaine pauvreté de l'esprit qui ne savent *exprimer* leur profond abandon de soi autrement qu'en offrant leur vertu et leur pudeur : c'est ce qu'elles ont de plus précieux. Et souvent on accepte ce cadeau sans que l'on s'engage aussi profondément que la donatrice ne le suppose, — c'est là une bien mélancolique histoire.

66.

La force des faibles. — Toutes les femmes sont pleines de finesse lorsqu'il s'agit d'exagérer leur faiblesse, elles sont même pleines d'ingéniosité à inventer des faiblesses pour se donner l'apparence de fragiles ornements qu'un grain de poussière ferait souffrir. C'est ainsi qu'elles se défendent contre la vigueur et le « droit du plus fort ».

67.

Simuler sa propre nature. — Maintenant elle l'aime et dès lors elle regarde devant elle avec une si tranquille confiance qu'elle fait songer à celle des vaches: mais malheur à elle! C'était là précisément son charme de paraître foncièrement changeant et insaisissable! Car il avait pour son compte déjà trop d'égalité d'humeur et de temps invariable. N'aurait-elle pas mieux fait de simuler son ancien caractère? de simuler l'indifférence? Ne serait-ce pas l'amour même qui lui conseillerait d'agir *ainsi?* *Vivat comœdia!*

68.

Volonté et soumission. — On amena un jeune homme chez un homme sage à qui l'on dit : « Regarde, voici quelqu'un qui est en train de se corrompre par les femmes ! » L'homme sage secoua la tête et se mit à sourire ! « Ce sont les hommes, s'écria-t-il, qui corrompent les femmes : et tout ce qui manque aux femmes doit être payé par les hommes et corrigé sur eux, — car c'est l'homme qui se crée l'image de la femme, et la femme qui se forme d'après cette image. » — « Tu marques trop de bienveillance envers les femmes, dit un de ceux qui se trouvaient là, tu ne les connais pas ! » Le sage répondit : « Le caractère de l'homme, c'est la volonté, celui de la femme la soumission, — ceci est la loi des sexes, en vérité ! une dure loi pour la femme. Tous les êtres humains sont innocents de leur existence, mais la femme est innocente au second degré : qui donc saurait avoir pour elle assez d'huile et de douceur? » — « Qu'importe l'huile ! Qu'importe la douceur ! répondit quelqu'un dans la foule : il faut mieux éduquer les femmes ! » — « Il faut mieux éduquer les hommes », fut la réponse de l'homme sage, et il fit signe au jeune de le suivre. — Cependant le jeune homme ne le suivit point.

69.

Faculté de vengeance. — Ne pas pouvoir se défendre et par conséquent ne pas vouloir se défendre, ce n'est pas encore là une honte à nos yeux : mais nous méprisons celui qui ne possède ni le pouvoir ni la bonne volonté de se venger, — qu'importe s'il est homme ou femme. Une femme nous fixerait-elle (ou bien, comme on dit, nous tiendrait-elle dans ses « liens ») si nous ne la croyions pas capable de se servir, le cas échéant, du poignard (de toute espèce de poignards) *contre nous* ? Ou bien contre elle-même, ce qui, dans des circonstances déterminées, serait la façon la plus sensible de se venger (la vengeance chinoise).

70.

Les dominatrices des maitres. — Une profonde et puissante voix d'alto, comme on les entend parfois au théâtre, écarte soudain pour nous le rideau devant des possibilités en quoi nous ne croyons pas généralement : soudain nous sommes convaincus qu'il peut exister quelque part dans le monde des femmes aux âmes sublimes, héroïques et royales, capables et prêtes aux ripostes grandioses, aux décisions et aux sacrifices, capables de dominer les hommes et prêtes à le faire, puisque ce que les hommes ont de mieux, indépendamment de la question du sexe, est devenu pour elles idéal vivant. Il est vrai que, d'après les intentions du théâtre, ces voix ne doivent précisément *pas* donner l'idée de cette catégorie de femmes : généralement elles doivent représenter l'amant masculin idéal, par exemple un Roméo : mais, à juger d'après les expériences que j'ai faites, le théâtre et le musicien qui attendent de pareilles voix pareils effets se trompent régulièrement. On ne croit pas à un *tel* amant : ces voix d'alto contiennent toujours encore une nuance de quelque chose de maternel et de domestique, et le plus, alors justement qu'il y a de l'amour dans leur timbre.

71.

DE LA CHASTETÉ FÉMININE. — Il y a quelque chose de stupéfiant et de monstrueux dans l'éducation des femmes de la haute société, oui, peut-être n'y a-t-il même rien de plus paradoxal. Tout le monde est d'accord pour les élever dans une ignorance extrême des choses de l'amour, leur inculquer une pudeur profonde et leur mettre dans l'âme l'impatience et la crainte devant une simple allusion à ces sujets. C'est tout l' « honneur » de la femme qui est mis en jeu : autrement que ne leur pardonnerait-on pas ! Mais en cela elles doivent demeurer ignorantes jusqu'au fond de l'âme ; elles ne doivent avoir ni regards, ni oreilles, ni paroles, ni pensées pour ce qu'elles doivent considérer comme le « mal » : rien que de savoir est déjà un mal. Et maintenant ! Etre lancé comme par un horrible coup de foudre dans la réalité et la connaissance, par le mariage — et encore l'initiateur est-il celui qu'elles doivent le plus aimer et vénérer : surprendre l'amour et la honte en contradiction, devoir sentir en un seul objet le ravissement, le sacrifice, le devoir, la pitié et l'effroi, à cause du voisinage inattendu de Dieu et de la bête, et que sais-je encore ! — On a créé là un enchevêtrement de l'âme qui chercherait son égal ! Même la curiosité apitoyée du connaisseur d'âmes le plus sage ne suffit pas à deviner comment telle ou telle femme sait s'accommoder de cette solution de l'énigme, de cette énigme de solutions, quels épouvantables et multiples soupçons s'éveilleront forcément dans une pauvre âme sortie de ses gonds et comment enfin la dernière philosophie et l'ultime scepticisme de la femme jetteront leur ancre en ce point. — Après c'est le même profond silence qu'avant : et souvent un silence devant soi-même. — Les jeunes femmes tendent avec effort à paraître superficielles et étourdies ; les plus fines d'entre elles simulent une sorte d'effronterie. — Les femmes considèrent volontiers leurs maris comme un point d'interrogation de leur honneur, et leurs enfants comme une apologie et une pénitence, — elles ont besoin des enfants et les souhaitent dans un tout autre sens que ne les souhaite un homme. — En un mot, on ne peut jamais être assez indulgent à l'égard des femmes.

.72.

LES MÈRES. — Les animaux pensent autrement

sur la femme que les hommes ; pour eux la femelle est la créature productive. Chez eux il n'y a pas d'amour paternel, mais quelque chose comme de l'affection pour les enfants d'une maîtresse et l'habitude qu'on en prend. Pour les femelles les enfants satisfont un désir de dominer, ils sont pour elles une propriété, une occupation, quelque chose qu'elles comprennent entièrement et avec quoi on peut s'entrenir : tout cela réuni est de l'amour maternel; — il est comparable à l'amour de l'artiste pour son œuvre. La grossesse a rendu les femmes plus douces, plus patientes, plus craintives, plus soumises; de même la grossesse intellectuelle engendre le caractère des esprits contemplatifs, qui est parent du caractère féminin : — ceux-ci sont les mères masculines. — Chez les animaux, le sexe masculin est considéré comme beau sexe.

73.

Cruauté sacrée. — Un homme qui tenait dans ses mains un enfant nouveau-né s'approcha d'un saint. « Que dois-je faire de l'enfant ? demanda-t-il, il est misérable, malvenu et n'a pas assez de vie pour mourir. » — « Tue-le ! s'écria le saint d'une voix terrible, tue-le et garde-le pendant trois jours et trois nuits entre tes bras, afin de te créer une mémoire : — de la sorte jamais plus tu n'engendreras d'enfant, quand pour toi le moment d'engendrer ne sera pas venu. » — Lorsque l'homme eut entendu cela il s'en alla désappointé; et il y en eut beaucoup qui blâmèrent le saint parce qu'il avait conseillé une cruauté, car il avait conseillé de tuer l'enfant. « Mais n'est-il pas plus cruel de le laisser vivre? » répondit le saint.

74.

Sans succès. — Elles n'ont jamais de succès, ces pauvres femmes qui, en présence de celui qu'elles aiment, deviennent inquiètes et incertaines, et parlent trop : car les hommes se laissent séduire le plus facilement avec une certaine tendresse discrète et flegmatique.

75.

Le troisième sexe. — « Un homme petit est un paradoxe, mais du moins un homme, — pourtant une femme petite me semble être d'un autre sexe, quand on la compare aux femmes de haute taille ». — c'est ainsi que parlait un vieux maître à danser. Une petite femme n'est jamais belle, — disait le vieil Aristote.

76.

Le plus grand danger. — S'il n'y avait pas eu de tous temps beaucoup d'hommes qui considéraient la discipline de leur esprit — leur « raison » — comme leur fierté, leur devoir, leur vertu, des hommes qui étaient offensés et humiliés par tout ce qui est fantaisie et excès de l'imagination, étant les amis du « bon sens », il y a longtemps que l'humanité aurait disparu. Au-dessus planait et plane sans cesse, comme son plus grand danger, la *folie* prête à éclater — ce qui est précisément l'irruption du bon plaisir dans le sentiment, la vue et l'ouïe, la jouissance dans les débauches de l'esprit, la joie que procure l'humaine déraison. Ce n'est pas la vérité et la certitude qui est l'opposé du monde des insensés, mais la généralité et l'obligation pour tous d'une même croyance, en un mot l'exclusion du bon plaisir dans le jugement. Et le plus grand travail de l'humanité fut jusqu'à présent celui de s'accorder sur beaucoup de choses et de s'imposer une *loi des conformités* — quelle que soit la vérité ou la fausseté de ces choses. C'est là l'éducation du cerveau que l'homme a reçu ; — mais les instincts contraires sont encore si puissants que l'on ne peut en somme parler de l'avenir de l'humanité qu'avec très peu de confiance. L'image des choses se recule et se déplace encore sans cesse, et peut-être qu'à partir de maintenant il en sera ainsi plus souvent encore, et plus rapidement que jamais ; sans cesse les esprits justement les plus distingués se raidissent contre cette obligation pour tous — et en tout premier lieu les explorateurs de la *vérité!* Sans cesse cette croyance, en tant que croyance de tout le monde, engendre, chez les esprits raffinés, un dégoût et une nouvelle concupiscence : et cette allure lente qu'elle exige pour tout processus intellectuel, cette imitation de la tortue qui fait autorité ici, à elle seule déjà convertit en déserteurs les artistes et les poètes ; — c'est dans ces esprits impatients qu'éclate une véritable joie de la folie, puisque la folie a une allure si joyeuse! Il est donc besoin des intellects vertueux — hélas! je veux employer le mot qui prête le moins à l'équivoque — il est besoin de la bêtise vertueuse, d'inébranlables batteurs de mesure à l'esprit *lent*, pour que les croyants de la grande croyance générale demeurent ensemble et continuent à exécuter leur danse : c'est une nécessité de premier ordre qui commande et exige ici. *Nous autres, nous sommes l'exception et le danger*, — nous avons éternellement besoin de nous défendre! — Eh bien! il y a vraiment quelque chose à dire en faveur de l'exception, *à condition qu'elle ne veuille* jamais devenir la règle.

77.

L'ANIMAL AVEC LA BONNE CONSCIENCE. — Je ne me cache pas tout ce qu'il y a de vulgaire dans ce qui plaît dans le midi de l'Europe — que ce soit l'Opéra italien (par exemple Rossini et Bellini) ou bien le roman d'aventure espagnol (le plus accessible pour nous dans le travesti français de *Gil Blas*) — mais je n'en suis point offensé, tout aussi peu que des vulgarités que l'on rencontre durant une promenade à travers Pompéï et en somme même à la lecture de tout livre ancien. D'où cela vient-il? Est-ce parce qu'ici la pudeur fait défaut et que tout ce qui est vulgaire se présente avec autant de certitude et de sûreté de soi que si c'était quelque chose de noble, d'agréable, de passionné, placé côte à côte dans le même genre de musique ou de roman? « L'animal a son bon droit, tout comme l'homme, qu'il se meuve donc librement, et toi, mon cher frère en humanité, tu es toi-même cet animal, malgré tout ! » — voilà qui me semble être la morale de la question et la particularité de l'humanité méridionale. Le mauvais goût a son droit tout comme le bon, il a même un privilège sur le bon goût dans les cas où il est le grand besoin, la satisfaction certaine et en quelque sorte un langage général, une attitude et un masque immédiatement compréhensibles : le bon goût, le goût choisi, a par contre toujours quelque chose qui tient de la recherche et de la tentative, quelque chose qui n'est pas certain d'être compris, — il n'est et ne fut jamais populaire. Le *masque* seul est et demeure populaire. Va donc pour tout ce qui est mascarade dans les mélodies et les cadences, dans les sauts et les éclats de joie du rythme de ces opéras ! Et la vie antique, que pourrait-on y comprendre si l'on ne comprend pas la joie du masque, la bonne conscience de tout ce qui ressemble au masque. C'est ici le bain de repos et le réconfort de l'esprit antique : — et peut-être ce bain était-il plus nécessaire encore aux natures rares et supérieures du monde antique qu'aux natures vulgaires. — Par contre, je suis indiciblement offensé par une tournure vulgaire dans les œuvres du nord, par exemple dans la musique allemande. Ici il y a de la *pudeur*, l'artiste s'est abaissé devant lui-même et n'a même pas pu éviter d'en rougir ; nous avons honte avec lui et nous nous sentons si offensés parce que nous devinons qu'il croyait être obligé de s'abaisser à cause de nous.

78.

CE POUR QUOI NOUS DEVONS ÊTRE RECONNAISSANTS. — Ce sont les artistes et surtout ceux du théâtre qui, les premiers, ont donné aux hommes des yeux et des oreilles pour voir et entendre, avec un certain plaisir, ce que chacun est lui-même, ce que chacun a vécu et voulu ; ce sont *eux* qui, les premiers, nous ont donné la mesure du héros qui est caché dans chacun de ces hommes ordinaires, eux qui ont enseigné l'art de se considérer soi-même comme héros, à distance et en quelque sorte simplifié et transfiguré, — l'art de « se mettre en scène » devant soi-même. Ce n'est que de cette façon que nous parvenons à nous mettre au-dessus de quelques détails bas qu'il y a en nous. Sans cet art nous vivrions tout en premier plan et entièrement sous le charme de cette optique qui fait paraître énorme le plus proche et le plus vulgaire, comme si c'était là la vérité par excellence. — Peut-être y a-t-il un mérite de même espèce dans cette religion qui ordonnait de considérer l'état de péché de chacun avec un verre grossissant et qui faisait du pécheur un grand criminel immortel ; en décrivant des perspectives éternelles autour de lui, elle apprenait à l'homme à se regarder de loin et comme quelque chose de passé.

79.

ATTRAIT DE L'IMPERFECTION. — Je vois ici un poète qui, comme bien des hommes, exerce par ses imperfections un attrait supérieur à celui des choses qui s'achèvent et prennent une forme parfaite sous sa main, — il tient même l'avantage et la gloire bien plus de son impuissance finale que de sa force abondante. Son œuvre n'exprime jamais complètement ce qu'il voudrait exprimer au fond, ce qu'il *voudrait avoir vu* : il semble qu'il ait eu l'avant-goût d'une vision et jamais la vision elle-même : — mais un énorme désir de cette vision est demeuré dans son âme, et c'est de ce désir qu'il tire l'éloquence tout aussi énorme qui lui donnent l'envie et la faim. Avec lui il élève celui qui l'écoute au-dessus de son œuvre et au-dessus de toutes les « œuvres », il lui donne des ailes pour monter plus haut que des auditeurs ne sont jamais montés ; et, transformés ainsi eux-mêmes en poètes et en voyants, ils ont pour l'artisan de leur bonheur une admiration telle que s'il les avait amenés immédiatement à la contemplation de ce qu'il a de plus saint et de plus caché, comme s'il avait atteint son but, comme s'il avait vraiment *vu* et communiqué sa vision. Sa gloire a profité de ce qu'il n'a pas véritablement atteint son but.

80.

ART ET NATURE. — Les Grecs (ou du moins les Athéniens) aimaient à entendre bien parler : c'était même une prédilection des plus violentes qui les distingue plus que toute autre chose des autres nations. Et ainsi ils exigeaient même de la passion sur la scène qu'elle parlât bien, et c'est avec ravissement qu'ils subissaient l'artificiel du vers dramatique : — dans la passion la nature est si économe de paroles! si muette et si embarrassée! Ou bien lorsqu'elle trouve ses mots elle est si confuse et si déraisonnable, elle a tellement honte d'elle-même! Maintenant, grâce aux Grecs, nous nous sommes tous habitués à cette dénaturation sur la scène, tout comme nous supportons, et supportons volontiers, grâce aux Italiens, cette autre dénaturation, la passion qui *chante*. — C'est devenu pour nous un besoin que nous ne pouvons satisfaire dans la réalité, d'entendre, dans les situations les plus difficiles, des hommes parler bien et tout au long : nous sommes maintenant ravis lorsque les héros tragiques trouvent encore des paroles, des raisons, des gestes éloquents et en somme un esprit clair, là où la vie s'approche des gouffres et où l'homme réel perd généralement la tête et certainement le beau langage. Cette espèce de *déviation de la nature* est peut-être la pâture la plus agréable pour la fierté de l'homme; c'est généralement à cause d'elle qu'il aime l'art, expression d'une anomalie et d'une convention supérieures et héroïques. On fait avec raison un reproche au poète dramatique lorsqu'il ne transforme pas tout en raison et en paroles et qu'il garde toujours un reste de *silence :* — de même que l'on est mécontent d'un musicien qui, dans un opéra, au moment du mouvement de passion le plus intense ne sait pas trouver une mélodie, mais seulement un balbutiement « naturel », un cri plein d'expression. Car ici *il faut* contredire la nature! Ici *il faut* que l'attrait vulgaire de l'illusion cède la place à un attrait supérieur ! Les Grecs vont très loin dans cette voie, loin — effroyablement loin ! Tout comme ils construisent la scène aussi étroite que possible et s'interdisent tout effet par la profondeur des arrière-plans, tout comme ils rendent impossible à l'acteur le jeu muet et le mouvement léger, pour le transformer en un fantôme solennel, guindé et blafard, ils ont aussi pris à la passion elle-même son arrière-plan profond, pour lui dicter une règle de beau discours, oui, ils ont fait tout ce qu'ils pouvaient pour aller contre l'effet élémentaire des images qui éveillent la crainte ou la pitié : *car ils ne veulent pas la crainte et la pitié.* — Honneur à Aristophane, le plus grand honneur ! mais il n'a certainement pas touché juste lorsqu'il a parlé de l'ultime but de la tragédie grecque. Que l'on étudie donc les poètes grecs de la tragédie, pour voir ce qui a le plus excité leur esprit d'application, leur esprit inventif, leur émulation, — ce ne fut certainement pas l'intention de subjuguer le spectateur par les passions ! — L'Athénien allait au théâtre *pour entendre de beaux discours !* Et c'est de beaux discours que s'occupait Sophocle ! — que l'on me pardonne cette hérésie. — Il en est tout autrement de *l'opéra sérieux* : tous ses grands maîtres prennent à cœur d'éviter que l'on comprenne leurs personnages. Un mot saisi au passage peut aider le spectateur inattentif : dans l'ensemble il faut que la situation s'explique par elle-même, — les *discours* n'ont aucune importance ! — c'est ainsi qu'ils ont tous pensé et c'est ainsi qu'ils se sont tous amusés à faire leurs farces avec les mots. Peut-être ont-ils seulement manqué de courage pour exprimer entièrement leur dernier dédain des paroles : un peu plus d'insolence chez Rossini et il aurait fait chanter d'un bout à l'autre *la-la-la-la* — il y aurait même eu quelque raison à cela! C'est que précisément il ne faut pas croire « sur parole » les personnages de l'Opéra, mais « sur les sons » ! Voilà la différence, voilà la belle *dénaturation* à cause de quoi l'on va à l'Opéra ! Le *recitativo secco* lui-même ne doit pas être écouté au fond en tant que texte et paroles : cette sorte de demi-musique doit au contraire accorder à l'oreille d'abord un peu de repos (le repos après la *mélodie*, la jouissance la plus sublime et par conséquent la plus fatigante de cet art), — mais bientôt autre chose : c'est-à-dire une impatience croissante, une résistance croissante, un nouveau désir de musique *complète*, de mélodie. — Qu'est-ce qui en est à ce point de vue, de l'art de Richard Wagner ? En serait-il peut-être de même ? Peut-être autrement ? Il m'a souvent semblé qu'il aurait fallu apprendre par cœur avant le spectacle les paroles : et la musique de ses créations car autrement — c'est ce qui m'a semblé — on n'*entendait* ni les paroles, ni même la musique.

81.

Goût grec. — « Qu'y a-t-il de beau à cela ? — disait cet arpenteur après une représentation d'*Iphigénie* — on n'y démontre rien ! » Les Grecs ont-ils été si loin de partager cette opinion? Chez Sophocle, du moins, « tout est démontré ».

82.

L'ESPRIT N'EST PAS GREC. — Dans tous leurs modes de penser, les Grecs sont indiciblement logiques et simples ; ils ne se sont point fatigués de ces modes, du moins pendant leur période la plus longue et la meilleure, comme il arrive souvent aux Français : lesquels aiment trop faire un petit bond dans l'opposé et ne supportent au fond l'esprit de la logique que lorsqu'il révèle, par une foule de ces petits bonds dans l'opposé, sa gentille *sociabilité* et son abnégation sociale. La logique leur paraît aussi nécessaire que le pain et l'eau, mais aussi comme une espèce de nourriture de prisonniers, dès que l'on doit l'absorber seule et sans apprêt. Dans la bonne société il ne faut jamais prétendre avoir raison, complètement et seul, comme le veut la logique pure : de là la petite dose de déraison dans tout *esprit* français. — Le sens de la sociabilité était beaucoup moins développé chez les Grecs qu'il ne l'est et ne l'était chez les Français : de là si peu d'*esprit* chez leurs hommes les plus spirituels, de là aussi si peu de bons mots, même chez leurs farceurs, de là — hélas...! On ne croira déjà pas ses paroles et combien d'autres de la même espèce ai-je encore sur le cœur! — *Est res magna tacere* — dit Martial avec tous les bavards.

83.

Traductions. — On peut évaluer le sens historique que possède une époque à la façon dont cette époque fait les *traductions* et cherche à s'assimiler les temps passés et les livres anciens. Les Français du temps de Corneille et encore ceux de la Révolution s'emparèrent de l'antiquité romaine avec des façons que nous n'aurions plus le courage d'avoir — grâce à notre sens historique supérieur. Et l'antiquité romaine elle-même, de quelle façon violente et naïve tout à la fois fit-elle main basse sur tout ce qui est grand et bon dans la plus ancienne antiquité grecque! Comme ils transposaient alors dans le présent romain! Comme ils effaçaient, avec intention et sans souci, la poussière des ailes du papillon moment! C'est ainsi qu'Horace traduisait çà et là Alcée ou Archiloque, ainsi faisait Properce, de Callimaque et de Philetas (des poètes du même rang que Théocrite, si nous avons le droit de juger) : il leur importait peu que le véritable créateur ait vécu telle ou telle chose et en ait marqué les traces dans ses vers! — en tant que poètes, ils étaient mal disposés à l'égard de l'esprit fureteur archéologique qui précède le sens historique, en tant que poètes ils n'admettaient pas ces choses toutes personnelles, les noms, et tout ce qui était propre à une ville, à une côte, à un siècle, comme une mise et un masque, et ils s'empressaient de mettre en place ce qui était actuel et romain. Ils semblaient vouloir nous demander : « Ne devons-nous pas renouveler pour nous ce qui est ancien et *nous* accommoder à sa façon? Ne devons-nous pas avoir le droit d'insuffler notre âme à ce cadavre? Car enfin il est mort et tout ce qui est mort est si laid! » — Ils ne connaissaient pas la jouissance du sens historique, le passé et l'étranger leur était pénible, et pour eux, en tant que Romains, c'était là une incitation à une conquête romaine. En effet, traduire c'était alors conquérir, — non seulement en négligeant l'historique : bien plus, on ajoutait une allusion à un événement contemporain, et, avant tout, on effaçait le nom du poète pour mettre le sien en place — on n'avait pas à cause de cela le sentiment du vol, on agissait, au contraire, avec la meilleure conscience de l'*imperium Romanum*.

84.

DE L'ORIGINE DE LA POÉSIE. — Les amateurs du fantastique chez l'homme, qui représentent en même temps la doctrine de la moralité instinctive, raisonnent ainsi : « En admettant que l'on ait vénéré de tout temps ce qui est utile comme divinité supérieure, d'où a bien alors pu venir la poésie? — cette façon de rythmer le discours qui, loin de favoriser l'intelligibilité de la communication, en diminue plutôt la clarté et qui, malgré cela, comme une dérision à toute convenance utile, a levé et lève encore sa graine partout sur la terre! La sauvage et belle déraison vous réfute, oh! utilitaires! C'est précisément la volonté d'être une fois *délivré* de l'utilité qui a élevé l'homme, qui lui a inspiré la moralité et l'art! » — Eh bien! dans ce cas particulier il me faut parler en faveur des utilitaires, — ils ont si rarement raison que c'est à faire pitié! C'est pourtant l'utilité, et une très grande utilité que l'on avait en vue, dans ces temps anciens qui donnèrent naissance à la poésie — alorsqu'on laissa pénétrer dans le discours le rythme, cette force qui ordonne à nouveau tous les atomes de la phrase, qui enjoint de choisir les mots et qui colore à nouveau la pensée, la rendant plus obscure, plus étrange, plus lointaine : c'est là, il est vrai, une *utilité superstitieuse!* On voulut graver les désirs humains dans l'esprit des dieux au moyen du rythme, après que l'on eut remarqué qu'un homme retient mieux dans sa mémoire un vers qu'une phrase en prose ; par le tic tac rythmique on pensait aussi se faire entendre à de plus grandes distances; la prière rythmique semblait s'approcher davantage de l'oreille des dieux. Mais avant tout on voulait tirer parti de cette subjugation élémentaire qui saisit l'homme à l'audition de la musique ; le rythme est une contrainte ; il engendre un irrésistible désir de céder, de se mettre à l'unisson; non seulement les pas que l'on fait avec les pieds, mais encore ceux de l'âme suivant la mesure, — et il en sera probablement de même, ainsi raisonnait-on, de l'âme des dieux! On essaya donc de les *forcer* par le rythme et d'exercer une contrainte sur eux : on leur lança la poésie comme un lacet magique. Il existait encore une représentation plus singulière, et celle-ci a peut-être contribué le plus puissamment à la formation de la poésie. Chez les Pythagoriciens la poésie apparaît comme enseignement philosophique et comme procédé d'éducation : mais bien avant qu'il y eût des philosophes on accordait à la musique la force de décharger les passions, de purifier l'âme, d'adoucir la *ferocia animi* — et justement par ce qu'il y a de rythmique dans la musique. Lorsque la juste tension et l'harmonie de l'âme venaient à se perdre, il fallait se mettre à danser, — c'était là l'ordonnance de cette thérapeutique. Avec elle Terpandre apaisa une émeute, Empédocle adoucit un fou furieux, Damon purifia un jeune homme langissant d'amour ; avec elle on mettait aussi en traitement les dieux sauvages, assoiffés de vengeance. D'abord, en portant à leur comble le délire et l'extravagance de leurs passions, on rendait donc l'enragé frénétique, l'assoiffé ivre de vengeance : — tous les cultes orgiaques veulent décharger en une seule fois la férocité d'une divinité et en faire une orgie pour qu'après cela elle se sente plus libre et plus tranquille et laisse l'homme en repos. *Melos* signifie, d'après sa racine, un moyen d'apaisement, non parce que le chant est doux par lui-même, mais puisque ses effets ultérieurs produisent la douceur. — Et l'on admet que, non seulement dans le chant religieux, mais encore dans le chant profane des temps les plus reculés, le rythme exerçait une puissance magique, par exemple lorsque l'on puisait de l'eau ou lorsque l'on ramait : le chant est un enchantement des démons que l'on imaginait actifs dès que l'on en usait, il rend les démons serviables, esclaves et instruments de l'homme. Et dès que l'on agit on tient un motif à chanter, *chaque* action est rattachée au secours des esprits ; les formules magiques et les enchantements semblent être les formes primitives de la poésie. Lorsque le vers était employé pour un oracle — les Grecs disaient que l'hexamètre avait été inventé à Delphes — le rythme devait là aussi exercer une contrainte. Se faire prophétiser — cela signifie primitivement (d'après l'étymologie du mot grec qui me semble probable) : se faire déterminer quelque chose ; on croit pouvoir contraindre l'avenir en gagnant Apollon à sa cause, lui qui, d'après la représentation ancienne, est bien plus qu'un dieu prévoyant l'avenir. Telle que la formule est exprimée, à la lettre et d'après son exactitude rythmique, telle elle lie l'avenir : mais la formule est de l'invention d'Apollon qui, en tant que dieu des rythmes, peut lier aussi les divinités du destin. — Dans l'ensemble, y eut-il en somme jamais, pour l'homme ancien et superstitieux, quelque chose de plus utile que le rythme ? Par lui on pouvait tout faire : accélérer un travail d'une façon magique ; forcer un dieu à apparaître, à être présent, à écouter ; accommoder l'avenir d'après sa propre volonté ; décharger sa propre âme d'un trop-plein quelconque (la peur, la manie, la pitié, la vengeance), et non seulement sa propre âme mais encore celle du plus méchant démon, — sans le vers on n'était rien, par le vers on devenait presque un dieu. Un pareil sentiment fondamental ne peut plus être entièrement extirpé, — et, maintenant encore, après un travail de milliers d'années pour combattre une telle superstition, le plus sage d'entre nous devient à l'occasion un insensé du rythme, ne fût-ce qu'en ceci qu'il *sent* une idée plus *vraie* lorsqu'elle prend une forme métrique et s'avance avec un divin « houpsa ». N'est-ce pas chose très plaisante que les philosophes les plus sérieux, malgré toute la sévérité qu'ils mettent d'autre part à manier les certitudes, s'appuient toujours encore sur des *sentences de poètes* pour donner à leurs idées de la force et de l'authenticité ? — et pourtant il est plus dangereux pour une idée d'être approuvée par les poètes que d'être contredite par eux ! Car, comme dit Homère : « Les poètes mentent beaucoup ! » —

85.

Le bien et le beau. — Les artistes *glorifient* sans cesse — ils ne font pas autre chose — : ils glorifient toutes les conditions et tous les objets qui ont la réputation de pousser l'homme à se sentir bon, ou grand, ou ivre, ou joyeux, ou bien portant et sage. Ces conditions et ces objets *choisis*, dont la valeur, pour le bonheur humain, est considérée comme certaine et déterminée, sont l'objectif des artistes ; ceux-ci sont sans cesse aux aguets pour découvrir de pareilles choses afin de les transporter dans le domaine de l'art. Je veux dire : ils ne sont par eux-mêmes les taxateurs du bonheur et des événements heureux, mais ils s'empressent toujours auprès de ces taxateurs, avec la plus grande curiosité et le désir de s'approprier immédiatement leurs évaluations. C'est pourquoi, puisque, en dehors de leur impatience, ils ont aussi la voix puissante des hérauts et les pieds des coureurs, ils seront toujours parmi les premiers qui glorifient la *nouvelle* valeur, et *paraîtront* souvent être ceux qui, les premiers, appellent bonne cette valeur et la taxent comme telle. Mais ceci est, je le répète, une erreur : les poètes sont seulement plus rapides et plus bruyants que les véritables taxateurs. — Mais qui donc sont ceux-ci ? — Ce sont les riches et les oisifs.

86.

Au théatre. — Aujourd'hui, j'ai de nouveau éprouvé des sentiments forts et élevés et si, pour finir la journée, je pouvais ce soir écouter de la musique, je sais fort bien de quel genre de musique je ne voudrais point, de celui qui cherche à enivrer ses auditeurs et les *pousse* avec violence, pour un instant, à des sentiments forts et élevés ; — des hommes à l'âme quotidienne, ces auditeurs, qui le soir ne ressemblent pas à des vainqueurs sur des chars de triomphe, mais à des mulets fatigués que la vie a trop souvent fustigés de son fouet. Ces gens connaîtraient-ils seulement les « états d'âme supérieurs » s'il n'existait pas des remèdes enivrants et des coups de fouets idéalistes ! — et c'est ainsi qu'ils ont leurs excitateurs à l'enthousiasme comme ils ont leurs vins. Mais que m'importe leur boisson et leur ivresse ! Qu'importe à l'homme enthousiasmé le vin ! Il regarde au contraire, avec une espèce de dégoût, le moyen et le réparateur qui doivent provoquer ici un effet sans cause suffisante, une singerie de la grande marée de l'âme ! — Comment ! on offre à la taupe des ailes et d'altières pensées, — avant qu'elle aille se coucher, avant qu'elle rentre se tapir dans son antre ? On l'envoie au théâtre et on met de grosses lunettes devant ses yeux aveugles et fatigués ? Des hommes dont la vie n'est point une « action », mais une affaire, sont assis devant la scène et contemplent des êtres étranges dont la vie est plus qu'une affaire ? « Cela convient ainsi, dites-vous, cela est divertissant, c'est ainsi que le veut la civilisation ! » — Eh bien ! C'est peut-être parce que trop souvent la civilisation me manque, que ce spectacle me dégoûte trop souvent. Celui qui trouve en lui-même assez de tragédie et de comédie préférera rester loin du théâtre ; exceptionnellement peut-être la représentation tout entière — y compris le théâtre, le public et le poète — deviendra pour lui le véritable spectacle tragique et comique, en regard de quoi la pièce représentée ne signifiera que peu de chose. Celui qui est lui-même quelque chose comme Faust et Manfred se souciera fort peu des Faust et des Manfred du théâtre ! — tandis que le fait que, d'une façon générale, l'on met en scène de pareilles figures sera certainement pour lui matière à réflexions. Les pensées et les passions les plus *fortes* devant ceux qui ne sont pas capables de pensées et de passions — mais d'*ivresse !* Et celles-là comme un moyen d'arriver à celle-ci. Le théâtre et la musique devenus la fumerie de haschich et le mâchage du bethel des Européens ! Ah ! qui donc nous racontera l'histoire entière des narcotiques ? — C'est presque l'histoire de la civilisation, de ce que l'on appelle la civilisation supérieure !

87.

DE LA VANITÉ DES ARTISTES. — Je crois que les artistes ignorent souvent leurs capacités parce qu'ils sont trop vaniteux et qu'ils ont dirigé leurs vues sur quelque chose de plus fier que ne semblent être ces petites plantes qui, neuves, rares et belles, savent croître sur leur sol avec une réelle perfection. Ils estiment superficiellement ce qu'il y a de vraiment bon dans leur propre jardin, dans leur propre vignoble, et leur amour n'est pas du même ordre que leur intelligence. Voici un musicien qui, plus que tout autre, est passé maître dans l'art de trouver des accents pour exprimer les souffrances, les oppressions et les tortures de l'âme et aussi pour prêter un langage à la désolation muette. Il n'a pas d'égal pour rendre la coloration d'une fin d'automne, ce bonheur indiciblement touchant d'une dernière, bien dernière et bien courte jouissance, il connaît un accent pour ces minuits de l'âme, secrets et inquiétants, où cause et effet semblent se disjoindre, où, à chaque moment, quelque chose peut surgir du « néant ». Mieux que tout autre, il puise tout au fond du bonheur humain et, en quelque sorte, dans sa coupe déjà vidée, où les gouttes les plus amères finissent par se confondre avec les plus douces. Il connaît ces oscillations fatiguées de l'âme qui ne sait plus ni sauter ni voler, ni même se transporter ; il a le regard craintif de la douleur cachée, de la compréhension qui ne console point, des adieux sans aveux ; oui, même comme Orphée de toutes les misères intimes, il est plus grand que tout autre, et il a ajouté à l'art des choses qui, jusqu'ici, paraissaient inexprimables et même indignes de l'art, — et qui, surtout avec des paroles, ne pouvaient être que mises en fuite et non pas saisies, — de même tous ces infiniment petits de l'âme qui forment en quelque sorte les écailles de sa nature amphibie, — car dans l'art de l'infiniment petit il est passé maître. Mais il ne *veut* pas de cette maîtrise ! Son *caractère* se plaît, tout au contraire, aux grands panneaux, à l'audacieuse peinture murale ! Il ne comprend pas que son esprit a un autre goût et un autre penchant, qu'il préférerait se blottir tranquillement dans les recoins de maisons en ruines : — c'est là que caché : caché à lui-même, il compose ses vrais chefs-d'œuvre, qui tous sont très courts, souvent seulement longs d'une seule mesure, — alors seulement il est supérieur, absolument grand et parfait. — Mais il ne le sait pas ! Il est trop vaniteux pour le savoir.

88.

Prendre la vérité au sérieux. — Prendre la vérité au sérieux ! De combien de façons différentes les hommes entendent ces paroles ! Ce sont les mêmes opinions, les mêmes modes de démonstration et d'examen qu'un penseur considère comme une étourderie lorsqu'il les met lui-même en pratique — il y a succombé, à sa honte, dans une heure de faiblesse — ces mêmes opinions qui peuvent inspirer à un artiste, lorsqu'il s'y heurte et vit avec elles pendant un certain temps, la conscience d'avoir été saisi par la profonde gravité de la vérité, chose surprenante, d'avoir enfin montré, quoique artiste, le désir le plus sérieux de ce qui est opposé à l'apparence. Il arrive ainsi que quelqu'un révèle, précisément avec son allure de gravité, de quelle façon superficielle et frugale son esprit s'est mu jusqu'à présent dans le domaine de la connaissance. — Et ne sommes-nous pas trahis par tout ce à quoi nous attachons de l'importance ? Nous montrons ainsi où se trouvent nos poids et pour quelles circonstances nous manquons de poids.

89.

Maintenant et autrefois. — Qu'importe tout notre art dans les œuvres d'art, si l'art supérieur, qui est l'art des fêtes, se met à disparaître parmi nous! Autrefois toutes les œuvres d'art étaient exposées sur les grandes voies triomphales de l'humanité, comme des monuments, et en commémoration de moments supérieurs et bienheureux. Maintenant, avec les œuvres d'art, on veut éloigner les pauvres épuisés et les malades de la grande route de souffrance de l'humanité, pour leur procurer un petit moment d'ivresse et de folie.

90.

Les lumières et les ombres. — Les livres et leur exécution sont différents chez différents penseurs : l'un a réuni dans un volume les clartés qu'il a su dérober à l'éclat d'une connaissance subite et emportée en hâte; l'autre ne donne que les ombres, les pastiches en gris et noir de ce qui, la veille, s'est édifié dans son âme.

91.

PRÉCAUTION. — Alfieri, on le sait, a beaucoup menti lorsqu'il raconta aux contemporains étonnés l'histoire de sa vie. C'est le despotisme à l'égard de lui-même qui l'a fait mentir, ce despotisme qu'il montra par exemple dans la façon dont il se créa sa propre langue, dont il se fit poète tyranniquement : — il avait enfin trouvé une forme sévère de supériorité à quoi il *contraignit* sa vie et sa mémoire, non sans avoir beaucoup souffert. — Je n'aurais pas non plus foi en une autobiographie de Platon; tout aussi peu qu'en les *Confessions* de Rousseau ou la *Vita nuova* du Dante.

92.

PROSE ET POÉSIE. — Il ne faut pas oublier que les grands maîtres de la prose ont presque toujours été poètes, soit publiquement, soit seulement en secret et pour l'intimité; et vraiment, ce n'est qu'*en regard de la poésie* que l'on écrit de bonne prose! Car celle-ci est une aimable guerre ininterrompue avec la poésie : tout son charme consiste à échapper sans cesse à la poésie et à y contredire ; toute abstraction veut être débitée avec une voix moqueuse, comme une malice à l'endroit de la poésie; chaque sécheresse, chaque froideur doit pousser à un désespoir aimable l'aimable déesse ; souvent il y a des rapprochements, des réconciliations momentanées, puis un recul soudain et un éclat de rire : souvent le rideau est levé pour laisser entrer une lumière crue, tandis que justement la déesse jouit de son crépuscule et de ses couleurs sombres ; souvent on lui retourne les paroles dans la bouche et on les chante sur une mélodie qui lui fait de ses fines mains se boucher ses fines oreilles — et c'est ainsi qu'il y a mille plaisirs de la guerre, sans oublier les défaites, dont les gens dépourvus de poésie, ceux que l'on appelle les hommes prosaïques, ne savent rien du tout : — ce qui fait que ceux-ci n'écrivent et ne parlent qu'en mauvaise prose ! *La guerre est la mère de toutes les bonnes choses*, la guerre est aussi la mère de toute bonne prose ! — Il y eut dans ce siècle quatre hommes très rares et véritablement poètes qui ont touché à la maîtrise de la prose, à cette maîtrise pour quoi, d'autre part, ce siècle n'est point fait — à cause de son manque de poésie, comme je l'ai indiqué. Abstraction faite de Gœthe que le siècle qui l'a produit revendique avec raison, je ne vois que Giacomo Léopardi, Prosper Mérimée, Ralph Wallo Emerson et Walter Savage Landor, l'auteur des *Imaginary Conversations*, qui fussent dignes d'être appelés maîtres de la prose.

93.

MAIS TOI, POURQUOI ÉCRIS-TU DONC? — A : je ne suis pas de ceux qui *pensent* avec la plume mouillée à la main, et moins encore de ceux qui s'abandonnent à leurs passions devant l'encrier ouvert, assis sur leur chaise et fixant le papier. Je me fâche ou j'ai honte de tout écrit ; écrire est pour moi une nécessité, — j'ai une répugnance à en parler même en symbole. — B : Mais pourquoi écris-tu alors? — A : Hélas! mon cher, soit dit entre nous, je n'ai pas encore trouvé jusqu'à présent d'autre moyen de *me débarrasser* de mes pensées.— B : Et pourquoi veux-tu en être débarrassé ? — A : Pourquoi je veux ? Est-ce que je veux ! J'y suis forcé. — B : Assez ! Assez

94.

CROISSANCE APRÈS LA MORT. — Ces petites paroles intrépides sur les choses morales que Fontenelle a jetées dans ses immortels *Dialogues des Morts* étaient regardées jadis comme des paradoxes et des jeux d'un esprit aventureux ; même les juges suprêmes du goût et de l'esprit n'y voyaient pas davantage, — et peut-être Fontenelle lui non plus. Maintenant il se passe quelque chose d'incroyable: ces pensées deviennent des vérités ! La science les démontre ! Le jeu devient sérieux ! Et nous lisons ces dialogues avec un autre sentiment que ne le firent Voltaire et Helvétius, et involontairement nous élevons leur auteur dans une autre classe d'esprit, une classe *beaucoup plus haute* que celle où le placèrent ceux-ci, — avec raison ? ou bien à tort?

95.

Chamfort. — Un connaisseur de l'humanité et de la foule comme Chamfort se mit précisément du côté de la foule et ne se tint pas à l'écart et sur la défensive, persévérant dans son renoncement philosophique. Je ne puis pas m'expliquer ce fait autrement que de la manière suivante : Il y eut en lui un instinct qui fut plus fort que sa sagesse, un instinct qui ne fut jamais satisfait, la haine contre toute *noblesse* de race ; peut-être la haine trop explicable de sa mère, une haine qui fut sacrée en lui par l'amour pour sa mère, — un instinct de haine qu'il avait conservé de ses années d'enfance et qui attendait l'heure de venger la mère. Et voici que la vie, et son génie et, hélas ! le plus peut-être le sang paternel qui coulait dans ses veines l'avaient induit à s'enrégimenter dans cette *noblesse*, à se sentir son égal — pendant de longues années ! Mais il finit par ne plus pouvoir supporter son propre aspect, l'aspect du « vieil homme » sous l'*ancien régime*; il fut pris d'une passion violente de faire pénitence, cette passion lui fit revêtir le vêtement de la populace, comme une espèce de silice à lui. Sa mauvaise conscience fut la négligence de la haine. — En admettant que Chamfort fût demeuré alors plus philosophe d'un degré, la Révolution eût été privée de son esprit le plus tragique et de son aiguillon le plus affilé : elle serait considérée comme un événement beaucoup plus bête et n'exercerait pas cette séduction sur les esprits. Mais la haine et la vengeance de Chamfort éduquèrent toute une génération : et les hommes les plus illustres traversèrent cette école. Que l'on considère donc que Mirabeau élevait son regard vers Chamfort, comme à un moi supérieur et plus âgé, de qui il attendait et tolérait les impulsions, les avertissements et les sentences, — Mirabeau qui, comme homme, fait partie d'un ordre de supériorité bien différent de celui des premiers parmi les grands hommes d'Etat d'hier et d'aujourd'hui. — Il est singulier que, malgré un pareil ami et avocat — on possède les lettres de Mirabeau à Chamfort — le plus spirituel des moralistes soit resté étranger aux Français, de même que Stendhal qui, peut-être parmi tous les Français de *ce* siècle, a possédé les yeux et les oreilles les plus riches en pensées. Est-ce parce que ce dernier possédait quelque chose qui était trop d'un Allemand et d'un Anglais pour être encore tolérable pour les Parisiens ? — tandis que Chamfort, homme riche en profondeurs et en tréfonds de l'âme, sombre, souffrant, ardent, — penseur qui jugea le rire nécessaire comme un remède contre la vie et qui se crut presque perdu le jour où il n'avait pas ri, — apparaît bien plutôt comme un Italien, proche parent du Dante et de Léopardi, que comme un Français. On connaît les dernières paroles de Chamfort : « *Ah ! mon ami*, dit-il à Siéyès, *je m'en vais de ce monde, où il faut que le cœur se brise ou se bronze.* — Ce ne sont là, certes, pas les paroles d'un Français mourant.

96.

DEUX ORATEURS. — De ces deux orateurs l'un n'atteint toute la raison de sa cause que lorsqu'il s'abandonne à la passion : la passion seule lui fait monter assez de sang et de chaleur au cerveau pour forcer sa haute intelligence à se révéler. L'autre essaie bien de temps en temps la même chose : présenter sa cause à l'aide de la passion d'une façon sonore, violente et entraînante, — mais il y réussit généralement très mal. Il devient alors vite obscur et confus, il exagère, fait des omissions et suscite des méfiances à l'égard de la raison de sa cause; oui, lui-même éprouve alors cette méfiance et par là s'expliquent ces bonds soudains, ces intonations froides et repoussantes qui provoquent dans l'auditoire des doutes sur la sincérité de sa passion. Chez lui la passion submerge chaque fois l'esprit; peut-être est-ce parce qu'elle est plus forte que chez le premier. Mais il atteint toute la hauteur de sa force lorsqu'il résiste à l'impétueuse tempête de son sentiment, le narguant en quelque sorte : c'est alors seulement que son esprit sort entièrement de sa cachette, esprit logique, moqueur, qui se joue, et pourtant terrible.

97.

DE LA LOQUACITÉ DES ÉCRIVAINS. — Il existe une loquacité de la colère, — souvent chez Luther et aussi chez Schopenhauer. Une loquacité qui provient d'une trop grande abondance de formules de concept, comme chez Kant. Une loquacité qui vient de la joie de tourner d'une façon toujours nouvelle la même chose : on la trouve chez Montaigne. Une loquacité d'une nature perfide : celui qui lit les écrits de ces temps se souviendra probablement pour ce cas particulier de deux écrivains. Une loquacité qui produit la joie des mots propres et des belles formes du discours : souvent dans la prose de Gœthe. Une loquacité par pur plaisir du bruit et de la confusion des sentiments : par exemple chez Carlyle.

98.

A LA GLOIRE DE SHAKESPEARE. — La plus belle chose que je puisse dire à la gloire de Shakespeare, de l'*homme*, est celle-ci : il a cru en Brutus sans jeter un grain de méfiance sur cette espèce de vertu ! C'est à lui qu'il a consacré sa meilleur tragédie — on la désigne toujours encore sous un titre inexact — à lui et au plus terrible résumé de la haute morale. Indépendance de l'âme ! — c'est de cela qu'il s'agit ici ! Aucun sacrifice ne peut être trop grand, il faut pouvoir sacrifier à cette indépendance son ami le plus cher, fût-il l'homme le plus superbe, l'ornement du monde, le génie sans égal, — je veux dire lorsque l'on aime la liberté, en tant que liberté des grandes âmes, et que par l'ami *cette* liberté est mise en danger : — c'est ainsi que Shakespeare a dû sentir ! La hauteur où il place César est l'honneur le plus subtil qu'il pouvait rendre à Brutus : ainsi seulement il élève jusqu'à l'immense le problème intérieur de celui-ci, et de même la force de l'âme qui était capable de trancher ce *nœud!* — Etait-ce vraiment la liberté politique qui poussa ce poète à compatir avec Brutus, — à se faire le complice de Brutus? Ou bien la liberté politique n'était-elle que le langage symbolique pour quelque chose d'inexprimable? Nous trouvons-nous peut-être devant quelque événement de l'âme propre au poète, devant une aventure dont il ne voulait parler que par signes? Qu'est toute mélancolie d'Hamlet à côté de la mélancolie de Brutus! — et peut-être Shakesdeare connaissait-il l'une comme l'autre par expérience! Peut-être avait-il, lui aussi, ses heures sombres et son mauvais ange, comme Brutus! Mais quelles que soient les ressemblances et les rapports secrets, Shakespeare s'inclina devant le caractère et la vertu de Brutus, il se sentit indigne et lointain. — Il en a inscrit le témoignage dans sa tragédie. Deux fois il y a présenté un poète et deux fois il a déversé sur lui un tel mépris impatient et ultime que cela a presque l'air d'un cri, — d'un cri poussé par le mépris de soi. Brutus, Brutus lui-même, perd patience lorsque le poète apparaît, vaniteux, pathétique, importun, comme sont généralement les poètes, des êtres qui semblent être gonflés de possibilités de grandeur, même de grandeur morale et qui pourtant, dans la philosophie de l'action et de la vie, arrivent eux-mêmes rarement à la simple équité. « S'il connaît le temps, je *connais ses lubies*, — éloignez le pantin! — » s'écrie Brutus. Que l'on retraduise cela dans l'âme du poète qui l'imagina.

99.

Les disciples de Schopenhauer. — Ce que l'on aperçoit au contact des peuples civilisés et des barbares : que régulièrement la civilisation inférieure commence par adopter les vices, les faiblesses et les excès de la supérieure, puis, partant de là, tandis qu'elle en éprouve la séduction, finit par faire passer sur elle, au moyen des faiblesses et des vices acquis, quelque chose de la force que renferme la civilisation supérieure — on peut le constater aussi dans son entourage, et sans voyager parmi les peuples barbares ; il est vrai que c'est mêlé d'un peu plus de finesse et de spiritualité et sans qu'il soit aussi facile de s'en rendre compte. Qu'est-ce que les adhérents de Schopenhauer en Allemagne commencent donc d'abord à adopter de leur maître ? — ses adhérents qui, en regard de sa culture supérieure, doivent se paraître à eux-mêmes suffisamment barbares pour commencer par être fascinés et séduits par lui d'une façon barbare. Est ce par son dur sens des réalités, par sa bonne volonté d'arriver à la clarté et à la raison, qui souvent le font paraître si anglais et si peu allemand ? Est-ce par la vigueur de sa conscience intellectuelle qui *supporta*, sa vie durant, une contradiction entre l'être et le vouloir, et qui le força à se contredire même dans ses œuvres, sans cesse et sur chaque point ? Ou bien est-ce par sa propreté dans les choses de l'Eglise et du Dieu chrétien ? — car en cela il était net comme pas un philosophe allemand jusqu'alors, de sorte qu'il vécut et mourut « en voltairien ».

Ou bien encore par ses immortelles doctrines de l'intellectualité des conceptions, de l'apriorité de la loi de causalité, de la nature-instrument, de l'intellect et de la non-liberté du vouloir ? Non, tout cela ne séduit point et n'est pas ressenti comme séduction : mais l'embarras mystique et les faux-fuyants de Schopenhauer aux endroits où le penseur réaliste s'est laissé séduire et corrompre par la vaine aspiration à vouloir déchiffrer l'énigme du monde, mais l'indémontrable doctrine de la *volonté unique* (« toutes causes ne sont que causes occasionnelles de l'apparition de la volonté, en tel temps, en tel lieu », « la volonté de vie se trouve entière et indivise dans chaque être, même le plus misérable, aussi complète que dans la totalité de tous ceux qui furent, sont et seront »), mais la négation de l'individu (« tous les lions ne sont en somme qu'un seul lion », « la multiplicité des individus n'est qu'apparence », tout comme l'*évolution* n'est qu'apparence ; — Schopenhauer appelle la pensée de Lamark « une erreur géniale et absurde »)—, mais l'exaltation du *génie* (« dans la contemplation esthétique, l'individu n'est plus individu, mais pur sujet de la connaissance, sans volonté, sans douleur et hors du temps » ; « le sujet en s'absorbant complètement dans l'objet de la contemplation se transforme en cet objet même »), mais encore le non-sens de la *pitié* et de l'épanouissement du *principe d'individuation* comme source de toute moralité, rendu possible par la pitié, sans oublier enfin des affirmations telles que : « la mort est en somme le but de l'existence », « *a priori* on ne peut pas nier absolument la possibilité qu'une influence magique ne puisse partir d'un être défunt »; ces *excès* et ces vices du philosophe et d'autres semblables sont toujours adoptés, en première ligne, pour en faire des articles de foi : — car les vices et les excès sont toujours le plus faciles à imiter et n'ont pas besoin d'un long exercice préalable. Mais parlons du plus célèbre des schopenhauériens actuellement en vie, de Richard Wagner. — Il lui en est advenu comme de bien des artistes déjà : il s'est mépris sur l'interprétation des personnages qu'il a créés et il a méconnu la philosophie inexprimée de son propre art. Richard Wagner, jusqu'au milieu de sa vie, s'est laissé égarer par Hegel; puis, encore une fois, par Schopenhauer, lorsqu'il crut voir dans ses propres personnages le reflet des doctrines du philosophe et qu'il se mit à se formuler lui-même par des termes comme « volonté », « génie » et « pitié ». Néanmoins il est certain que rien n'est plus contraire à l'esprit de Schopenhauer que ce qu'il y a de particulièrement wagnérien chez les héros de Wagner : je veux dire l'innocence du plus haut amour de soi, la foi en la grande passion comme le bien par excellence, en un mot ce qu'il y a de siegfriedien dans l'allure de ses héros. « Tout cela ressemble beaucoup plus à Spinoza qu'à moi, » —dirait peut-être Schopenhauer. Quelles que soient les bonnes raisons qu'aurait eues Wagner de s'enquérir d'autres philosophes, plutôt que de Schopenhauer, le charme auquel il a succombé, pour ce qui en est de ce penseur, l'a rendu aveugle, non seulement à l'égard d'autres philosophes, mais encore à l'égard de la science elle-même. Tout son art veut s'affirmer toujours davantage comme allant de pair avec la philosophie schopenhauérienne qu'il complète, et il renonce toujours plus expressément à l'orgueil supérieur qu'il y aurait à aller de pair avec la connaissance humaine et la science, pour les compléter. Et il y est non seulement poussé par toute la secrète splendeur de cette philosophie qui aurait aussi tenté un Cagliostro : ce sont tous les gestes particuliers et toutes les passions des philosophes qui furent toujours des séducteurs ! Schopenhauérien est par exemple l'emportement de Wagner contre la corruption de la langue allemande; mais si, dans ce cas particulier, on pourrait approuver l'imitation, il ne faut cependant pas oublier que le style de Wagner n'en souffre pas moins de toutes les tumeurs et ampoules qui rendaient Schopenhauer si furieux, et que pour ce qui en est des wagnériens qui écrivent en allemand, la wagnéromanie commence à se montrer aussi dangereuse que ne fut jamais toute espèce d'hégélomanie. Schopenhauerienne est la haine de Wagner contre les juifs qu'il ne sait même pas apprécier à leur valeur dans leur acte le plus fameux : car les juifs sont les inventeurs du christianisme ! Schopenhauérienne est, chez Wagner, la tentative de considérer le christianisme comme une graine égarée du bouddhisme, et de préparer pour l'Europe une époque bouddhiste, en préconisant un rapprochement momentané avec des formules et des sentiments catholiques chrétiens. Schopenhauérien est le prêche de Wagner en faveur de la pitié, dans les rapports avec les bêtes ; on sait qu'en cette matière le précurseur de Wagner fut Voltaire qui, semblable en cela à ses successeurs, sut peut-être déjà travestir en pitié envers les animaux sa haine contre certaines choses et certaines gens. La haine de Wagner contre la science, cette haine qui parle dans son prêche, n'est du moins pas inspirée par l'esprit de charité et de bonté, cela est certain, — et encore moins, comme il va de soi, par l'*esprit* en général. — En fin de compte, la philosophie d'un artiste importe peu, pour le cas où elle ne serait qu'une philosophie ajoutée après coup, et ne ferait point de mal à son art même. On ne peut pas assez se garder d'en vouloir à un artiste à cause d'une mascarade d'occasion, peut-être souvent très malheureuse et pleine de prétentions ; n'oublions donc pas que ces chers artistes sont, sans exception, un peu comédiens, qu'ils doivent l'être, et qu'à la longue ils s'en tireraient difficilement sans comédie. Restons fidèles à Wagner pour ce qui est chez lui *vrai* et original, — et surtout en cela que nous restions nous-mêmes, nous qui sommes ses disciples, fidèles à ce qui chez nous est vrai et original. Laissons-lui ses mouvements d'humeur et ses crampes intellectuelles, considérons plutôt, avec équité, quels sont les nourritures et les besoins singuliers que son art a le *droit* d'avoir pour pouvoir vivre et grandir ! Il n'importe pas que, comme penseur, il ait si souvent tort ; la justice et la patience ne sont pas *son* affaire. Il suffit que sa vie ait raison devant elle-même et qu'elle garde raison : — cette vie qui s'adresse à chacun de nous pour s'écrier : « Sois un homme et ne me suis pas, — c'est toi-même qu'il faut suivre ! toi-même ! » Notre vie elle aussi doit garder raison devant nous-mêmes ! Nous aussi, nous devons croître et nous épanouir librement et sans crainte, dans un innocent amour de nous-mêmes, par notre propre personnalité. Et ainsi, en contemplant un tel homme, aujourd'hui comme jadis, ces paroles résonnent encore à mon oreille : « Que la passion est meilleure que le stoïcisme et l'hypocrisie, qu'être sincère, même dans le mal, vaut mieux que de se perdre soi-même dans la moralité de la tradition, qu'un homme libre peut être tant bon que méchant, mais qu'un homme assujetti est une honte pour la nature et ne participe à aucune consolation, ni divine, ni terrestre ; et enfin, que *chacun de ceux qui veulent devenir libres ne pourra le devenir que par lui-même*, et que la liberté ne tombe dans le sein de personne comme un présent miraculeux. » *(Richard Wagner à Bayreuth)*.

100.

APPRENDRE A RENDRE HOMMAGE. — Il faut que les hommes apprennent le respect tout comme le mépris. Celui qui marche dans des voies nouvelles et qui a conduit beaucoup d'hommes dans des voies nouvelles découvre, avec surprise, combien maladroits et pauvres sont tous ces hommes dans l'expression de leur reconnaissance et même combien il est rare que cette reconnaissance *puisse* seulement se manifester. C'est comme si, chaque fois qu'elle veut parler, quelque chose lui entrait dans la gorge, en sorte qu'elle ne ferait que tousser, pour se taire en toussant. La façon dont un penseur ressent l'effet de ses idées et de leur force qui transforme et ébranle est presque une comédie ; quelquefois l'on dirait que ceux sur lesquels on a agi s'en trouvent offensés au fond, et ne savent plus faire autre chose que de manifester leur indépendance qu'ils croient menacée, par toute sorte de grossièreté. Il faut des générations tout entières pour inventer une convention courtoise de la reconnaissance ; et ce n'est que très tard qu'arrive le moment où une sorte d'esprit et de génialité pénètre la reconnaissance. Alors il y a généralement quelqu'un qui est le grand réceptacle des remerciements, non seulement pour le bien qu'il a fait lui-même, mais généralement pour ce que ses prédécesseurs ont accumulé de trésors dans ce qu'il y a de plus haut et de meilleur.

101.

VOLTAIRE. — Partout où il y avait une cour, il y avait une règle de beau langage et, par cela même, aussi les règles du style pour tous ceux qui écrivaient. Mais le langage des cours est le langage du courtisan qui n'a *pas de profession* et qui, dans la conversation sur les choses de la science, s'interdit toute expression technique parce qu'elle sent le professionnel, c'est pourquoi l'expression technique et tout ce qui révèle le spécialiste est une *tare du style* dans les pays qui ont la civilisation des cours. Maintenant que toutes les cours sont devenues des caricatures de jadis et de naguère on est étonné de trouver Voltaire lui-même infiniment sec et pénible (par exemple dans son jugement sur des stylistes comme Fontenelle et Montesquieu), — c'est que nous voilà tous émancipés du goût des cours, tandis que Voltaire en possédait la forme la plus parfaite !

102.

Un mot pour les philologues. — Il y a des livres si précieux et si royaux que des générations entières de savants ont leur utilité si, grâce à leur labeur, ces livres sont conservés purs et intelligibles, — et la philologie existe pour affermir toujours cette croyance à nouveau. Elle suppose que ces hommes rares qui savent utiliser des livres aussi précieux existent (bien que l'on ne les voie pas) : — ce sont probablement ceux qui écrivent ou sont capables d'écrire de pareils livres. Je voulais dire que l'existence des philologues implique une noble croyance, — la croyance qu'au bénéfice du petit nombre de ceux qui doivent toujours « venir » un très gros morceau de besogne pénible et souvent malpropre doit être fait d'avance : tout cela est de la besogne *in usum Delphinorum*.

103.

De la musique allemande. — La musique allemande est maintenant déjà, plus que toute autre, la musique européenne, parce qu'en elle seule, les changements que la Révolution a produits en Europe ont trouvé leur expression : c'est la musique allemande seulement qui s'entend à l'expression des mains populaires en mouvement, à ce formidable vacarme artificiel qui n'a même pas besoin de faire beaucoup de bruit, — tandis que par exemple l'Opéra italien ne connaît que les chœurs de domestiques ou de soldats, mais pas de « peuple ». Il faut ajouter que, dans toute musique allemande, on perçoit une profonde jalousie bourgeoise de tout ce qui est *noblesse*, surtout de l'*esprit* et de l'*élégance*, en tant qu'expression d'une société de cours et de chevalerie, vieille et sûre d'elle-même. Ce n'est pas là de la musique comme celle du « *Sænger* » de Gœthe, de cette musique chantée devant la porte qui plaît aussi « dans la salle » et surtout au roi. Il ne s'agit pas de dire : « Les chevaliers regardaient avec courage et les belles baissaient les yeux. » La grâce même n'entre pas dans la musique allemande sans des velléités de remords ; ce n'est que quand il arrive à la joliesse, cette sœur champêtre de la grâce, que l'Allemand commence à se sentir moralement à l'aise — et dès lors il s'élève toujours davantage jusqu'à cette « sublimité » enthousiaste, savante, souvent à pattes d'ours, la sublimité d'un Beethoven. Si l'on veut s'imaginer l'homme de cette musique, eh bien ! que l'on s'imagine donc Beethoven, tel qu'il apparut à côté de Gœthe, par exemple à cette rencontre de Teplitz(1) : comme la demi-

---

(1) La rencontre de Gœthe avec Beethoven eut lieu en août 1812 à Teplitz en Bohême, où séjournaient alors la cour d'Autriche, l'impératrice des Français, le duc de Saxe-Weimar et d'autres person-

barbarie à côté de la culture, comme le peuple à côté de la noblesse, comme l'homme bonasse à côté de l'homme bon, et plus encore que « bon », comme le fantaisiste à côté de l'artiste, comme celui qui a besoin de consolations à côté de celui qui est consolé, comme l'exagérateur et le défiant à côté de l'équitable, comme le quinteux et le martyr de soi-même, comme l'extatique insensé, le béatement malheureux, le candide démesuré, comme l'homme prétentieux et lourd — et en tout et pour tout comme l'homme « non dompté » : ainsi l'a compris et désigné Gœthe lui-même, Gœthe l'Allemand d'exception pour qui une musique qui aille de pair avec lui n'a pas encore été trouvée ! — Que l'on considère, pour finir, s'il ne faut pas entendre ce mépris toujours croissant de la mélodie et ce dépérissement du sens mélodique chez les Allemands comme une mauvaise manière démocratique et un effet ultérieur de la Révolution. Car la mélodie affirme une joie si ouverte de tout ce qui est règle et une telle répugnance du devenir, de l'informe, de l'arbitraire qu'elle vous a un son qui vient de l'ancien régime, dans les choses européennes, et comme une séduction et un retour vers cet ancien régime.

104.

DE L'INTONATION DE LA LANGUE ALLEMANDE. — On sait d'où vient la langue allemande qui est depuis

nalités de marque. Bettina Brentano avait fait la connaissance de Beethoven l'année précédente et communiqué au poète son enthousiasme pour le musicien. Le mot « *ungebændigte Persœnlichkeit* » se trouve dans une lettre de Gœthe à Zelter. — N. d. T.

quelques siècles la langue littéraire généralement
en usage. Les Allemands, avec leur respect de tout
ce qui venait de la *cour*, ont pris à dessein les chancelleries comme modèles pour tout ce qu'ils avaient
à écrire, donc surtout pour leurs lettres, actes officiels, testaments et autres. Ecrire en style de chancellerie, c'était là écrire conformément à la cour
et au gouvernement — c'était quelque chose de
noble qui se distinguait de l'allemand de la ville
où l'on vivait. Peu à peu l'on se mit à tirer des
conclusions et à parler aussi comme l'on écrivait,
— de cette façon l'on devenait plus noble encore
dans la formation des mots, dans le choix des
expressions et des tournures de phrases et finalement aussi dans le timbre de la voix : on affectait
les intonations de la cour lorsque l'on parlait, et
l'affectation finit par être une seconde nature.
Peut-être une chose semblable ne s'est-elle passée
nulle part ailleurs : la prépondérance du style littéraire sur le discours : les afféteries et l'affectation
distinguée de tout un peuple, comme base d'une langue, commune à un peuple, qui ne serait plus du dialecte. Je crois que l'intonation de la langue allemande, pendant et surtout après le Moyen âge, fut
foncièrement paysanne et vulgaire ; elle s'est un
peu amollie durant les derniers siècles, surtout
parce que l'on se crut obligé d'imiter tant d'intonations françaises, italiennes et espagnoles, et ceci
surtout dans les milieux de la noblesse allemande
(et autrichienne) qui ne pouvaient absolument pas se
satisfaire de la langue maternelle. Mais pour Montaigne et surtout pour Racine, malgré cet usage,

l'allemand a dû avoir un timbre d'une vulgarité insupportable : et encore de nos jours, au milieu de la populace italienne, dans la bouche des voyageurs, la langue allemande garde toujours des sons durs et rogues qui ont l'air de sortir de la forêt ou des demeures enfumées dans des contrées sans politesse. — Eh bien ! je remarque maintenant de nouveau que, parmi les antiques admirateurs des chancelleries, se propage un besoin analogue de noblesse dans les intonations, et que les Allemands commencent à se soumettre au « charme » d'un timbre tout particulier qui pourrait devenir à la longue un véritable danger pour la langue allemande, — car l'on chercherait en vain des intonations aussi horribles en Europe. Avoir quelque chose d'ironique, de froid, d'indifférent, de nonchalant dans la voix : c'est ce que les Allemands tiennent maintenant pour « distingué » — et je perçois la bonne volonté que l'on met à accueillir cette distinction dans le langage des jeunes fonctionnaires, des professeurs, des femmes, des commerçants; et les petites filles elles-mêmes imitent déjà cet allemand d'officier. Car c'est l'officier, l'officier prussien, qui est l'inventeur de ces intonations : ce même officier qui, en tant que militaire et homme du métier, possède cet admirable tact de modestie, sur quoi tous les Allemands (y compris le professeur et le musicien) pourraient prendre exemple. Mais dès qu'il se met à parler et à se mouvoir il devient la figure la plus immodeste, celle qui est du plus mauvais goût dans la vieille Europe — et cela certainement sans qu'il s'en doute ! Et aussi sans que ces bons Allemands en aient conscience, ces bons Allemands qui admirent en lui l'homme de la meilleure société, de la société la plus distinguée, et qui aiment à se « faire donner le ton » par lui. C'est ce qu'il fait ! — et en première ligne ce sont les sous-officiers, caporaux et sergents, qui imitent ce ton et le rendent encore plus grossier. Que l'on écoute les commandements dont les appels entourent de leurs hurlements les villes allemandes, maintenant que l'on fait l'exercice devant toutes les portes : quelle arrogance, quel furieux sentiment d'autorité, quelle froideur moqueuse résonne dans ces hurlements ! Les Allemands seraient-ils vraiment un peuple musicien ? — Ce qu'il y a de certain, c'est qu'ils se militarisent maintenant dans les intonations de leur langue : il est probable qu'exercés, comme ils le sont, à parler militairement, ils finiront aussi par écrire militairement. Car l'habitude de certaines intonations s'enracine profondément dans le caractère : — on arrive vite aux mots et aux tournures de phrases, et finalement aussi aux idées qui s'accordent avec ces intonations ! Sans doute écrit-on maintenant déjà à l'officière ; je ne lis peut-être pas assez ce que l'on écrit actuellement en Allemagne pour le savoir. Mais il y a une chose que je sais avec d'autant plus de certitude : les manifestations publiques allemandes qui parviennent jusqu'à l'étranger ne s'inspirent pas de la musique allemande, mais de cette nouvelle allure d'une arrogance de mauvais goût. Presque dans chaque discours du premier homme d'État allemand, alors même qu'il se fait entendre par le porte-voix impérial, il y a un accent que l'oreille d'un étranger repousse avec répugnance; mais les Allemands le supportent, — ils se supportent eux-mêmes.

105.

LES ALLEMANDS EN TANT QU'ARTISTES. — S'il arrive par hasard à l'Allemand de se passionner véritablement (et non pas, comme cela est généralement le cas, d'avoir seulement la bonne volonté de la passion), il se comportera dans sa passion comme il devra se comporter et n'y songera pas autrement. La vérité cependant est qu'il sera alors très maladroit et laid, et comme s'il était sans mesure et sans mélodie, ce qui fait que les spectateurs seront péniblement impressionnés ou touchés jusqu'aux larmes, sans rien de plus : — *à moins* qu'il ne s'élève artificiellement au sublime et au ravissement dont certaines passions sont capables. Alors l'Allemand lui-même devient *beau !* La prévision de la *hauteur* à partir de laquelle la beauté commence a répandre son charme, même sur les Allemands, pousse les artistes germaniques à s'élever et à se surélever, les pousse aux excès de la passion : c'est donc un désir profond et réel de dépasser, au moins du regard, les laideurs et les maladresses — pour atteindre un monde meilleur, plus léger, plus méridional, plus ensoleillé. Et c'est ainsi que leurs luttes ne sont souvent que des indices de leurs aspirations à la danse : ces pauvres ours dont l'âme est hantée ar des nymphes et des sylvains cachés — et parfois aussi par des divinités plus hautes encore!

106.

LA MUSIQUE QUI INTERCÈDE. — « Je suis avide de trouver un maître dans l'art des sons, dit un novateur à son disciple, un maître qui apprendrait chez moi les idées et qui les traduirait dorénavant dans son langage : c'est ainsi que j'arriverais mieux à l'oreille et au cœur des hommes. Avec les sons on parvient à séduire les hommes et à leur faire accepter toutes les erreurs et toutes les vérités : qui donc serait capable de réfuter un son? « — « Tu aimerais donc être considéré comme irréfutable? » interrogea le disciple. Le novateur répondit : « J'aimerais que le germe devînt arbre. Pour qu'une doctrine devienne arbre, il faut que l'on ait foi en elle pendant un certain temps : pour que l'on ait foi en elle, il faut qu'elle soit considérée comme irréfutable. L'arbre a besoin de tempêtes, de doutes, de vers rongeurs, de méchanceté, pour lui permettre de manifester l'espèce et la force de son germe; qu'il se brise s'il n'est pas assez fort. Mais un germe n'est toujours que détruit — et jamais réfuté! » — Lorsqu'il eut dit cela, son disciple s'écria avec impétuosité : « Mais moi, j'ai foi en ta cause et je la crois assez forte pour que je puisse dire contre elle tout, tout ce que j'ai sur le cœur. » — Le novateur se mit à rire à part soi, et le menaça du doigt. « Cette espèce d'adhésion, ajouta-t-il, est la meilleure, mais elle est dangereuse, et toute espèce de doctrine ne la supporte pas. »

107.

Notre dernière reconnaissance envers l'art. — Si nous n'avions pas approuvé les arts et inventé cette façon de culte de l'erreur : la compréhension de l'universalité du non-vrai et du mensonge — cette compréhension de l'illusion et de l'erreur comme conditions du monde intellectuel et sensible — ne serait absolument pas supportable. La *loyauté* aurait pour conséquence le dégoût et le suicide. Or, à notre loyauté, s'oppose une puissance contraire qui nous aide à échapper à de pareilles conséquences : l'art, en tant que *bonne* volonté de l'illusion. Nous n'empêchons pas toujours notre regard d'arrondir et d'inventer une fin ; alors ce n'est plus l'éternelle imperfection que nous portons sur le fleuve du devenir — alors nous nous imaginons porter une *déesse*, et ce service nous rend fiers et enfantins. En tant que phénomène esthétique, l'existence nous semble toujours *supportable*, et, au moyen de l'art, nous sont donnés l'œil et la main et avant tout la bonne conscience pour *pouvoir* créer, de par nous-mêmes, un pareil phénomène. Il faut de temps en temps nous reposer de nous-mêmes, en nous regardant de haut, avec le lointain de l'art, pour rire, pour pleurer *sur* nous ; il faut que nous découvrions le *héros* et aussi le *fou* que cache notre passion de la connaissance ; il faut, de ci de là, nous réjouir de notre folie pour pouvoir rester joyeux de notre sagesse. Et c'est précisément parce que nous sommes au fond des hommes lourds et sérieux, et plutôt encore des poids que des hommes, que rien ne nous fait autant de bien que la *marotte :* nous en avons besoin devant nous-mêmes — nous avons besoin de tout art pétulant, flottant, dansant, moqueur, enfantin et bienheureux pour ne pas perdre cette *liberté qui nous place au-dessus des choses* et que notre idéal exige de nous. Ce serait un *recul* pour nous de tomber tout à fait dans la morale, précisément avec notre loyauté irritable, et, à cause des exigences trop sévères qu'en cela nous avons pour nous-mêmes, de finir par devenir nous-mêmes des monstres et des épouvantails de vertu. Nous devons aussi *pouvoir* nous placer *au-dessus* de la morale : et non seulement nous y placer, avec la raideur inquiète de quelqu'un qui craint à chaque moment de glisser et de tomber, mais aussi pouvoir planer et jouer au-dessus d'elle ! Comment pourrions-nous pour cela nous passer de l'art, nous passer des fous ? — et tant que vous aurez encore *honte* de vous-mêmes, en quoi que ce soit, vous ne pourrez pas être des nôtres !

LIVRE TROISIÈME

108.

Luttes nouvelles. — Après la mort de Bouddha l'on montra encore pendant des siècles son ombre dans une caverne, — une ombre énorme et épouvantable. Dieu est mort : mais, à la façon dont sont faits les hommes, il y aura peut-être encore pendant des milliers d'années des cavernes où l'on montrera son ombre.

109.

Gardons-nous. — Gardons-nous de penser que le monde est un être vivant. Comment devrait-il se développer ? De quoi devrait-il se nourrir ? Comment ferait-il pour croître et s'augmenter ? Nous savons à peu près ce que c'est que la matière organisée : et nous devrions changer le sens de ce qu'il y a d'indiciblement dérivé, de tardif, de rare, de hasardé, de ce que nous ne percevons que sur la croûte de la terre, pour en faire quelque chose d'essentiel, de général et d'éternel, comme font ceux qui appellent l'univers un organisme ? Voilà qui m'inspire le dégoût. Gardons-nous déjà de croire que l'univers est une machine ; il n'a certainement pas été construit en vue d'*un* but, en employant le mot « machine » nous lui faisons un bien trop grand honneur. Gardons-nous d'admettre pour certain, partout et d'une façon générale, quelque chose de défini comme le mouvement cyclique de nos constellations voisines : un regard jeté sur la voie lactée évoque déjà des doutes, fait croire qu'il y a peut-être là des mouvements beaucoup plus grossiers et plus contradictoires, et aussi des étoiles précipitées comme dans une chute en ligne droite, etc. L'ordre astral où nous vivons est une exception ; cet ordre, de même que la durée passable qui en est la condition, a de son côté rendu possible l'exception des exceptions : la formation de ce qui est organique. La condition générale du monde est, par contre, pour toute éternité, le chaos, non, par l'absence d'une nécessité, mais au sens d'un manque d'ordre, de structure, de forme, de beauté, de sagesse et quels que soient les noms de nos esthétismes humains. Au jugement de notre raison les coups malheureux sont la règle générale, les exceptions ne sont pas le but secret et tout le mécanisme répète éternellement sa ritournelle qui ne peut jamais être appelée une mélodie, — et finalement le mot « coup malheureux » lui-même comporte déjà une humanisation qui contient un blâme. Mais comment oserions-nous nous permettre de blâmer ou de louer l'univers ! Gardons-nous de lui reprocher de la dureté et de la déraison, ou bien le contraire. Il n'est ni parfait, ni beau, ni noble et ne veut devenir rien de tout

cela, il ne tend absolument pas à imiter l'homme !
Il n'est touché par aucun de nos jugements esthétiques et moraux ! Il ne possède pas non plus
d'instinct de conservation, et, d'une façon générale,
pas d'instinct du tout ; il ignore aussi toutes les lois.
Gardons-nous de dire qu'il y a des lois dans la nature. Il n'y a que des nécessités : il n'y a là personne
qui commande, personne qui obéit, personne qui
enfreint. Lorsque vous saurez qu'il n'y a point
de fins, vous saurez aussi qu'il n'y a point de
hasard : car ce n'est qu'à côté d'un monde de fins
que le mot « hasard » a un sens. Gardons-nous de
dire que la mort est opposée à la vie. La vie n'est
qu'une variété de la mort et une variété très rare.
—Gardons-nous de penser que le monde crée éternellement du nouveau. Il n'y a pas de substances
éternellement durables ; la matière est une erreur
pareille à celle du dieu des Eléates. Mais quand
serons-nous au bout de nos soins et de nos précautions? Quand toutes ces ombres de Dieu ne nous
troubleront-elles plus ? Quand aurons-nous entièrement dépouillé la nature de ses attributs divins?
Quand aurons-nous le droit, nous autres hommes,
de nous *rendre naturels*, avec la nature pure, nouvellement trouvée, nouvellement délivrée ?

110.

ORIGINE DE LA CONNAISSANCE. — Pendant d'énormes espaces de temps l'intellect n'a engendré que
des erreurs; quelques-unes de ces erreurs se trouvèrent être utiles et conservatrices de l'espèce ; celui

qui tomba sur elles ou bien les reçut par héritage accomplit la lutte pour lui et ses descendants avec plus de bonheur. Il y a beaucoup de ces articles de foi erronés qui, transmis par héritage, ont fini par devenir une sorte de masse et de fond humains ; on admettait, par exemple, qu'il existe des choses qui sont pareilles, qu'il existe des objets, des matières, des corps, qu'une chose est ce qu'elle paraît être, que notre volonté est libre, que ce qui est bon pour les uns est bon en soi. Ce n'est que fort tardivement que se présentèrent ceux qui niaient et mettaient en doute de pareilles propositions, — ce n'est que fort tardivement que surgit la vérité, cette forme la moins efficace de la connaissance. Il semble que l'on ne puisse pas vivre avec elle, notre organisme étant accommodé pour l'opposé de la vérité ; toutes ses fonctions supérieures, les perceptions des sens et, d'une façon générale, toute espèce de sensation, travaillaient avec ces antiques erreurs fondamentales qu'elles s'étaient assimilées. Plus encore : ces propositions devinrent même, dans les bornes de la connaissance, des normes d'après lesquelles on évaluait le « vrai » et le « non-vrai » — jusque dans les domaines les plus éloignés de la logique pure. Donc : la *force* de la connaissance ne réside pas dans son degré de vérité, mais dans son ancienneté, son degré d'assimilation, son caractère en tant que condition vitale. Où ces deux choses, vivre et connaître, semblaient entrer en contradiction il n'y a jamais eu de lutte sérieuse ; sur ce domaine la négation et le doute étaient de la folie. Ces penseurs d'exception qui, comme les Éléates, établirent et maintinrent malgré cela les antinomies des erreurs naturelles, s'imaginèrent qu'il était aussi possible de *vivre* ces antinomies : ils inventèrent le sage, l'homme de l'immuabilité, de l'impersonnalité, de l'universalité de conception, à la fois un et tout, avec une faculté propre pour cette connaissance à rebours; ils croyaient que leur connaissance était en même temps le principe de la *vie*. Cependant, pour pouvoir prétendre tout cela, il leur fallut se *tromper* sur leur propre état : ils durent s'attribuer de l'impersonnalité et de la durée sans changement, méconnaître l'essence de la connaissance, nier la puissance des instincts dans la connaissance et considérer, en général, la raison comme une activité absolument libre, sortie d'elle-même ; ils ne voulaient pas voir qu'eux aussi étaient arrivés à leurs principes, soit en contredisant les choses existantes, soit par besoin de repos, ou de possession, ou de domination. Le développement plus subtil de la probité et du scepticisme rendit enfin ces hommes également impossibles. Leur vie et leur jugement apparurent également comme dépendant des antiques instincts et erreurs fondamentales de toute vie sensitive. Ce scepticisme et cette probité plus subtile se formaient partout où deux principes opposés semblaient *applicables* à la vie, parce que tous deux s'accordaient avec les erreurs fondamentales, où l'on pouvait donc discuter sur le degré plus ou moins considérable d'*utilité* pour la vie; de même, là où des principes nouveaux, s'ils ne se montraient pas favorables à la vie, ne lui étaient du moins pas nuisibles, étant plutôt les manifestations d'un instinct de jeu intellectuel, innocent et heureux comme tout ce qui est jeu. Peu à peu le cerveau humain s'emplit de pareils jugements et de semblables convictions et, dans cette agglomération, il se produisit une fermentation, une lutte et un désir de puissance. Non seulement l'utilité et le plaisir, mais encore toute espèce d'instinct prirent partie dans la lutte pour les « vérités »; la lutte intellectuelle devint une occupation, un charme, une vocation, une dignité — : la connaissance et l'aspiration au vrai prit place enfin comme un besoin, au milieu des autres besoins. Depuis lors, non seulement la foi et la conviction, mais encore l'examen, la négation, la méfiance, la contradiction devinrent une *puissance*, tous les « mauvais » instincts étaient sous-ordonnés à la connaissance, placés à son service, on leur prêta l'éclat de ce qui est permis, vénéré et utile, et finalement le regard et l'innocence du *bien*. La connaissance devint dès lors un morceau de la vie même, et, en tant que vie, une puissance toujours grandissante : jusqu'à ce qu'enfin la connaissance et cette antique erreur fondamentale se heurtassent réciproquement, toutes deux réunies étant la vie, toutes deux la puissance, toutes deux dans le même homme. Le penseur : voilà maintenant l'être où l'instinct de vérité et ces erreurs qui conservent la vie livrent leur premier combat, après que l'instinct de vérité, lui aussi, s'est *affirmé* comme une puissance qui conserve la vie. Par rapport à l'importance de cette lutte tout le reste est indifférent : en ce qui concerne la condition vitale la dernière question est ici posée et la première tentative est faite ici pour répondre par l'expérience à cette question. Jusqu'à quel point la vérité supporte-t-elle l'assimilation? — voilà la question, voilà l'expérience.

III.

Origine du logique. — Comment la logique s'est-elle formée dans la tête de l'homme? Certainement par l'illogisme dont, primitivement, le domaine a dû être immense. Mais une quantité innombrable d'êtres qui déduisaient autrement que nous ne déduisons maintenant a dû disparaître, cela semble de plus en plus vrai! Celui qui par exemple ne parvenait pas à découvrir assez souvent les « similitudes », pour ce qui en est de la nourriture, ou encore pour ce qui en est des animaux qui étaient ses ennemis, celui donc qui établissait trop lentement des catégories, ou qui était trop circonspect dans la subsomption diminuait ses chances de durée, plus que celui qui pour les choses semblables concluait immédiatement à l'égalité. Pourtant c'est un penchant prédominant à traiter, dès l'abord, les choses semblables comme si elles étaient égales — un penchant illogique, en somme, car en soi il n'y a rien d'égal — qui a le premier créé toute base de la logique. De même il fallut, pour que se formât le concept de substance, indispensable pour la logique — bien qu'au sens strict rien de réel n'y correspondît — que, longtemps, ce qu'il y a de changeant aux choses ne fût ni vu ni senti; les êtres qui ne voyaient pas très exactement avaient une avance sur ceux qui voyaient les « fluctuations » de toute chose. En soi, tout degré supérieur de circonspection dans les conclusions, tout penchant sceptique est déjà un grand danger pour la vie. Aucun être vivant ne serait conservé si le penchant contraire d'affirmer plutôt que de suspendre son jugement, de se tromper et de broder plutôt que d'attendre, d'approuver plutôt que de nier, de juger plutôt que d'être juste, n'avait été développé d'une façon extrêmement intense. — La suite des pensées et des déductions logiques, dans notre cerveau actuel, correspond à un processus, à une lutte d'instincts, en soit fort illogiques et injustes ; nous ne percevons généralement que le résultat de la lutte : tant cet antique mécanisme fonctionne maintenant en nous rapide et caché.

112.

CAUSE ET EFFET. — Nous appelons « explication » ce qui nous distingue des degrés de connaissance et de science plus anciens, mais ceci n'est que « description ». Nous décrivons mieux, — nous expliquons tout aussi peu que tous nos prédécesseurs. Nous avons découvert de multiples successions, là où l'homme naïf et le savant de cultures plus anciennes ne voyaient que deux choses : ainsi que l'on dit généralement, la « cause » et l' « effet » ; nous avons perfectionné l'image du devenir, mais nous n'avons pas dépassé l'image au delà de l'image. La suite des « causes » se présente en tous les cas plus complète devant nous ; nous déduisons : il faut que telle ou telle chose ait précédé pour que telle autre suive, — mais par cela nous n'avons rien compris. La qualité par exemple, dans chaque phénomène chimique, apparaît, avant comme après, comme un « miracle », de même tout mouvement en avant; personne n'a « expliqué » le choc. D'ailleurs, comment saurions-nous expliquer! Nous ne faisons qu'opérer avec des choses qui n'existent pas, avec des lignes, des surfaces, des corps, des atomes, des temps divisibles, des espaces divisibles, — comment une interprétation saurait-elle être possible, si, de toute chose, nous faisons d'abord une *image*, notre image? Il suffit de considérer la science comme une humanisation des choses, aussi fidèle que possible; nous apprenons à nous décrire nous-mêmes toujours plus exactement, en décrivant les choses et leur succession. Cause et effet : voilà une dualité comme il n'en existe probablement jamais, — en réalité nous avons devant nous une *continuité* dont nous isolons quelques parties; de même que nous ne percevons jamais un mouvement que comme une série de points isolés, en réalité nous ne le voyons donc pas, nous y inférons. La soudaineté que mettent certains effets à se détacher nous induit en erreur; cependant cette soudaineté n'existe que pour nous. Dans cette seconde de soudaineté il y a une infinité de phénomènes qui nous échappent. Un intellect qui verrait cause et effet comme une continuité et non, à notre façon, comme un morcellement arbitraire, qui verrait le flot des événements, — nierait l'idée de cause et d'effet et toute conditionnalité.

113.

Pour la science des poisons. — Il faut réunir tant de choses pour qu'il se forme une intelligence philosophique : et toutes les forces qui y sont nécessaires ont dû être inventées, exercées et entretenues séparément ! Mais dans leur isolement elles ont souvent produit un effet tout différent de celui qu'elles produisent maintenant, où elles se restreignent dans les limites de la pensée philosophique et se disciplinent réciproquement : — elles ont agi comme des poisons. Voyez par exemple l'instinct du doute, l'instinct de négation, l'instinct temporisateur, l'instinct collectionneur, l'instinct dissolvant. Il y a bien des hécatombes d'hommes qui ont été sacrifiées avant que ces instincts aient appris à comprendre leur juxtaposition et à se sentir réunis, en tant que fonctions d'une seule force organique, dans un seul homme ! Et combien nous sommes encore éloignés de voir se joindre, à la pensée scientifique, les facultés artistiques et la sagesse pratique de la vie, de voir se former un système organique supérieur par rapport auquel le savant, le médecin, l'artiste et le législateur, tels que nous les connaissons maintenant, apparaîtraient comme d'insuffisantes antiquités !

114.

Limites du domaine moral. — Nous construisons immédiatement une nouvelle image que nous voyons à l'aide de vieilles expériences que nous avons faites, *selon le degré* de notre sincérité et de notre esprit de justice. Il n'existe pas d'autres événements moraux, pas même dans le domaine de la perception des sens.

115.

Les quatre erreurs. — L'homme a été élevé par ses erreurs: en premier lieu il ne se vit toujours qu'incomplètement, en second lieu il s'attribua des qualités imaginaires, en troisième lieu il se sentit dans un rapport faux vis-à-vis des animaux et de la nature, en quatrième lieu il inventa des tables du bien toujours nouvelles, les considérant, pendant un certain temps, comme éternelles et absolues, en sorte que tantôt tel instinct humain, tantôt tel autre occupait la première place, anobli par suite de cette appréciation. Déduit-on l'effet de ces quatre erreurs, on soustraira en même temps l'humanité, l'humanitarisme et la « dignité humaine ».

116.

Instinct de troupeau. — Partout où nous rencontrons une morale, nous rencontrons une évaluation et un classement des actions et des instincts humains. Ces évaluations et ces classements sont toujours l'expression des besoins d'une communauté ou d'un troupeau. Ce qui, en premier lieu, est utile au troupeau — et aussi en deuxième et en troisième lieu —, est aussi la mesure supérieure pour la valeur de tous les individus. Par la morale l'individu est instruit à être fonction du troupeau et à ne s'attribuer de la valeur qu'en tant que fonction. Les conditions pour le maintien d'une communauté ayant été très différentes de ces conditions dans une autre communauté, il s'ensuivit qu'il y eut des morales très différentes ; et, en regard des transformations importantes des troupeaux et des communautés, des États et des Sociétés, transformations que l'on peut prévoir, on peut prophétiser qu'il y aura encore des morales très divergentes. La moralité, c'est l'instinct du troupeau chez l'individu.

117.

Remords de troupeau. — Dans les temps les plus reculés de l'humanité et pendant la période la plus longue, il y eut un remords bien différent de celui de nos jours. Aujourd'hui l'on ne se sent responsable que de ce que l'on veut et de ce que l'on fait, et la fierté ne vient que de ce que l'on a en soi : tous nos juristes partent de ce sentiment de dignité et de plaisir propre à l'individu, comme si de tous temps la source du droit en avait jailli. Mais, pendant la période la plus longue de l'humanité, il n'y eut rien de plus terrible que de se sentir isolé. Etre seul, sentir d'une façon isolée, ni obéir ni dominer, signifier un individu — ce n'était point alors un plaisir mais une punition ; on était *condamné* à être « individu ». La liberté de penser était regardée comme le déplaisir par excellence. Tandis que nous ressentons la loi et l'ordonnance comme une contrainte et un dommage, on considérait autrefois l'égoïsme comme une chose pénible, comme un véritable mal. Etre soi-même, s'évaluer soi-même d'après ses propres mesures et ses propres poids — cela passait alors pour inconvenant. Un penchant que l'on aurait manifesté dans ce sens aurait passé pour de la folie : car toute misère et toute crainte était liée à la solitude. Alors le « libre arbitre » était voisin de la mauvaise conscience, et plus l'on agissait d'une façon dépendante, plus l'instinct de troupeau, et non le sens personnel, ressortait de l'action, plus on se considérait comme moral. Tout ce qui nuisait au troupeau, que l'individu l'ait voulu ou non, lui causait alors des remords — et non seulement à lui, mais encore à son voisin, oui même à tout le troupeau ! — C'est en cela que nous avons le plus changé notre façon de penser.

118.

BIENVEILLANCE. — Cela est-il vertueux qu'une cellule se transforme jusqu'à remplacer ses fonctions par celles d'une cellule plus forte? Il faut qu'elle le fasse. Et est-ce mal quand la cellule plus forte s'assimile la cellule plus faible ? Il faut également qu'elle le fasse ; cela est donc nécessaire pour elle, car elle aspire à un dédommagement abondant et elle veut se régénérer. On aura donc à distinguer dans la bienveillance : l'instinct d'assimilation et l'instinct de soumission, selon que le plus fort ou le plus faible marquent de la bienveillance. Le plaisir et le désir d'accaparer se réunissent chez le plus fort qui veut transformer quelque chose en une de ses fonctions; le plaisir et le désir d'être accaparé chez le plus faible qui aimerait devenir fonction. — La pitié est essentiellement la première chose, une émotion agréable de l'instinct d'assimilation à l'aspect du plus faible : il faut d'ailleurs songer que « fort » et « faible » sont des concepts relatifs.

119.

Pas d'altruisme. — Je remarque chez beaucoup d'êtres un excédent de force et un plaisir à vouloir être fonction; ils se pressent vers les endroits et ils ont le flair le plus subtil pour les endroits où c'est précisément *eux* qui peuvent être fonction. Certaines femmes font partie de ces êtres, ce sont celles qui s'identifient avec la fonction d'un homme, une fonction mal développée, et qui deviennent ainsi sa politique, sa bourse, ou sa sociabilité. De pareils êtres se conservent le mieux lorsqu'ils s'implantent dans un organisme étranger; si cela ne leur réussit pas ils s'irritent, s'aigrissent et finissent par se dévorer eux-mêmes.

120.

Santé de l'ame. — La célèbre formule de médecine morale (dont Ariston de Chios est l'auteur) : « la vertu est la santé de l'âme » devrait, pour que l'on puisse l'utiliser, être du moins transformée ainsi : « Ta vertu est la santé de ton âme. » Car en soi il n'y a point de santé et toutes les tentatives pour donner ce nom à une chose ont misérablement avorté. Il importe de connaître ton but, ton horizon, tes forces, tes impulsions, tes erreurs et surtout l'idéal et les fantômes de ton âme pour déterminer ce que signifie la santé, même pour ton *corps*. Il existe donc d'innombrables santés du corps ; et plus on permet à l'individu et à l'incomparable de lever la tête, plus on désapprend le dogme de « l'égalité des hommes », plus il faudra que nos médecins perdent la notion d'une santé normale, d'une diète normale, du cours normal de la maladie. Et, alors seulement, il sera peut-être temps de réfléchir à la santé et à la maladie de l'*âme* et de mettre la vertu particulière de chacun dans cette santé : il est vrai que la santé de l'âme pourrait ressembler chez l'un au contraire de la santé chez l'autre. Et finalement la grande question demeurerait ouverte : savoir si nous pouvons nous *passer* de la maladie, même pour le développement de notre vertu, et si particulièrement notre soif de connaissance et de connaissance de soi n'a pas autant besoin de l'âme malade que de l'âme bien portante : en un mot si la seule volonté de santé n'est pas un préjugé, une lâcheté, et peut-être un reste de la barbarie la plus subtile et de l'esprit rétrograde.

121.

La vie n'est pas un argument. — Nous avons apprêté à notre usage un monde où nous puissions vivre — en admettant l'existence de corps, de lignes, de surfaces, de causes et d'effets, du mouvement et du repos, de la forme et de son contenu : sans ces articles de foi personne ne supporterait de vivre! Mais ce n'est pas là une preuve à l'appui de ces articles. La vie n'est pas un argument; parmi les conditions de la vie pourrait se trouver l'erreur.

122.

Le scepticisme moral dans le chritianisme. — Le christianisme, lui aussi, a largement contribué au rationalisme : il a enseigné le scepticisme moral d'une façon très énergique et pénétrante ; accusateur abreuvant d'amertume, mais avec une patience et une subtilité infatigables, il anéantit dans chaque individu la foi en sa « vertu » ; il fit disparaître à tout jamais de la terre ces grands vertueux qui abondaient dans l'antiquité, ces hommes populaires qui se promenaient dans la foi en leur perfection avec une dignité de toréador. Si nous lisons maintenant, élevés comme nous le sommes dans cette école chrétienne du scepticisme, les livres de morale des anciens, par exemple Sénèque et Epictète, nous éprouvons une plaisante supériorité, des vues et des compréhensions secrètes nous saisissent et nous croyons entendre parler un enfant devant un vieillard, ou bien une jeune et belle enthousiaste devant La Rochefoucauld : nous connaissons mieux ce qui s'appelle la vertu! Mais, en fin de compte, nous avons appliqué aussi ce même scepticisme aux états d'âme et aux phénomènes *religieux*, comme le péché, le repentir, la grâce, la sanctification, et nous avons laissé ronger le ver si profondément que maintenant, à la lecture des livres chrétiens, nous éprouvons le même sentiment de fine supériorité et de connaissance de cause : — nous connaissons aussi mieux les sentiments religieux ! Et il est temps de les bien connaître et de les bien décrire, car les croyants de l'ancienne foi tendent eux aussi à disparaître : — sauvons du moins leur image et leur type pour la connaissance.

123.

La connaissance est plus qu'un moyen. — Même *sans* cette nouvelle passion — j'entends la passion de la connaissance — la science progresserait : jusqu'à présent elle s'est accrue et est devenue grande sans celle-ci. La bonne foi en la science, le préjugé en sa faveur, dont nos Etats sont maintenant dominés (autrefois c'était même l'Eglise), repose au fond sur ce fait que très rarement ce penchant irrésistible s'est révélé en elle et qu'en somme la science n'est *pas* considérée comme une passion, mais bien plutôt comme une condition et un « *ethos* ». Oui, parfois suffit déjà *l'amour-plaisir* de la connaissance (curiosité), il suffit de *l'amour-vanité*, de l'habitude de la science avec l'arrière-pensée d'honneurs et de sécurité matérielle, il suffit même, pour beaucoup, qu'ils ne sachent pas que faire du temps qu'ils ont à perdre et qu'ils l'emploient à lire, à collectionner, à classer, à observer, à raconter ; leur « penchant scientifique » n'est pas autre chose que de l'ennui. Le pape Léon X avait une fois chanté *les* louanges de la science (dans le bref à Béroalde) : il la désignait comme le plus bel ornement et le plus grand orgueil de notre vie, comme une noble occupation, dans le bonheur et dans le malheur. « Sans elle, dit-il pour finir, toute entreprise humaine serait sans point d'appui, — et même avec elle tout cela demeure bien assez changeant et incertain ! » Mais ce pape, passablement sceptique, tait, comme tous les louangeurs ecclésiastiques, son dernier jugement sur la science. On remarquera peut-être, dans ses paroles, qu'il place la science au-dessus de l'art, ce qui est assez singulier pour un ami de l'art, mais ce n'est en somme qu'une amabilité s'il ne parle pas de ce que, lui aussi, place bien au-dessus de la science : de la « vérité révélée » et et de l' « éternel salut de l'âme », — que lui sont, à côté de cela, les parures, les fiertés, les divertissements et les garanties de la vie ! « La science est une chose de deuxième rang, ce n'est pas une chose dernière, absolue, un objet de la passion, » — ce jugement resta au fond de l'âme du pape Léon : c'est le véritable jugement chrétien sur la science ! Dans l'antiquité la dignité et la légitimité de la science en étaient tellement amoindries que, même parmi ses disciples les plus fervents, l'aspiration à la *vertu* se trouvait au premier rang et que l'on croyait avoir décerné à la connaissance la plus haute louange en la glorifiant comme le meilleur chemin pour parvenir à la vertu. C'est une chose nouvelle dans l'histoire que la connaissance veuille être plus qu'un moyen.

124.

Dans l'horizon de l'infini. — Nous avons quitté la terre et sommes montés à bord ! Nous avons brisé le pont qui était derrière nous, — mieux encore, nous avons brisé la terre qui était derrière nous ! Eh bien ! petit navire, prends garde ! A tes côtés il y a l'océan : il est vrai qu'il ne mugit pas toujours, et parfois sa nappe s'étend comme de la soie et de l'or, une rêverie de bonté. Mais il viendra des heures où tu reconnaîtras qu'il est infini et qu'il n'y a rien de plus terrible que l'infini. Hélas ! pauvre oiseau, toi qui t'es senti libre, tu te heurtes maintenant aux barreaux de cette cage ! Malheur à toi, si tu es saisi du mal du pays de la terre, comme s'il y avait eu là plus de *liberté*, — et maintenant il n'y a plus de « terre » !

125.

L'insensé. — N'avez-vous pas entendu parler de cet homme fou qui, en plein jour, allumait une lanterne et se mettait à courir sur la place publique en criant sans cesse : « Je cherche Dieu ! Je cherche Dieu ! » — Comme il se trouvait là beaucoup de ceux qui ne croient pas en Dieu son cri provoqua une grande hilarité. A-t-il donc été perdu ? disait l'un. S'est-il égaré comme un enfant ? demandait l'autre. Ou bien s'est-il caché ? A-t-il peur de nous ? S'est-il embarqué ? A-t-il émigré ? — ainsi criaient et riaient-ils pêle-mêle. Le fou sauta au milieu d'eux et les transperça de son regard. « Où est allé Dieu, s'écria-t-il, je veux vous le dire ! *Nous l'avons tué*, — vous et moi ! Nous tous, nous sommes ses assassins ! Mais comment avons-nous fait cela ? Comment avons-nous pu vider la mer ? Qui nous a donné l'éponge pour effacer l'horizon ? Qu'avons-nous fait lorsque nous avons détaché cette terre de la chaîne de son soleil ? Où la conduisent maintenant ses mouvements ? Où la conduisent nos mouvements ? Loin de tous les soleils ? Ne tombons-nous pas sans cesse ? En avant, en arrière, de côté, de tous les côtés ? Y a-t-il encore un en-haut et un en-bas ? N'errons-nous pas comme à travers un néant infini ? Le vide ne nous poursuit-il pas de son haleine ? Ne fait-il pas plus froid ? Ne voyez-vous pas sans cesse venir la nuit, plus de nuit ? Ne faut-il pas allumer les lanternes avant midi ? N'entendons-nous rien encore du bruit des fossoyeurs qui enterrent Dieu ? Ne sentons-nous rien encore de la décomposition divine ? — les dieux, eux aussi, se décomposent ! Dieu est mort ! Dieu reste mort ! Et c'est nous qui l'avons tué ! Comment nous consolerons-nous, nous, les meurtriers des meurtriers ? Ce que le monde a possédé jusqu'à présent de plus sacré et de plus puissant a perdu son sang sous notre couteau — qui effacera de nous ce sang ? Avec quelle eau pourrons-nous nous purifier ? Quelles expiations, quels jeux sacrés serons-nous forcés d'inventer ? La grandeur de cet acte n'est-elle pas trop grande pour nous ? Ne sommes-nous pas forcés de devenir nous-mêmes des dieux pour du moins paraître dignes des dieux ? Il n'y eut jamais action plus grandiose, et ceux qui pourront naître après nous appartiendront, à cause de cette action, à une histoire plus haute que ne fut jamais toute histoire. »— Ici l'insensé se tut et regarda de nouveau ses auditeurs : eux aussi se turent et le dévisagèrent avec étonnement. Enfin il jeta à terre sa lanterne, en sorte qu'elle se brisa en morceaux et s'éteignit. « Je viens trop tôt, dit-il alors, mon temps n'est pas encore accompli. Cet événement énorme est encore en route, il marche — et n'est pas encore parvenu jusqu'à l'oreille des hommes. Il faut du temps à l'éclair et au tonnerre, il faut du temps à la lumière des astres, il faut du temps aux actions, même lorsqu'elles sont accomplies, pour être vues et entendues. Cet acte-là est encore plus loin d'eux que l'astre le plus éloigné, — *et pourtant c'est eux qui l'ont accompli !* » — On raconte encore que ce fou aurait pénétré le même jour dans différentes églises et y aurait entonné son *Requiem æternam deo*. Expulsé et interrogé il n'aurait cessé de répondre la même chose : « A quoi servent donc ces églises, si elles ne sont pas les tombes et les monuments de Dieu ? »

126.

EXPLICATIONS MYSTIQUES. — Les explications mystiques sont considérées comme profondes ; en réalité il s'en faut de beaucoup qu'elles soient même superficielles.

127.

EFFET DE LA PLUS ANCIENNE RELIGIOSITÉ. —

L'homme irréfléchi se figure que seule la volonté est agissante ; vouloir serait selon lui quelque chose de simple, de prévu, d'indéductible, de compréhensible en soi. Il est convaincu, lorsqu'il fait quelque chose, par exemple lorsqu'il porte un coup, que c'est *lui* qui frappe, et qu'il frappe parce qu'il *voulait* frapper. Il ne remarque pas du tout qu'il y a là un problème, car la sensation de la *volonté* lui suffit, non seulement pour admettre la cause et l'effet, mais encore pour croire qu'il *comprend* leur rapport. Il ne sait rien du mécanisme de l'action et du centuple travail subtil qui doit s'accomplir pour qu'il en arrive à frapper, de même il ne sait rien de l'incapacité foncière de la volonté pour faire même la plus petite partie de ce travail. La volonté est pour lui une force qui agit d'une façon magique : une foi en la volonté, comme cause d'effets, est une foi en des forces agissant d'une façon magique. Or, primitivement, l'homme, partout où il voyait une action, imaginait une volonté comme cause, un être doué d'un vouloir personnel agissant à l'arrière-plan, — l'idée de mécanique était bien loin de lui. Mais puisque l'homme, durant de longs espaces de temps, n'a cru qu'en des personnes (et non à des matières, des forces, des objets, etc.), la croyance aux causes et aux effets est devenue pour lui croyance fondamentale, dont il se sert partout où quelque chose arrive, — et cela aujourd'hui encore, instinctivement, comme une sorte d'atavisme d'origine ancienne. Les principes « pas d'effet sans cause », « chaque effet est une nouvelle cause » apparaissent comme des généralisations de principes au sens plus restreint : « où l'on a agi, on a voulu », « on ne peut agir que sur des êtres voulant », « il n'y a pas de subissement, pur et sans effet, d'une cause ; tout subissement est une excitation de la volonté » (de la volonté d'action, de défense, de vengeance, de représailles), — mais, dans les temps primitifs de l'humanité, ces principes étaient identiques, les premiers n'étaient pas les généralisations des seconds, mais les seconds des interprétations des premiers. — Schopenhauer, avec sa supposition que tout ce qui est est d'essence voulante, a élevé sur le trône une antique mythologie ; il ne semble jamais avoir tenté d'analyse de la volonté, puisqu'il croyait à la simplicité et à l'immédiateté du vouloir, comme tout le monde : — tandis que vouloir n'est qu'un mécanisme si bien mis en jeu qu'il échappe presque à l'œil observateur. En opposition avec Schopenhauer, je pose ces principes : Premièrement, pour qu'il y ait volonté, une représentation de plaisir et de déplaisir est nécessaire. En second lieu : qu'une violente irritation produise une sensation de plaisir ou de déplaisir, c'est affaire de l'intellect *interprétateur* ; une même irritation peut recevoir une interprétation de plaisir ou de déplaisir. En troisième lieu : il n'y a que chez les êtres intellectuels qu'il y a plaisir, déplaisir et volonté ; l'énorme majorité des organismes n'en éprouve rien.

128.

LA VALEUR DE LA PRIÈRE. — La prière a été inventée pour les hommes qui, par eux-mêmes, n'ont jamais de pensées et qui ne connaissent pas ou laissent échapper sans s'en apercevoir l'élévation de l'âme: que doivent faire ceux-ci dans les lieux saints et dans toutes les situations importantes de la vie qui exigent la tranquillité et une espèce de dignité ? Pour que du moins ils ne *gênent* pas, la sagesse de tous les fondateurs de religions, des petits comme des grands, a recommandé la formule de la prière, tel un long travail mécanique des lèvres, allié à un effort de mémoire, avec une position uniformément déterminée des mains, des pieds et des yeux. Qu'ils ruminent donc, pareils aux habitants du Tibet, leur innombrable « *om mane padme hum* », ou qu'ils comptent sur leurs doigts, comme à Benarès, le nom du dieu Ram-Ram-Ram (et ainsi de suite, avec ou sans grâce), ou qu'ils vénèrent Vichnou avec ses mille, Allah avec ses quatre-vingt-dix-neuf appellations, ou qu'ils se servent de moulins à prière ou de rosaires, — l'essentiel c'est qu'avec ce travail ils soient immobilisés pendant un certain temps et offrent un aspect supportable: leur façon de prier a été inventée à l'avantage des gens pieux qui connaissent les pensées et les exaltations puisées en eux-mêmes. Et ceux-ci même ont leurs heures de fatigue où une série de paroles et de sons vénérables et une mécanique pieuse leur font du bien. Mais, en admettant que ces hommes rares, — dans toutes les religions l'homme religieux est une exception — sachent s'aider par eux-mêmes, ces pauvres d'esprit n'arrivent pas à se tirer d'affaire, et leur défendre de marmotter des prières c'est leur prendre leur religion, comme le **protestantisme** réussit à le faire de plus en plus. La religion n'exige d'eux pas plus que de se *tenir tranquilles*, avec les yeux, les mains, les jambes et toute espèce d'organes, de cette façon ils sont momentanément embellis et — rendus plus humains.

129.

Les conditions de Dieu. — « Dieu lui-même ne peut pas subsister sans les hommes sages, » — a dit Luther, et à bon droit ; mais « Dieu peut encore moins subsister sans les insensés » — c'est ce que le bon Luther n'a pas dit.

130.

Une résolution dangereuse. — La résolution chrétienne de trouver le monde laid et mauvais a rendu le monde laid et mauvais.

131.

Le christianisme et le suicide. — Au temps de sa formation, le christianisme s'est servi de l'énorme désir de suicide pour en faire un levier de sa puissance : il ne garda que deux formes de suicide, les revêtit des plus hautes dignités et des plus hauts espoirs et défendit toutes les autres avec des menaces terribles. Mais le martyre et le lent anéantissement de l'ascétisme étaient permis.

132.

Contre le christianisme. — Maintenant, c'est notre goût qui décide contre le christianisme, ce ne sont plus nos arguments.

133.

Principe. — Une hypothèse inévitable, à laquelle l'humanité sera toujours forcée de revenir, finit par être à la longue plus *puissante* que la foi la plus vivace en quelque chose qui n'est pas vrai (par exemple la foi chrétienne). A la longue, cela veut dire sur un espace de cent mille années.

134.

Les pessimistes comme victimes. — Partout où un profond déplaisir de vivre prend le dessus, se manifestent les effets ultérieurs d'un grand écart de régime dont un peuple s'est longtemps rendu coupable. Ainsi le développement du boudhisme (*non* son origine) est dû en grande partie à l'abus d'une nourriture exclusivement composée de riz et à l'amollissement général qui en résulte. Peut-être le mécontentement des temps modernes en Europe vient-il de ce que nos ancêtres, à travers tout le Moyen âge, grâce à l'influence du goût germanique sur l'Europe, étaient adonnés à la boisson : Moyen âge, cela veut dire empoisonnement de l'Europe par l'alcool. — Le pessimisme allemand est essentiellement de la langueur hivernale, sans oublier l'effet de l'air renfermé et du poison répandu par les poêles dans les habitations allemandes.

135.

Origine du péché. — Le péché, tel qu'on le considère aujourd'hui, partout où le christianisme règne ou a jamais régné, le péché est un sentiment juif et une invention juive, et, par rapport à cet arrière-plan de toute moralité chrétienne, le christianisme a cherché en effet à judaïser le monde entier. On sent de la façon la plus fine jusqu'à quel point cela lui a réussi en Europe, au degré d'étrangeté que l'antiquité grecque — un monde dépourvu de sentiment du péché — garde toujours pour notre sensibilité, malgré toute la bonne volonté de rapprochement et d'assimilation dont des générations entières et beaucoup d'excellents individus n'ont pas manqué. « Ce n'est que si tu te *repens* que Dieu sera miséricordieux pour toi » — de telles paroles provoqueraient chez un Grec le rire et la colère ; il s'écrierait : « Voilà des sentiments d'esclaves ! » Ici l'on admet un Dieu puissant, d'une puissance suprême, et pourtant un Dieu vengeur. Sa puissance est si grande que l'on ne peut en général pas lui causer de dommage, sauf pour ce qui est de l'honneur. Tout péché est un manque de respect, un *crimen læsæ majestatis divinæ* — et rien de plus ! Contrition, déshonneur, humiliation — voilà les premières et dernières conditions à quoi se rattache sa grâce ; il demande donc le rétablissement de son honneur divin ! Si d'autre part le péché cause un dommage, s'il s'implante avec lui un désastre profond et grandissant qui saisit et étouffe un homme après l'autre, comme une maladie — cela préoccupe peu cet oriental avide d'honneurs, là-haut dans le ciel : le péché est un manquement envers lui et non envers l'humanité ! — A celui à qui il a accordé sa grâce il accorde aussi cette insouciance des suites naturelles du péché. Dieu et l'humanité sont imaginés ici si séparés, tellement en opposition l'un avec l'autre, qu'au fond il est tout à fait impossible de pécher contre cette dernière, — toute action ne doit être considérée qu'au point de vue de ses *conséquences surnaturelles*, sans se soucier des conséquences naturelles : ainsi le veut le sentiment juif pour lequel tout ce qui est naturel est indigne en soi. Les *Grecs*, par contre, admettaient volontiers l'idée que le sacrilège lui aussi pouvait avoir de la dignité — même le vol comme chez Prométhée, même le massacre du bétail, comme manifestation d'une jalousie insensée, comme chez Ajax : c'est dans leur besoin d'imaginer de la dignité pour le sacrilège et de l'y incorporer qu'ils ont inventé la *tragédie*, — un art et une joie qui, malgré les dons poétiques et le penchant vers le sublime, chez le juif, lui sont demeurés profondément étrangers.

136.

LE PEUPLE ÉLU. — Les juifs qui ont le sentiment d'être le peuple élu parmi les peuples, et cela parce qu'ils sont le génie moral parmi les peuples (grâce à la faculté de mépriser l'homme en soi, faculté développée chez eux plus que chez aucun peuple) — les juifs prennent à leur monarque divin, à leur saint un plaisir analogue à celui que prenait la noblesse française devant Louis XIV. Cette noblesse, s'étant laissé prendre toute sa puissance et toute son autocratie, était devenue méprisable : pour ne point sentir cela, pour pouvoir l'oublier, elle avait besoin d'une splendeur royale, d'une autorité royale, d'une plénitude *sans égale* dans la puissance, à quoi seule la noblesse avait accès. En s'élevant conformément à ce privilège à la hauteur de la cour, pour voir tout au-dessous de soi, pour considérer tout comme méprisable, on arrivait à passer sur l'irritabilité de la conscience. C'est ainsi qu'avec intention on édifiait la tour de la puissance royale, toujours plus dans les nuages, en y adossant les dernières pierres de sa propre puissance.

137.

Pour parler en images. — Un Jésus-Christ ne pouvait être possible que dans un paysage judaïque — je veux dire dans un paysage sur lequel était toujours suspendue la sublime nuée d'orage de Jéhova en colère. Là seulement on pouvait considérer le passage rare et soudain d'un seul rayon de soleil à travers l'horrible et continuel ciel nocturne, comme un miracle de l'amour, comme un rayon de la « grâce » imméritée. Là seulement le Christ pouvait rêver son arc-en-ciel et son échelle céleste sur laquelle Dieu descendait vers les hommes ; partout ailleurs le beau temps et le soleil étaient trop considérés comme la règle quotidienne.

138.

L'ERREUR DU CHRIST. — Le fondateur du christianisme s'imaginait que rien ne faisait souffrir davantage les hommes que leurs péchés : — c'était une erreur, l'erreur de celui qui se sent sans péchés, qui en cela manquait d'expérience! Ainsi son âme s'emplit de cette merveilleuse pitié qui allait à un mal dont son peuple lui-même, l'inventeur du péché, souffrait rarement comme d'un mal! — Mais les chrétiens ont su donner raison à leur maître après coup, ils ont sanctifié son erreur pour en faire une « vérité ».

139.

COULEUR DES PASSIONS. — Des natures comme celle de l'apôtre Paul ont le mauvais œil pour les passions ; ils n'apprennent à en connaître que ce qui est malpropre, que ce qui défigure et brise les cœurs, — leur aspiration idéale serait donc la destruction des passions : pour eux ce qui est divin en est complètement dépourvu. A l'inverse de Paul et des Juifs, les Grecs ont porté leur aspiration idéale précisément sur les passions, ils ont aimé, élevé, doré et divinisé les passions ; il est clair que dans la passion ils se sentaient non seulement plus heureux, mais encore plus purs et plus divins qu'en temps ordinaire. — Et les chrétiens? Voulaient-ils en cela devenir des juifs? Le sont-ils peut-être devenus?

140.

TROP JUIF. — Si Dieu avait voulu devenir un objet d'amour, il aurait dû commencer par renoncer à rendre la justice : — un juge, et même un juge clément, n'est pas un objet d'amour. Pour comprendre cela le fondateur du christianisme n'avait pas le sens assez subtil, — il était juif.

141.

TROP ORIENTAL. — Comment? Un Dieu qui aime les hommes, à condition qu'ils croient en lui, ce Dieu lancerait des regards terribles et des menaces à celui qui n'a pas foi en cet amour! Comment? Un amour avec des clauses, tel serait le sentiment du Dieu tout-puissant? Un amour qui ne s'est même pas rendu maître du point d'honneur et de la vengeance irritée! Combien tout cela est oriental! « Si je t'aime, est-ce que cela te regarde? » — c'est déjà là une critique suffisante de tout le christianisme.

142.

FUMIGATIONS. — Le Bouddha dit : « Ne flatte pas ton bienfaiteur ! » Que l'on répète ces paroles dans une église chrétienne; — immédiatement elles nettoient l'air de tout ce qui est chrétien.

143.

LA PLUS GRANDE UTILITÉ DU POLYTHÉISME. — Que

chaque individu puisse édifier son *propre* idéal pour en déduire sa loi, ses plaisirs et ses droits, c'est ce qui fut considéré, je crois, jusqu'à présent comme la plus monstrueuse de toutes les aberrations humaines, comme l'idolâtrie par excellence ; en effet, le petit nombre de ceux qui ont osé cela a toujours eu besoin d'une apologie devant soi-même, et c'était généralement celle-ci : « Non pas moi ! pas moi ! mais *un dieu* par moi ! » Ce fut dans un art merveilleux, dans la force de créer des dieux — le polythéisme — que cet instinct put se décharger, se purifier, se perfectionner, s'anoblir, car primitivement c'était là un instinct vulgaire, chétif, parent de l'entêtement, de la désobéissance et de l'envie. *Combattre* cet instinct d'un idéal personnel: ce fut autrefois le commandement de toute moralité. Il n'y avait alors qu'un seul modèle, « l'homme » — et chaque peuple croyait *posséder* ce seul et dernier modèle. Mais au-dessus de soi et en dehors de soi, dans un lointain monde supérieur, on pouvait voir *un grand nombre de modèles*: tel dieu n'était pas la négation et le blasphémateur de tel autre ! C'est là que l'on se permit pour la première fois les individus, c'est là que fut honoré pour la première fois le droit des individus. L'invention de dieux, de héros, de surhumains de toutes espèces, ainsi que d'hommes conformés différemment et de soushumains, de nains, de fées, de centaures, de satyres, de démons et de diables était l'inappréciable préparation à justifier l'égoïsme et la glorification de l'individu : la liberté que l'on accordait à un dieu à l'égard des autres dieux, on finit par se l'accorder à soi-même à l'égard des lois, des mœurs et des voisins. Le monothéisme, au contraire, cette conséquence rigide de la doctrine d'un homme normal — donc la foi en un dieu normal, à côté duquel il n'y a que des faux-dieux mensongers — fut peut-être jusqu'à présent le plus grand danger de l'humanité; c'est alors que l'humanité fut menacée de cet arrêt prématuré que la plupart des autres espèces animales, autant que nous pouvons en juger, ont atteint depuis longtemps; ces espèces animales qui croient toutes à un animal normal, à un idéal de leur espèce, et qui se sont définitivement identifiées à la moralité des mœurs. Dans le polythéisme se trouvait l'image première de la libre pensée et de la pensée multiple de l'homme : la force de se créer des yeux nouveaux et personnels, des yeux toujours plus nouveaux et toujours plus personnels : en sorte que, pour l'homme seul, parmi tous les animaux, il n'y a pas d'horizons et de perspectives éternels.

144.

Guerres de religion. — Le plus grand progrès des masses fut jusqu'à présent la guerre de religion, car elle est la preuve que la masse a commencé à traiter les idées avec respect. Les guerres de religion ne commencent que lorsque, par les subtiles disputes des sectes, la raison générale s'est affinée, en sorte que la populace elle-même devient pointilleuse, prend les petites choses au sérieux, et finit même par admettre que « l'éternel salut de l'âme » dépend des petites différences d'idées.

145.

Danger des végétariens. — L'énorme prédominance du riz comme nourriture pousse à l'usage de l'opium et des narcotiques, de même que l'énorme prédominance des pommes de terre comme nourriture pousse à l'alcool : — mais par un contre-coup plus subtil, cette nourriture pousse aussi à des façons de penser et de sentir qui ont un effet narcotique. Dans le même ordre d'idées, les promoteurs des façons de penser et de sentir narcotiques, comme ces philosophes indous, vantent précisément un régime dont ils voudraient faire une loi pour les masses, un régime qui est purement végétarien : ils veulent ainsi provoquer et augmenter le besoin qu'ils sont, *eux*, capables de satisfaire.

146.

Espoirs allemands. — N'oublions donc pas que les noms des peuples sont généralement des noms injurieux. Les Tartares, par exemple, d'après leur nom, s'appellent « les chiens », c'est ainsi qu'ils furent baptisés par les Chinois. Les Allemands — « *die Deutschen* » — cela veut dire primitivement les « païens » : c'est ainsi que les Goths, après leur conversion, désignèrent la grande masse de leurs frères de même race qui n'étaient pas encore baptisés, d'après les instructions de leur traduction des Septante, où les païens étaient désignés par le mot qui signifie en grec « les peuples » : on peut comparer Ulphilas. — Il serait encore possible que les Allemands se fissent après coup un honneur d'un nom qui était une antique injure, en devenant le premier peuple *non-chrétien* de l'Europe : à quoi Schopenhauer leur imputait à honneur d'être doués au plus haut degré. Ainsi s'achèverait l'œuvre de Luther qui leur avait appris à être anti-romains et de dire : « Me voici ! *Je* ne puis faire autrement ! »

147.

QUESTION ET RÉPONSE. — Qu'est-ce que les peuplades sauvages empruntent maintenant en premier lieu aux Européens ? L'alcool et le christianisme, les narcotiques de l'Europe. — Et qu'est-ce qui les fait dépérir le plus rapidement ? — Les narcotiques de l'Europe.

148.

Où NAISSENT LES RÉFORMÉS. — Du temps de la grande corruption de l'Eglise, l'Eglise était le moins corrompue en Allemagne : c'est pourquoi la Réforme naquit *là*, comme un signe que déjà les commencements de la corruption paraissaient insupportables. Car, sous certains rapports, aucun peuple n'a jamais été moins chrétien que les Allemands du temps de Luther : leur civilisation chrétienne allait être prête à s'épanouir dans la splendeur d'une floraison centuple, — il ne manquait plus qu'une seule nuit ; mais celle-ci apporta la tempête qui mit fin à tout cela.

149.

Insuccès des réformes. — C'est à l'honneur de la culture supérieure des Grecs que, même en des temps assez reculés, les tentatives de fonder de nouvelles religions grecques aient plusieurs fois échoué ; cela fait croire qu'il y eut très anciennement en Grèce une foule d'individus différents dont les multiples misères ne s'abolissaient pas avec une unique ordonnance de foi et d'espérance. Pythagore et Platon, peut-être aussi Empédocle, et bien antérieurement les enthousiastes orphiques firent effort pour fonder de nouvelles religions; et les deux premiers avaient si véritablement l'âme et le talent des fondateurs de religions que l'on ne peut pas assez s'étonner de leur insuccès ; mais ils n'arrivèrent que jusqu'à la secte. Chaque fois que la réforme de tout un peuple ne réussit pas et que ce sont seulement des sectes qui lèvent la tête, on peut conclure que le peuple a déjà des tendances très multiples et qu'il commence à se détacher des grossiers instincts de troupeau et de la moralité des mœurs : un grave état de suspens que l'on a l'habitude de décrier sous le nom de décadence des mœurs et de corruption, tandis qu'il annonce au contraire la maturité de l'œuf et le prochain brisement de la coquille. Le fait que la Réforme de Luther ait réussi dans le nord est un indice que le nord de l'Europe était resté en arrière sur le midi et qu'il connaissait encore des besoins passablement uniformes et unicolores ; et il n'y aurait pas eu en général de christianisation de l'Europe si la culture de l'ancien monde méridional n'avait pas été barbarisée peu à peu par une excessive addition de sang germanique barbare et privée ainsi de sa prépondérance. Plus un individu ou bien plus les idées d'un individu peuvent agir d'une façon générale et absolue, plus il est nécessaire que la masse sur laquelle on agit soit composée d'éléments identiques et inférieurs; tandis que les mouvements d'opposition révèlent toujours des besoins opposés qui veulent, eux aussi, se satisfaire et se faire valoir. D'autre part on peut toujours conclure à une véritable supériorité de culture, quand des natures puissantes et dominatrices ne parviennent qu'à une influence médiocre, limitée à des sectes : il en est ainsi pour les différents arts et les domaines de la connaissance. Où l'on domine il y a des masses : où il y a des masses il y a un besoin d'esclavage. Où il y a de l'esclavage les individus sont en petit nombre, et ils ont contre eux les instincts de troupeaux et la conscience.

150.

POUR LA CRITIQUE DES SAINTS. — Faut-il donc, pour avoir une vertu, vouloir la posséder justement sous sa forme la plus brutale ? — telle que la désiraient les saints chrétiens, telle qu'ils en avaient besoin. Ces saints ne supportaient la vie qu'avec la pensée que l'aspect de leur vertu remplirait chacun du mépris de soi-même. Mais j'appelle brutale une vertu avec de pareils effets.

151.

De l'origine des religions. — Le besoin métaphysique n'est pas la source des religions, comme le prétend Schopenhauer, il n'en est que le *rejet*. Sous l'empire d'idées religieuses on s'est habitué à la représentation d'un « autre monde » (d'un « arrière-monde », d'un « sur-monde » ou d'un « sous-monde ») et la destruction des illusions religieuses vous laisse l'impression d'un vide inquiétant et d'une privation. — Alors renaît, de ce sentiment, un « autre monde », mais loin d'être un monde religieux, ce n'est plus qu'un monde métaphysique. Ce qui dans les temps primitifs a conduit à admettre un « autre monde » ne fut cependant *pas* un instinct et un besoin, mais une *erreur* d'interprétation de certains phénomènes de la nature, un embarras de l'intelligence.

152.

Le plus grand changement. — La lumière et les couleurs de toutes choses se sont transformées. Nous ne comprenons plus tout à fait comment les hommes anciens avaient la sensation du plus prochain et du plus fréquent, — par exemple du jour et des veilles : puisque les anciens croyaient aux rêves, la vie à l'état de veille s'éclairait d'autres lumières. Et de même toute la vie, avec le rejaillissement de la mort et de la signification de la mort : notre « mort » est une toute autre mort. Tous les événements brillaient d'une autre couleur, car un dieu rayonnait d'eux; de même toutes les décisions et toutes les prévisions d'un lointain avenir : car l'on avait les oracles et les secrets avertissements et l'on croyait aux prédictions. La « vérité » était conçue différemment, car l'aliéné pouvait autrefois passer pour son porte-paroles — ce qui *nous* fait frissonner ou rire. Toute injustice produisait une autre impression sur le sentiment : car l'on craignait des représailles divines et non pas seulement le déshonneur et la pénalité civile. Qu'était la joie en un temps où l'on croyait au diable et au tentateur? Qu'était la passion, lorsque l'on voyait, tout près, les démons aux aguets? Qu'était la philosophie, quand le doute était considéré comme un péché de l'espèce la plus dangereuse et, en outre, comme un blasphème envers l'amour éternel, comme une défiance de tout ce qui était bon, élevé, pur et pitoyable? — Nous avons donné aux choses une couleur nouvelle, et nous continuons sans cesse à les peindre autrement, — mais que pouvons-nous jusqu'à présent contre la splendeur de coloration de cette virtuose ancienne? — je veux dire l'ancienne humanité.

153.

Homo poeta. — « Moi-même, qui ai fait de mes propres mains cette tragédie des tragédies, jusqu'au point où elle est terminée, moi qui ai été le premier à nouer dans l'existence le nœud de la morale et qui ai tiré si fort qu'un dieu seul pourrait le défaire — car ainsi l'exige Horace! — moi-même j'ai maintenant tué tous les dieux au quatrième acte, — par moralité! Que doit-il advenir maintenant du cinquième? Où prendre le dénouement tragique du conflit ! — Faut-il que je commence à songer à un dénouement comique? »

154.

La vie plus ou moins dangereuse. — Vous ne savez pas du tout ce qui vous arrive, vous courez comme des gens ivres à travers la vie et vous tombez de temps en temps en bas d'un escalier. Mais grâce à votre ivresse vous ne vous cassez pas les membres : vos muscles sont trop fatigués et votre tête est trop obscure pour que vous trouviez les pierres de ces marches aussi dures que nous autres! Pour nous la vie est un plus grand danger : nous sommes de verre — malheur à nous si nous nous *heurtons!* Et tout est perdu si nous *tombons.*

155.

Ce qui nous manque. — Nous aimons la *grande* nature et nous l'avons découverte : cela vient de ce que les grands hommes manquent dans notre tête. Il en est inversement chez les Grecs : leur sentiment de la nature est différent du nôtre.

156.

Le plus influent. — Qu'un homme résiste à toute son époque, qu'il arrête cette époque à la porte pour lui faire rendre compte, *forcément* cela exercera de l'influence. Que cet homme le veuille, est indifférent; qu'il le *puisse*, voilà le principal.

157.

Mentiri. — Prends garde! — il réfléchit : dans un instant son mensonge sera prêt. Voilà un degré de culture sur lequel des peuples entiers se sont trouvés. Que l'on songe donc à ce que les Romains exprimaient par *mentiri!*

158.

Qualité gênante. — Trouver toute chose profonde — c'est là une qualité gênante : elle fait que l'on applique sans cesse ses yeux et que l'on finit toujours par trouver plus qu'on avait désiré.

159.

Chaque vertu a son temps. — A celui qui est maintenant inflexible, son honnêteté occasionne souvent des remords : car l'inflexibilité est une vertu d'un autre temps que l'honnêteté.

160.

Dans les rapports avec les vertus. — A l'égard des vertus on peut aussi être flatteur et sans dignité.

161.

Aux amoureux du temps. — Le prêtre défroqué et le forçat libéré se composent sans cesse un visage : ce qu'il leur faut, c'est un visage sans passé. — Mais avez-vous déjà vu des hommes qui savent que l'avenir se reflète sur leur visage et qui sont assez polis envers vous, qui êtes les amoureux du « temps actuel », pour se composer un visage sans avenir?

162.

Égoïsme. — L'égoïsme est la loi de la *perspective* dans le domaine du sentiment. D'après cette loi, les choses les plus proches paraissent grandes et lourdes, tandis qu'en s'éloignant tout décroît en dimension et en poids.

163.

Après une grande victoire. — Ce qu'il y a de mieux dans une grande victoire, c'est qu'elle enlève au vainqueur la crainte de la défaite. « Pourquoi ne serais-je pas une fois vaincu? — se dit-il : je suis maintenant assez riche pour cela. »

164.

Ceux qui cherchent le repos. — Je reconnais les esprits qui cherchent le repos au grand nombre d'objets *sombres* qu'ils placent autour d'eux : celui qui veut dormir obscurcit sa chambre ou bien se blottit dans une caverne. — Une indication pour ceux qui ne savent pas ce qu'ils cherchent au fond le plus et qui aimeraient bien le savoir!

165.

Bonheur du renoncement. — Celui qui se refuse une chose entièrement et pour longtemps croira presque l'avoir découverte lorsqu'il la rencontrera de nouveau par hasard, — et quel bonheur est celui de tous les explorateurs! Soyons plus sages que les serpents qui restent longtemps couchés sous le même soleil.

166.

Toujours en notre société. — Tout ce qui est de mon espèce, dans la nature et dans la société, me parle, me loue, me pousse en avant, me console —: le reste je ne l'entends pas, ou bien je m'empresse de l'oublier. Nous ne demeurons toujours qu'en notre société.

167.

Misanthropie et amour. — On ne dit que l'on est rassasié des hommes que lorsque l'on ne peut plus les digérer et que pourtant on en a l'estomac plein. La misanthropie est la conséquence d'un trop avide amour de l'humanité, d'une sorte d' « anthropophagie », — mais qui donc t'a poussé à avaler des hommes comme les huîtres, mon prince Hamlet?

168.

A PROPOS D'UN MALADE. — « Il va mal! — Qu'est-ce qu'il lui manque ? — Il souffre du désir d'être loué et son désir ne trouve pas de nourriture. — C'est incroyable, le monde entier lui fait fête, il est choyé et son nom est sur toutes les lèvres! — C'est qu'il a l'oreille dure pour les louanges. Si un ami le loue, il croit l'entendre se louer lui-même ; si un ennemi le loue, il croit que c'est pour qu'on le loue lui-même; et enfin si c'est quelqu'un des autres — ils ne sont pas nombreux, tant il est célèbre ! — il est offensé de ce que l'on ne veuille l'avoir ni pour ami, ni pour ennemi ; il a l'habitude de dire : Que m'importe quelqu'un qui est encore capable de faire le juge intègre à mon égard ! »

169.

ENNEMIS SINCÈRES. — La bravoure devant l'ennemi est une chose à part : avec cette bravoure on peut être un lâche ou bien un esprit brouillon et indécis. Tel était l'avis de Napoléon par rapport à « l'homme le plus brave » qu'il connaissait, Murat : — d'où il faut conclure que les ennemis sincères sont indispensables pour certains hommes, au cas où ils devraient s'élever à *leur* vertu, leur virilité et leur sérénité.

170.

AVEC LA FOULE. — Il marche jusqu'à présent

avec la foule et il est le panégyriste de la foule, mais un jour il sera son adversaire ! Car il la suit en croyant que sa paresse y trouverait son compte : il n'a pas encore appris que la foule n'est pas assez paresseuse pour lui ! qu'elle pousse toujours en avant ! qu'elle ne permet à personne de demeurer stationnaire ! — Et il aime tant à rester stationnaire !

171.

Gloire. — Lorsque la reconnaissance de beaucoup, à l'égard d'un seul, jette loin d'elle toute pudeur la gloire commence à naître.

172.

Le gâte-sauce. — A. : « Tu es un gâte-sauce, — c'est ce que l'on dit partout ! — B. : Certainement ! Je gâte à chacun le goût qu'il a pour son parti : — c'est ce qu'aucun parti ne me pardonne. »

173.

Être profond et sembler profond. — Celui qui se sait profond s'efforce d'être clair ; celui qui voudrait sembler profond à la foule s'efforce d'être obscur. Car la foule tient pour profond tout ce dont elle ne peut pas voir le fond : elle est si craintive et a tant de répugnance à aller à l'eau !

174.

A L'ÉCART. — Le parlementarisme, c'est-à-dire la permission publique de choisir parmi cinq opinions publiques fondamentales, s'insinue dans l'esprit de ces êtres très nombreux qui aimeraient bien paraître indépendants et individuels et lutter pour leur opinion. Mais, en définitive, il est indifférent de savoir si l'on impose *une* opinion au troupeau ou si on lui en permet cinq. — Celui qui diverge des cinq opinions publiques et se tient à l'écart a toujours tout le troupeau contre lui.

175.

DE L'ÉLOQUENCE. — Qui est-ce qui a possédé jusqu'à présent l'éloquence la plus convaincante ? — Le roulement du tambour : tant que les rois l'ont en leur pouvoir, ils demeurent les meilleurs orateurs et les meilleurs agitateurs populaires.

176.

COMPASSION. — Ces pauvres princes régnants ! Tous leurs droits se changent maintenant, d'une façon inattendue, en prétentions, et toutes ces prétentions auront bientôt l'air d'être des empiétements ! Et s'il leur arrive seulement de dire « nous » ou bien « mon peuple », cette méchante vieille Europe se met déjà à rire. Vraiment, un maître des cérémonies moderne ferait avec eux peu de cérémonies : peut-être décréterait-il : « *Les souverains se rangent devant les parvenus.* »

177.

Pour le « système d'éducation ». — En Allemagne les hommes supérieurs manquent d'un grand moyen d'éducation : le rire des hommes supérieurs ; ceux-ci ne rient pas en Allemagne.

178.

Pour l'émancipation morale. — Il faut sortir de l'esprit des Allemands leur Méphistophélès, et aussi leur Faust. Ce sont là deux préjugés moraux contre la valeur de la connaissance.

179.

Nos pensées. — Nos pensées sont les ombres de nos sentiments, — toujours plus obscures, plus vides, plus simples que ceux-ci.

180.

Le bon temps des esprits libres. — Les esprits libres prennent des libertés même à l'égard de la science — et provisoirement on leur accorde ces libertés — tant que l'Eglise subsiste encore ! — En cela ils ont maintenant leur bon temps.

181.

Suivre et précéder. — A. : « L'un des deux suivra toujours, l'autre précédera, quelle que soit la

route de la destinée. *Et pourtant* le premier est au-dessus du second par sa vertu et son esprit! »
— B. : « Et pourtant? Et pourtant? C'est là parler pour les autres, et non pour moi, et non pour nous!
— *Fit secundum regulam.* »

182.

DANS LA SOLITUDE. — Lorsque l'on vit seul, on ne parle pas trop haut, on n'écrit pas non plus trop haut : car on craint la résonance creuse — la critique de la nymphe Echo. — Et toutes les voix ont un autre timbre dans la solitude !

183.

LA MUSIQUE DU MEILLEUR AVENIR. — Le premier musicien serait pour moi celui qui ne connaîtrait que la tristesse du plus profond bonheur, et qui ignorerait toute autre tristesse. Il n'y a pas eu jusqu'à présent de pareil musicien.

184.

JUSTICE. — Il vaut mieux se laisser voler que d'avoir autour de soi des épouvantails, — c'est du moins conforme à mon goût. Et, dans toutes les circonstances, c'est une affaire de goût — et pas autre chose!

185.

PAUVRE. — Aujourd'hui il est pauvre : mais ce

n'est pas parce qu'on lui a tout pris, mais parce qu'il a tout jeté loin de lui : — que lui importe? Il est habitué à trouver. — Ce sont les pauvres qui comprennent mal sa pauvreté volontaire.

186.

Mauvaise conscience. — Tout ce qu'il fait maintenant est sage et convenable — et pourtant sa conscience n'est pas tranquille. Car l'exceptionnel, voilà sa tâche.

187.

Ce qu'il y a d'offensant dans le débit. — Cet artiste m'offense par la façon dont il débite ses saillies, ses excellentes saillies : avec tant de platitude et d'insistance, avec des artifices de persuasion si grossiers qu'il a l'air de parler à la populace. Après avoir consacré un certain temps à son art, nous nous sentons toujours « en mauvaise compagnie ».

188.

Travail. — Combien aujourd'hui, même le plus oisif d'entre nous, se trouve près du travail et de l'ouvrier! La politesse royale qui se trouve dans les paroles : « Nous sommes tous des ouvriers! » aurait paru, sous Louis XIV encore, du cynisme et de l'indécence.

189.

Le penseur. — C'est un penseur : ce qui veut dire qu'il s'entend à prendre les choses d'une façon plus simple qu'elles ne le sont.

190.

Contre les louangeurs. — A. : « On n'est loué que par ses pareils ! » — B. : « Oui ! Et celui qui te loue te dit : tu es de mes pareils ! »

191.

Contre certains défenseurs. — La façon la plus perfide de nuire à une cause, c'est de la défendre, avec intention, par des arguments fautifs.

192.

Les êtres charitables. — Qu'est-ce qui distingue des autres hommes ces êtres charitables dont la bienveillance rayonne sur le visage ? Ils se sentent à l'aise en présence d'une personne nouvelle et ils se toquent d'elle rapidement : c'est pourquoi ils lui veulent du bien ; le premier jugement qu'ils portent, c'est : « Elle me plaît. » Chez eux se succèdent rapidement : le désir de l'assimilation (ils se font peu de scrupules sur la valeur de l'autre), l'assimilation rapide, la joie de la possession et les actions en faveur de l'objet possédé.

193.

Malice de Kant. — Kant voulait démontrer, d'une façon qui abasourdirait « tout le monde », que « tout le monde » avait raison : — ce fut là la secrète malice de cette âme. Il écrivit contre les savants en faveur du préjugé populaire, mais il écrivit pour les savants et non pas pour le peuple.

194.

« A cœur ouvert. » — Cet homme obéit probablement toujours à des raisons secrètes : car toujours des raisons indirectes lui viennent sur les lèvres, sa main s'ouvre presque pour nous les montrer.

195.

A mourir de rire. — Voyez ! Voyez ! Il *fuit* les hommes — : mais ceux-ci le suivent, parce qu'il court *devant* eux, — tant ils sont troupeau !

196.

Les bornes de notre faculté d'entendre. — On entend seulement les questions auxquelles on est capable de trouver une réponse.

197.

Attention ! — Il n'y a rien que nous aimions

autant faire connaître aux autres que le sceau du secret — sans oublier ce qu'il y a dessous.

198.

Dépit de la fierté. — La fierté est pleine de dépit, même contre ceux qui lui procurent de l'avancement : elle regarde d'un mauvais œil les chevaux de sa voiture.

199.

Libéralité. — Chez les riches la libéralité n'est qu'une espèce de timidité.

200.

Rire. — Rire, c'est être malicieux, mais avec une bonne conscience.

201.

Approbation. — Dans l'approbation il y a toujours une espèce de bruit : même dans l'approbation que nous nous accordons à nous-mêmes.

202.

Un dissipateur. — Il n'a pas encore cette pauvreté du riche qui a déjà fait le compte de tout son trésor, — il prodigue son esprit avec la déraison de la nature dissipatrice.

203.

Hic niger est. — A l'ordinaire, il est dépourvu de pensées, — mais dans les cas exceptionnels il a de mauvaises pensées.

204.

Les mendiants et la politesse. — « On n'est pas impoli lorsque l'on frappe avec une pierre à une porte qui manque de cordon de sonnette, » — ainsi pensent les mendiants et les nécessiteux de tout genre, mais personne ne leur donne raison.

205.

Besoin. — Le besoin est regardé comme la cause de la formation : en réalité, il n'est souvent qu'un effet de ce qui s'est formé.

206.

Pendant la pluie. — Il pleut et je pense aux pauvres gens qui s'entassent maintenant avec leurs soucis nombreux, et sans l'habitude de cacher ces soucis, prêt donc chacun et disposé à faire mal à l'autre et à se créer, même pendant le mauvais temps, une misérable façon de bien-être. — Ceci, ceci seulement, est la pauvreté des pauvres !

207.

L'envieux. — Celui-là est un envieux, il ne faut

pas lui souhaiter d'enfants ; il leur porterait envie parce qu'il ne peut plus être enfant.

208.

Grand homme. — Du fait que quelqu'un est « un grand homme » il ne faut pas conclure qu'il est un homme ; peut-être n'est-il qu'un enfant, ou bien un caméléon de tous les âges de la vie, ou bien encore une petite vieille ensorcelée.

209.

Une façon de demander les raisons. — Il y a une façon de nous demander nos raisons qui nous fait non seulement oublier nos meilleures raisons, mais qui éveille encore en nous une opposition et une répugnance contre toute espèce de raisons : — c'est une façon d'interroger bien abêtissante, un vrai tour d'adresse des hommes tyranniques!

210.

Mesure dans l'activité. — Il ne faut pas vouloir surpasser son père en activité — cela rend malade.

211.

Ennemis secrets. — Pouvoir entretenir un ennemi secret, c'est là un luxe pour quoi la moralité des esprits même les plus nobles n'est généralement pas assez riche.

212.

Ne pas se laisser tromper. — Son esprit a de mauvaises manières, il est précipité et ne fait que bégayer d'impatience : c'est pourquoi on se doute à peine de l'âme qui est la sienne, une âme à longue haleine et à large poitrine.

213.

Le chemin du bonheur. — Un sage demandait à un fou quel était le chemin du bonheur. Celui-ci répondit sans retard, comme quelqu'un à qui l'on demande le chemin de la ville prochaine : « Admire-toi toi-même et vis dans la rue ! » — « Halte là, s'écria le sage, tu en demandes trop, il suffit déjà de s'admirer soi-même ! » Le fou répondit : « Mais comment peut-on toujours admirer, sans toujours mépriser ? »

214.

La foi qui sauve. — La vertu ne procure le bonheur et une espèce de béatitude qu'à ceux qui ont foi en leur vertu — et non à ces âmes subtiles dont la vertu consiste en une profonde méfiance à l'égard de soi-même et de toute vertu. En dernière instance, là aussi, c'est « la foi qui sauve » — et non la vertu, qu'on le sache bien.

215.

Idéal et matière. — Tu as un idéal noble en vue ; mais es-tu fait d'une pierre assez noble pour que l'on puisse former de toi une telle image divine ? Et autrement — tout ton travail n'est-il pas une sculpture barbare ? Un blasphème de ton idéal ?

216.

Danger dans la voix. — Avec une voix forte dans la gorge on est presque incapable de penser des choses subtiles.

217.

Cause et effet. — Avant l'effet on croit à d'autres causes qu'après l'effet.

218.

Mes antipodes. — Je n'aime pas les hommes qui, pour obtenir un effet, sont obligés d'éclater comme des bombes, les hommes dans le voisinage de qui on est toujours en danger de perdre l'ouïe — ou davantage encore.

219.

But du chatiment. — Le châtiment a pour but de rendre meilleur *celui qui châtie*, — c'est là le dernier recours pour les défenseurs du châtiment.

220.

SACRIFICE. — Pour ce qui en est du sacrifice et de l'esprit du sacrifice, les victimes pensent autrement que les spectateurs; mais de tous temps on ne les a pas laissées parler.

221.

MÉNAGEMENTS. — Les pères et les fils se ménagent bien plus entre eux que ne font entre elles les mères et les filles.

222.

POÈTE ET MENTEUR. — Le poète voit dans le menteur son frère de lait de qui il a volé le lait; c'est pourquoi celui-ci est demeuré misérable et n'est même pas parvenu à avoir une bonne conscience.

223.

VICARIAT DES SENS. — « On a aussi les yeux pour écouter, — dit un vieux confesseur qui était devenu sourd, — et dans le royaume des aveugles est roi celui qui a les plus longues oreilles. »

224.

CRITIQUE DES ANIMAUX. — Je crains que les animaux ne considèrent l'homme comme un être de leur espèce qui, d'une façon fort dangereuse, a perdu son bon sens d'animal, — qu'ils ne le considèrent comme l'animal absurde, comme l'animal qui rit et qui pleure, comme l'animal néfaste.

225.

Le naturel. — « Le mal a toujours eu pour lui le grand effet ! Et la nature est mauvaise. Soyons donc naturels. » — Ainsi concluent secrètement les grands chercheurs d'effet de l'humanité que l'on a trop souvent comptés parmi les grands hommes.

226.

Les méfiants et le style. — Nous disons avec simplicité les choses les plus fortes, en admettant qu'il y ait autour de nous des hommes qui ont foi en notre force : — un tel entourage élève vers la « simplicité du style ». Les méfiants parlent emphatiquement ; les méfiants rendent emphatique.

227.

Fausse conclusion. — Il ne sait pas se dominer, et cette femme en conclut qu'il sera facile de le dominer, elle jette ses filets autour de lui ; — pauvre femme, en peu de temps elle sera son esclave.

228.

Contre les médiateurs. — Celui qui veut servir

de médiateur entre deux penseurs en reçoit la marque de la médiocrité; il n'a pas d'œil pour voir ce qui est unique; les rapprochements et les nivellements sont le propre des yeux faibles.

229.

ENTÊTEMENT ET FIDÉLITÉ. — Il tient par entêtement à une chose dont il a vu le côté faible, — mais il appelle cela de la « fidélité ».

230.

MANQUE DE DISCRÉTION. — Son être tout entier ne *convainc* pas — cela vient de ce qu'il n'a jamais su taire une bonne action qu'il avait faite.

231.

LES ÊTRES « PROFONDS ». — Les lambins de la connaissance se figurent que la lenteur fait partie de la connaissance.

232.

RÊVER. — Ou bien on ne rêve pas du tout, ou bien on rêve d'une façon intéressante. Il faut apprendre à être éveillé de même : — pas du tout, ou d'une façon intéressante.

233.

Le point de vue le plus dangereux. — Ce que je fais ou ce que je ne fais pas maintenant est aussi important pour tout ce qui est à *venir* que les plus grands événements du passé ; sous cette énorme perspective de l'effet tous les actes sont également grands et petits.

234.

Paroles consolatrices d'un musicien. — « Ta vie ne résonne pas dans l'oreille des gens : pour eux tu vis d'une vie muette et toutes les finesses de la mélodie, toute subtile révélation du passé et de l'avenir leur demeure fermée. Il est vrai que tu ne te présentes pas sur une large route avec la musique militaire, mais ce n'est pas une raison pour que ces hommes bons puissent dire que ta vie manque de musique. Que celui qui a des oreilles entende. »

235.

Esprit et caractère. — Il y en a qui atteignent leur sommet en tant que caractère, mais c'est précisément leur esprit qui n'est pas à la hauteur de ce sommet — il y en a d'autres chez qui c'est le contraire.

236.

Pour remuer la foule. — Celui qui veut remuer la foule ne doit-il pas être le comédien de lui-même? N'est-il pas forcé de se transposer lui-même dans le précis et le grotesque pour *débiter* toute sa personne et sa cause sous cette forme grossie et simplifiée?

237.

L'HOMME POLI. — « Il est si poli ! » — Il a même toujours dans sa poche un gâteau pour Cerbère et il est si craintif qu'il prend tout le monde pour Cerbère, toi tout autant que moi, — voilà sa « politesse ».

238.

SANS ENVIE. — Il est tout à fait sans envie, mais il n'y a aucun mérite, car il veut conquérir un pays que jamais personne n'a possédé, à peine si quelqu'un l'a entrevu.

239.

SANS JOIE. — Un seul homme sans joie suffit pour créer dans toute une maison l'humeur chagrine sous un ciel obscur ; et ce n'est que par miracle que cet homme parfois n'existe pas ! Le bonheur est loin d'être une maladie aussi contagieuse, — d'où cela vient-il ?

240.

AU BORD DE LA MER. — Je n'ai pas envie de me

construire une maison (et cela contribue même à mon bonheur de ne pas être propriétaire!) Mais, si j'y étais forcé je voudrais, pareil à certains Romains, la construire jusque dans la mer, — il me plairait d'avoir avec ce beau monstre quelques secrets en commun.

241.

L'ŒUVRE ET L'ARTISTE. — Cet artiste est ambitieux et rien autre chose; en fin de compte, son œuvre n'est qu'un verre grossissant qu'il offre à tous ceux qui regardent de son côté.

242.

SUUM CUIQUE. — Si grande que soit l'avidité de ma connaissance, je ne puis retirer des choses que ce qui m'appartient déjà, — tandis que la propriété des autres y demeure. Comment est-il possible qu'un homme soit voleur ou brigand!

243.

ORIGINE DU BON ET DU MAUVAIS. — Seul inventera une amélioration celui qui sait se dire : « Ceci n'est pas bon. »

244.

PENSÉES ET PAROLES. — Les pensées, elles aussi, on ne peut pas les rendre tout à fait par des paroles.

245.

Louanges dans le choix. — L'artiste choisit ses sujets : c'est là sa façon de louer.

246.

Mathématique. — Nous voulons, autant que cela est possible, introduire dans toutes les sciences la finesse et la sévérité des mathématiques, sans nous imaginer que par là nous arriverons à connaître les choses, mais seulement pour *déterminer* nos relations humaines avec les choses. La mathématique n'est que le moyen de la science générale et dernière des hommes.

247.

Habitude. — Toute habitude rend notre main plus ingénieuse et notre génie plus malhabile.

248.

Livres. — Qu'importe un livre qui ne sait même pas nous transporter au delà de tous les livres ?

249.

Le soupir de celui qui cherche la connaissance. — « Oh ! de mon avidité ! Dans cette âme il n'y a point de désintéressement, — au contraire, un moi qui désire tout, qui, à travers beaucoup d'individus, voudrait voir comme de ses propres yeux, saisir de ses mains propres, un moi qui rattrape encore tout le passé, qui ne veut rien perdre de ce qui pourrait lui appartenir! Maudite soit cette flamme de mon avidité! Oh! que je sois réincarné dans mille êtres différents! » — Celui qui ne connaît pas ce soupir par expérience ne connaît pas non plus la passion de celui qui cherche la connaissance.

250.

Culpabilité. — Quoique les juges les plus sagaces et même les sorcières elles-mêmes fussent persuadés de la culpabilité qu'il y avait à se livrer à la sorcellerie, cette culpabilité n'existait cependant pas. Il en est ainsi de toute culpabilité.

251.

Souffrance méconnue. — Les natures grandioses souffrent autrement que leurs admirateurs ne se l'imaginent: ils souffrent le plus durement par les émotions vulgaires et mesquines de certains mauvais moments, en un mot par les doutes que leur inspire leur propre grandeur, — et non pas par les sacrifices et les martyres que leur tâche exige d'eux. Tant que Prométhée éprouve de la pitié pour les hommes et se sacrifie pour eux, il est heureux et grand par soi-même; mais lorsqu'il devient jaloux de Zeus et des hommages que les mortels apportent à celui-ci, — c'est alors qu'il souffre!

252.

Plutôt devoir. — « Plutôt continuer à devoir que de payer nos dettes avec une monnaie qui ne porte pas notre effigie ! » — C'est ainsi que le veut notre souveraineté.

253.

Toujours chez soi. — Un jour nous arrivons à notre *but* — et dès lors nous indiquons avec fierté le long voyage que nous avons dû faire pour y parvenir. En réalité nous ne remarquions pas que nous voyagions. C'était au point qu'à chaque endroit nous avions l'illusion d'être *chez nous*.

254.

Contre l'embarras. — Celui qui est toujours profondément occupé est au-dessus de tout embarras.

255.

Imitateurs. — A. : « Comment? Tu ne veux pas avoir d'imitateurs? » — B. : Je ne veux pas que l'on imite quelque chose d'après moi, je veux que chacun se remontre quelque chose à lui-même : c'est ce que *je* fais. » — A. : « Donc…? »

256.

A fleur de peau. — Tous les hommes des profondeurs mettent leur bonheur à ressembler une fois aux poissons volants et à se jouer sur les crêtes extrêmes des vagues; ils estiment que ce que les choses ont de meilleur, c'est leur surface: ce qu'il y a à fleur de peau — *sit venia verbo*.

257.

PAR EXPÉRIENCE. — Certains ne savent pas combien ils sont riches jusqu'à ce qu'ils apprennent que leur richesse rend voleurs même des gens riches.

258.

LES NÉGATEURS DU HASARD. — Nul vainqueur ne croit au hasard.

259.

ENTENDU AU PARADIS. — « Bien et mal sont les préjugés de Dieu, » — a dit le serpent.

260.

UNE FOIS UN. — Un seul a toujours tort : mais à deux commence la vérité. — Un seul ne sait pas démontrer, mais quand ils sont deux on ne peut déjà plus les réfuter.

261.

ORIGINALITÉ. — Qu'est-ce que c'est que l'originalité? *Voir* quelque chose qui n'a pas encore de nom, ne peut pas encore être nommé, quoique cela se trouve devant tous les yeux. Avec la façon dont sont faits les gens, ce n'est que le nom des choses qui les leur rende visibles. — Les hommes originaux ont généralement aussi été ceux qui donnaient les noms.

262.

Sub specie æterni. — A. : « Tu t'éloignes toujours plus vite des vivants : bientôt ils vont te rayer de leurs listes ! » — B. : « C'est là le seul moyen de participer aux prérogatives des morts. » — A. : « Quelles prérogatives ? » — B. : « Ne plus mourir. »

263.

Sans vanité. — Lorsque nous aimons, nous voulons que nos défauts restent cachés, — non par vanité, mais parce que l'objet aimé ne doit pas souffrir. Oui, celui qui aime voudrait apparaître comme un dieu, — et cela non plus n'est pas par vanité.

264.

Ce que nous faisons. — Ce que nous faisons n'est jamais compris, mais toujours seulement loué et blâmé.

265

DERNIER SCEPTICISME. — Quelles sont en dernière analyse les vérités de l'homme ? — Ce sont ses erreurs *irréfutables*.

266.

OÙ LA CRUAUTÉ EST NÉCESSAIRE. — Celui qui possède la grandeur est cruel envers ses vertus et ses considérations de second plan.

267.

AVEC UN BUT ÉLEVÉ. — Avec un but plus élevé on est supérieur même à la justice, et non seulement à ses actions et à ses juges.

268.

QU'EST-CE QUI REND HÉROÏQUE ? — Aller en même temps au-devant de ses plus grandes douleurs et de ses plus hauts espoirs.

269.

EN QUOI AS-TU FOI ? — En ceci : qu'il faut que le poids de toutes choses fût déterminé à nouveau.

270.

QUE DIT TA CONSCIENCE ? — « Tu dois devenir celui que tu es. »

271.

Ou sont tes plus grands dangers? — Dans la pitié.

272.

Qu'aimes-tu chez les autres ? — Mes espoirs.

273.

Qui appelles-tu mauvais? — Celui qui veut toujours faire honte.

274.

Que considères-tu comme ce qu'il y a de plus humain? — Epargner la honte à quelqu'un.

275.

Quel est le sceau de la liberté réalisée? — Ne plus avoir honte devant soi-même.

LIVRE QUATRIÈME

SAINT JANVIER

>Toi qui d'une lance de flamme
>De mon âme as brisé la glace,
>Et qui la chasses maintenant vers la mer
>De ses plus hauts espoirs : [écumante,
>Toujours plus clair et mieux portant,
>Libre dans une aimante contrainte :
>Ainsi elle célèbre tes miracles,
>Toi le plus beau mois de janvier.

Gênes, janvier 1882.

276.

POUR LA NOUVELLE ANNÉE. — Je vis encore, je pense encore : il faut encore que je vive, car il faut encore que je pense. *Sum, ergo cogito : cogito, ergo sum*. Aujourd'hui je permets à tout le monde d'exprimer son désir et sa pensée la plus chère : et, moi aussi, je vais dire ce qu'aujourd'hui je souhaite de moi-même et quelle est la pensée que, cette année, j'ai prise à cœur la première — quelle est la pensée qui devra être dorénavant pour moi la raison, la garantie et la douceur de vivre ! Je veux apprendre toujours davantage à considérer comme la beauté ce qu'il y a de nécessaire dans les choses :

— c'est ainsi que je serai de ceux qui rendent belles les choses. *Amor fati* : que cela soit dorénavant mon amour. Je ne veux pas entrer en guerre contre la laideur. Je ne veux pas accuser, je ne veux même pas accuser les accusateurs. *Détourner mon regard*, que ce soit là ma seule négation ! Et, somme toute, pour voir grand : je veux, quelle que soit la circonstance, n'être une fois qu'affirmateur !

277.

Providence personnelle. — Il existe un certain point supérieur de la vie : lorsque nous l'avons atteint, malgré notre liberté et quoi que nous déniions au beau chaos de l'existence toute raison prévoyante et toute bonté, nous sommes encore une fois en grand danger de servitude intellectuelle et nous avons à faire nos preuves les plus difficiles. Car c'est maintenant seulement que notre esprit est violemment envahi par l'idée d'une providence personnelle, une idée qui a pour elle le meilleur avocat, l'apparence évidente, maintenant que nous pouvons constater que toutes, toutes choses qui nous frappent, tournent toujours *à notre bien*. La vie de chaque jour et de chaque heure semble vouloir démontrer cela toujours à nouveau ; que ce soit n'importe quoi, le beau comme le mauvais temps, la perte d'un ami, une maladie, une calomnie, la non-arrivée d'une lettre, un pied foulé, un regard jeté dans un magasin, un argument qu'on vous oppose, le fait d'ouvrir un livre, un rêve, une fraude : tout cela nous apparaît, immédiatement, ou peu de temps après, comme quelque chose qui « ne pouvait pas manquer », — quelque chose qui est plein de sens et d'une profonde utilité, précisément *pour nous!* Y a-t-il une plus dangereuse séduction que de retirer sa foi aux dieux d'Epicure, ces insouciants inconnus, pour croire à une divinité quelconque, soucieuse et mesquine, qui connaît personnellement chaque petit cheveu sur notre tête et que les services les plus détestables ne dégoûtent point? Eh bien! — je veux dire malgré tout cela, — laissons en repos les dieux et aussi les génies serviables, pour nous contenter d'admettre que maintenant notre habileté, pratique et théorique, à interpréter et à arranger les événements atteint son apogée. Ne pensons pas non plus trop de bien de cette dextérité de notre sagesse, si nous sommes parfois surpris de la merveilleuse harmonie que produit le jeu sur notre instrument : une harmonie trop belle pour que nous osions nous l'attribuer à nous-mêmes. En effet, de ci de là, il y a quelqu'un qui se joue de nous — le cher hasard : à l'occasion, il nous conduit la main et la providence la plus sage ne saurait imaginer de musique plus belle que celle qui réussit alors sous notre folle main.

278.

LA PENSÉE DE LA MORT. — J'éprouve une joie mélancolique à vivre au milieu de cette confusion de ruelles, de besoins et de voix : combien de jouissances, d'impatiences, de désir, combien de soif de la vie et d'ivresse de la vie, viennent ici au jour à chaque moment! Et bientôt cependant le silence se fera sur tous ces gens bruyants, vivants et joyeux de vivre. Derrière chacun, se dresse son ombre, obscure compagnon de route. Il en est toujours comme du dernier moment avant le départ d'un bateau d'émigrants : on a plus de choses à se dire que jamais, l'océan et son vide silence attendent impatiemment derrière tout ce bruit, — si avides, si certains de leur proie! Et tous, tous s'imaginent que le passé n'est rien ou que le passé n'est que peu de chose et que l'avenir prochain est tout : de là cette hâte, ces cris, ce besoin de s'assourdir et de s'exploiter. Chacun veut être le premier dans cet avenir, — et pourtant la mort et le silence de la mort sont les seules certitudes qu'ils aient tous en commun! Comme il est étrange que cette seule certitude, cette seule communion soit presque impuissante à agir sur les hommes et qu'ils soient si loin de sentir cette fraternité de la mort! Je suis heureux de constater que les hommes se refusent absolument à concevoir l'idée de la mort et j'aimerais bien contribuer à leur rendre encore cent fois plus *digne d'être pensée* l'idée de la vie.

279.

AMITIÉ D'ÉTOILES. — Nous étions amis et nous sommes devenus l'un pour l'autre des étrangers. Mais cela est bien ainsi et nous ne voulons ni nous en taire ni nous en cacher, comme si nous devions en avoir honte. Nous sommes deux vaisseaux dont chacun a son but et sa route tracée; nous pouvons nous croiser, peut-être, et célébrer une fête ensemble, comme nous l'avons déjà fait, — et ces braves vaisseaux étaient si tranquilles dans le même port, sous un même soleil, de sorte que déjà on pouvait les croire à leur but, croire qu'ils n'avaient eu qu'un seul but commun. Mais alors la force toute puissante de notre tâche nous a séparés, poussés dans des mers différentes, sous d'autres rayons de soleil, et peut-être ne nous reverrons-nous plus jamais, — peut-être aussi nous reverrons-nous, mais ne nous reconnaîtrons-nous point : la séparation des mers et des soleils nous a transformés ! Qu'il fallût que nous devenions étrangers, voici la loi *au-dessus* de nous et c'est par quoi nous nous devons du respect, par quoi sera sanctifié davantage encore le souvenir de notre amitié de jadis ! Il existe probablement une énorme courbe invisible, une route stellaire, où nos voies et nos buts différents se trouvent *inscrits* comme de petites étapes, — élevons-nous à cette pensée ! Mais notre vie est trop courte et notre vue trop faible pour que nous puissions être plus que des amis dans le sens de cette altière possibilité. — Et ainsi nous voulons *croire* à notre amitié d'étoiles, même s'il faut que nous soyons ennemis sur la terre.

280.

Architecture pour ceux qui cherchent la connaissance. — Il faudra reconnaître un jour, et bientôt peut-être, ce qui manque à nos grandes villes : des endroits silencieux, spacieux et vastes pour la méditation, des endroits avec de hautes et de longues galeries pour le mauvais temps et le temps trop ensoleillé, où le bruit des voitures et le cri des marchands ne pénétreraient pas, où une subtile convenance interdirait, même au prêtre, la prière à haute voix : des constructions et des promenades qui exprimeraient, par leur ensemble, ce que la méditation et l'éloignement du monde ont de sublime. Le temps est passé où l'Eglise possédait le monopole de la réflexion, où la *vita contemplativa* devait toujours être avant tout *vita religiosa* : et tout ce que l'Eglise a construit exprime cette pensée. Je ne sais pas comment nous pourrions nous contenter de ses monuments, même s'ils étaient dégagés de leur destination ecclésiastique. Les monuments de l'Église parlent un langage beaucoup trop pathétique et trop étroit, ils sont trop les maisons de Dieu et les lieux d'apparat des relations supra-terrestres pour que, nous autres impies, nous puissions y méditer *nos pensées*. Nous voulons nous traduire nous-*mêmes* en pierres et en plantes, nous voulons nous promener en *nous-mêmes*, lorsque nous circulons dans ces galeries et ces jardins.

281.

Savoir trouver la fin. — Les maîtres de première qualité se reconnaissent en cela que, pour ce qui est grand comme pour ce qui est petit, ils savent trouver la fin d'une façon parfaite, que ce soit la fin d'une mélodie ou d'une pensée, que ce soit le cinquième acte d'une tragédie ou d'un acte de gouvernement. Les premiers du second degré s'énervent toujours vers la fin et ne s'inclinent pas vers la mer avec un rythme simple et tranquille comme par exemple la montagne près de *Porto fino* — là-bas où la baie de Gênes finit de chanter sa mélodie.

282.

L'ALLURE. — Il y a des manières de l'esprit par quoi même de grands esprits laissent deviner qu'ils sortent de la populace ou de la demi-populace : — c'est surtout l'allure et la marche de leurs pensées qui les trahit ; ils ne savent pas *marcher*. C'est ainsi que Napoléon, lui aussi, à son profond déplaisir, ne sut pas se mettre au pas princier et « légitime », dans les occasions où l'on devrait s'y entendre, comme par exemple les grandes processions du couronnement et les cérémonies analogues: là aussi il fut toujours seulement le chef d'une colonne — tout à la fois fier et brusque et conscient de cela. — On ne manquera pas de rire en regardant ces écrivains qui font bruire autour d'eux les amples vêtements de la période : ils veulent cacher leurs *pieds*.

283.

LES HOMMES QUI PRÉPARENT. — Je salue tous les indices de la venue d'une époque plus virile et plus guerrière qui mettra de nouveau en honneur la bravoure avant tout. Car cette époque doit tracer le chemin d'une époque plus haute encore et rassembler la force dont celle-ci aura besoin un jour — pour introduire l'héroïsme dans la connaissance et *faire la guerre* à cause des idées et de leurs conséquences. Pour cela il faut maintenant des hommes vaillants qui préparent le terrain, des hommes qui ne pourront certes pas sortir du néant — et tout aussi peu du sable et de l'écume de la civilisation d'aujourd'hui et de l'éducation des grandes villes : des hommes qui, silencieux, solitaires et décidés, s'entendent à se contenter de l'activité invisible qu'ils poursuivent : des hommes qui, avec une propension à la vie intérieure, cherchent, pour toutes choses, ce qu'il y a *à surmonter* en elles : des hommes qui ont en propre la sérénité, la patience, la simplicité et le mépris des grandes vanités tout aussi bien que la générosité dans la victoire et l'indulgence à l'égard des petites vanités de tous les vaincus : des hommes qui ont un jugement précis et libre sur toutes les victoires et sur la part du hasard qu'il y a dans toute victoire et dans toute gloire : des hommes qui ont leurs propres fêtes, leurs propres jours de travail et de deuil, habitués à commander avec la sûreté du commandement, également prêts à obéir, lorsque cela est nécessaire, également fiers dans l'un comme dans l'autre cas, ainsi que s'ils suivaient leur propre cause, des hommes plus exposés, plus terribles, plus heureux ! Car, croyez-m'en ! — le secret pour moissonner l'existence la plus féconde et la plus grande jouissance de la vie, c'est de *vivre dangereusement !* Construisez vos villes près du Vésuve ! Envoyez vos vaisseaux dans les mers inexplorées! Vivez en guerres avec vos semblables et avec vous-mêmes! Soyez brigands et conquérants, tant que vous ne pouvez pas être dominateurs et possesseurs, vous qui cherchez la connaissance! Bientôt le temps passera où vous vous satisferez de vivre cachés dans les forêts comme des cerfs effarouchés! Enfin la connaissance finira par étendre la main vers ce qui lui appartient de droit : — elle voudra *dominer* et *posséder*, et vous le voudrez avec elle!

284.

LA FOI EN SOI-MÊME. — Il y en a général peu d'hommes qui aient la foi en eux-mêmes; — et parmi ce petit nombre les uns apportent cette foi en naissant, comme un aveuglement utile ou bien un obscurcissement partiel de leur esprit — (quel spectacle s'offrirait à eux s'ils pouvaient regarder *au fond* d'eux-mêmes!), les autres sont obligés de se l'acquérir d'abord : tout ce qu'ils font de bien, de solide, de grand commence par être un argument contre le sceptique qui demeure en eux : il s'agit de convaincre et de persuader *celui-ci*, et pour y parvenir il faut presque du génie. Ces derniers auront toujours plus d'exigences à l'égard d'eux-mêmes.

285.

EXCELSIOR! — « Tu ne prieras plus jamais, tu n'adoreras plus jamais, plus jamais tu ne te reposeras en une confiance illimitée—tu te refuseras à t'arrêter devant une dernière sagesse, une dernière bonté et une dernière puissance, et à déharnacher tes pensées — tu n'auras pas de gardien et d'ami de toute heure pour tes sept solitudes — tu vivras sans avoir une échappée sur cette montagne qui porte de la neige sur son sommet et des flammes dans son cœur — il n'y aura plus pour toi de rémunérateur, de correcteur de dernière main,—il n'y aura plus de raison dans ce qui se passe, plus d'amour dans ce qui t'arrivera — ton cœur n'aura plus d'asile, où il ne trouve que le repos, sans avoir rien à chercher. Tu te défendras contre une paix dernière, tu voudras l'éternel retour de la guerre et de la paix : — homme du renoncement, voudras-tu renoncer à tout cela? Qui t'en donnera la force? Personne encore n'a jamais eu cette force! » — Il existe un lac qui un jour se refusa à s'écouler, et qui construisit une digue à l'endroit où jusque-là il s'écoulait : depuis lors le niveau de ce lac s'élève toujours davantage. Peut-être ce renoncement nous prêtera-t-il justement la force qui nous permettra de supporter le renoncement; peut-être l'homme s'élèvera-t-il toujours davantage à partir du moment où il ne *s'écoulera* plus dans le sein d'un Dieu.

286.

DIGRESSION. — Voici des espoirs; mais que serez-vous capable d'en voir et d'en entendre si, dans votre âme, vous n'avez pas vécu la splendeur des flammes et de l'aurore? Je ne puis que faire souvenir — et pas davantage ! Remuer des pierres, changer les animaux en hommes — est-ce cela que vous voulez de moi? Hélas! si vous êtes encore des pierres et des animaux, cherchez d'abord votre Orphée !

287.

Joie de l'aveuglement. — « Mes pensées, dit le voyageur à son ombre, doivent m'indiquer où je me trouve : mais elles ne doivent pas me révéler *où je vais*. J'aime l'ignorance de l'avenir et je ne veux pas périr à m'impatienter et à goûter par anticipation les choses promises. »

288.

État d'ame élevé. — Il me semble que, d'une façon générale, les hommes ne croient pas à des états d'âmes élevés, si ce n'est pour des instants, tout au plus pour des quarts d'heure, — exception faite de quelques rares individus qui, par expérience, connaissent la durée dans les sentiments élevés. Mais être l'homme d'un seul sentiment élevé, l'incarnation d'un unique, grand état d'âme — cela n'a été jusqu'à présent qu'un rêve et une ravissante possibilité : l'histoire n'en donne pas encore d'exemple certain. Malgré cela il se pourrait qu'elle mît un jour au monde de tels hommes, — cela arrivera lorsque sera créée et fixée une série de conditions favorables, que maintenant le hasard le plus heureux ne saurait réunir. Peut-être que, chez ces âmes de l'avenir cet état exceptionnel qui nous saisit, çà et là en un frémissement serait précisément l'état habituel : un continuel va et vient entre haut et bas, un sentiment de haut et de bas, de monter sans cesse des étages et en même temps de planer sur des nuages.

289.

Sur les vaisseaux. — Si l'on considère comment agit sur chaque individu la justification générale et philosophique de sa façon de vivre et de penser — c'est-à-dire comme un soleil qui brille exprès pour cet individu, un soleil qui réchauffe, bénit et féconde, combien cette justification rend indépendant des louanges et des blâmes, satisfait, riche, prodigue en bonheur et en bienveillance, combien elle transmue sans cesse le mal en bien, fait fleurir et mûrir toutes les forces et empêche de croître la petite et la grande mauvaise herbe de l'affliction et du mécontentement : — on finira par s'écrier sur un ton de prière : Oh! que beaucoup de ces nouveaux soleils soient encore créés! Les méchants, eux aussi, les malheureux, les hommes d'exception, doivent avoir leur philosophie, leur bon droit, leur rayon de soleil! Ce n'est pas la pitié pour eux qui est nécessaire! — il faut que nous désapprenions cet accès d'orgueil, quoique ce soit précisément sur eux que l'humanité s'est longtemps instruite et exercée — nous n'avons pas à instituer pour eux des confesseurs, des nécromanciens et des sentences absolutoires! C'est une *nouvelle justice* qui est nécessaire! Et une nouvelle sanction! Il est besoin de nouveaux philosophes! La terre morale, elle aussi, est ronde! La terre morale, elle aussi, a ses antipodes! Les antipodes, eux aussi, ont leur droit à l'existence! Il reste encore un autre monde à découvrir — et plus d'un! Sur les vaisseaux, vous autres philosophes!

290.

UNE SEULE CHOSE EST NÉCESSAIRE. — « Donner du style » à son caractère — c'est là un art considérable qui se rencontre rarement! Celui-là l'exerce qui aperçoit dans son ensemble tout ce que sa nature offre de forces et de faiblesses pour l'adapter ensuite à un plan artistique, jusqu'à ce que chaque chose apparaisse dans son art et sa raison et que les faiblesses même ravissent l'œil. Ici une grande masse de seconde nature a été ajoutée, là un morceau de nature première a été supprimé : — dans les deux cas cela s'est fait avec une lente préparation et un travail quotidien. Ici le laid qui ne pouvait pas être éloigné a été masqué, là-bas il a été transformé en sublime. Beaucoup de choses vagues qui s'opposaient à prendre forme ont été réservées et utilisées pour les choses lointaines : — elles doivent faire de l'effet à distance, dans le lointain, dans l'incommensurable. Enfin, lorsque l'œuvre est terminée, on reconnaîtra comment ce fut la contrainte d'un même goût qui, en grand et en petit, a dominé et façonné : la qualité du goût, s'il a été bon ou mauvais, importe beaucoup moins qu'on ne croit, —

l'essentiel c'est que le goût soit un. Ce sont les natures fortes et dominatrices qui trouveront en une pareille contrainte, en un tel assujettissement et une telle perfection, sous une loi propre, leur joie la plus subtile; la passion de leur volonté puissante s'allège à l'aspect de toute nature stylée, de toute nature vaincue et assouvie; même lorsqu'elles ont des palais à construire et des jardins à planter elles répugnent à libérer la nature. — Par contre, ce sont les caractères faibles, incapables de se dominer soi-même qui *haïssent* l'assujettissement du style : ils sentent que si cette amère contrainte leur était imposée, sous elle ils deviendraient nécessairement *vulgaires*; ils se changent en esclaves dès qu'ils servent, ils haïssent l'asservissement. De pareils esprits — et ce peuvent être des esprits de premier ordre — s'appliquent toujours à se donner à eux-mêmes et à prêter à leur entourage la forme de natures *libres* — sauvages, arbitraires, fantasques, mal ordonnées, surprenantes — et à s'interpréter comme telles : et ils ont raison, car ce n'est qu'ainsi qu'ils se font du bien à eux-mêmes ! Car une seule chose est nécessaire : que l'homme *atteigne* le contentement avec lui-même — quel que soit le poème où l'œuvre d'art dont il se serve : car alors seulement l'aspect de l'homme sera supportable! Celui qui est mécontent de soi-même est continuellement prêt à s'en venger : nous autres, nous serons ses victimes, ne fût-ce que par le fait que nous aurons toujours à supporter son aspect répugnant. Car l'aspect de la laideur rend mauvais et sombre.

291.

Gênes. — J'ai regardé durant un bon moment cette ville, ses maisons de campagne et ses jardins d'agrément et le large cercle de ses collines et de ses pentes habitées ; enfin je finis par me dire : je vois des *visages* de générations passées, — cette contrée est couverte par les images d'hommes intrépides et souverains. Ils ont *vécu* et ils ont voulu prolonger leur vie — c'est ce qu'ils me disent avec leurs maisons, construites et ornées pour des siècles, et non pour l'heure fugitive : ils aimèrent la vie, bien que souvent elle se fût montrée mauvaise à leur égard. J'ai toujours devant les yeux le constructeur, je vois comme son regard se repose sur tout ce qui, près et loin, est construit autour de lui, et aussi sur la ville, la mer et la ligne de la montagne, et comme sur tout cela, par son regard, il exerce sa puissance et sa conquête. Il veut soumettre ces choses à son plan et finir par en faire sa *propriété* par le fait qu'il en devient lui-même une parcelle. Toute cette contrée est couverte des produits d'un superbe et insatiable égoïsme dans l'envie de possession et de butin ; et, tout comme ces hommes ne reconnaissaient pas de frontières dans leurs expéditions lointaines, plaçant, dans leur soif de la nouveauté, un monde nouveau à côté d'un monde ancien, de même chez eux, dans leur petite patrie, chacun se révoltait contre chacun, chacun inventait une façon d'exprimer sa supériorité et de placer entre lui et son voisin son infini personnel. Chacun conquérait à nouveau, sa patrie pour son compte particulier en la subjuguant de sa pensée architecturale, en la transformant en quelque sorte pour sa propre maison en un plaisir des yeux. Dans le nord, c'est la loi et le plaisir causé par l'obéissance à la loi qui en imposent lorsque l'on regarde le système de construction des villes : on devine là cette propension à l'égalité et à la soumission qui doit avoir dominé l'âme de tous ceux qui construisaient. Mais ici vous trouvez à chaque coin de rue un homme à part qui connaît la mer, les aventures et l'Orient, un homme qui est mal disposé à l'égard de la loi et du voisin, comme si c'était là une espèce d'ennui, et qui mesure avec un regard d'envie tout ce qui est vieux et de fondation ancienne. Avec une merveilleuse rouerie de l'imagination, il voudrait fonder tout cela à nouveau, du moins en pensée, y appliquer sa main, y mettre son interprétation — ne fût-ce que pour l'instant d'une après-midi de soleil, où son âme insatiable et mélancolique éprouve une fois de la satiété, et où son œil ne veut plus voir que des choses qui lui appartiennent et non plus des choses étrangères.

292.

Aux prédicateurs de la morale. — Je ne veux pas faire de morale, mais à ceux qui en font je donne ce conseil : si vous voulez finir par prendre aux meilleures choses et aux meilleures conditions tout leur honneur et toute leur valeur, continuez, comme vous avez fait jusqu'à présent, à les avoir sans cesse à la bouche! Placez-les en tête de votre morale et parlez du matin au soir du bonheur de la vertu, du repos de l'âme, de la justice immanente et de l'équité : si vous en agissez ainsi, tout cela finira par avoir pour soi la popularité et le vacarme de la rue : mais alors, à force de manier toutes ces bonnes choses, l'or en sera usé, et plus encore : tout ce qu'elles contiennent d'or se sera transformé en plomb. Vraiment vous vous entendez à appliquer l'art contraire à celui des alchimistes, pour démonétiser ce qu'il y a de plus précieux ! Servez-vous une fois, à titre d'essai, d'une autre recette pour ne pas réaliser l'opposé de ce que vous vouliez atteindre : *niez* ces bonnes choses, retirez-leur l'approbation de la foule et le cours facile, faites-en de nouveau les pudeurs cachées des âmes solitaires, dites : *la morale est quelque chose d'interdit !* Peut-être gagnerez-vous ainsi pour ces choses l'espèce d'hommes qui seule importe, je veux dire l'espèce *héroïque*. Mais alors il faudra qu'elles aient en elles de quoi éveiller la crainte, et non pas, comme jusqu'à présent, de quoi produire le dégoût ! N'aurait-on pas envie de dire aujourd'hui, par rapport à la morale, comme Maître Eckardt : « Je prie Dieu qu'il me fasse quitte de Dieu ! »

293.

Notre atmosphère. — Nous le savons fort bien : pour celui qui jette un regard sur la science, seulement en passant, à la façon des femmes et malheureusement aussi de beaucoup d'artistes : la sévérité qu'il faut mettre au service de la science, cette rigueur dans les petites comme dans les grandes choses, cette rapidité dans l'enquête, le jugement et la condamnation a quelque chose qui inspire la crainte et le vertige. Il sera surtout effrayé par la façon dont on exige ce qu'il y a de plus difficile, dont est exécuté ce qu'il y a de meilleur, sans la récompense de l'éloge ou de la distinction, alors que le plus souvent *se font entendre*, comme parmi les soldats, le blâme et la verte réprimande — car faire bien, c'est la règle, manquer en quelque chose, l'exception; et ici comme partout ailleurs, la règle est silencieuse. Il en est de cette « sévérité de la science » comme des formes de politesse dans la meilleure société : — elles effrayent celui qui n'est pas initié. Mais celui qui est habitué à elles n'aimerait pas vivre ailleurs que dans cette atmosphère claire, transparente, vigoureuse et fortement électrique, dans cette atmosphère *virile*. Partout ailleurs il ne trouve pas assez d'air et de propreté ; il craint qu'*ailleurs* son meilleur art ne soit utile à personne et qu'il ne le réjouirait pas lui-même, que la moitié de sa vie lui passerait entre les doigts, perdue dans des malentendus, que partout il faudrait beaucoup de précautions, de secrets, de considérations personnelles, — et tout cela serait une grande et inutile perte de force. Mais dans *cet* élément sévère et clair il possède sa force tout entière : ici il est à même de voler ! Pourquoi devrait-il redescendre dans ces eaux bourbeuses où il faut nager et patauger et tacher ses ailes ! — Non, ce serait trop difficile de vivre pour nous : est-ce de notre faute si nous sommes nés pour l'air pur, nous autres rivaux des rayons de lumière, si nous aimerions mieux, pareils à ces rayons, chevaucher des parcelles d'éther, non pour quitter le soleil, mais pour *aller vers lui!* Nous ne le pouvons pas: — faisons donc ce qui est seul en notre pouvoir: apportons la lumière à la terre, soyons « la lumière de la terre »! Et c'est pour cela que nous avons nos ailes, notre rapidité et notre sévérité, pour cela que nous sommes virils et même terribles comme le feu. Que ceux-là nous craignent qui ne savent pas se chauffer et s'éclairer auprès de nous!

294.

Contre les calomniateurs de la nature. — Quels gens désagréables que ceux chez qui tout penchant naturel devient immédiatement maladie, quelque chose qui altère, ou même quelque chose d'ignominieux, — *ceux-ci* nous ont induits à l'opinion que les penchants et les instincts de l'homme sont *mauvais*, ils sont la cause de notre grande injustice à l'égard de notre nature, à l'égard de toute nature! Il y a suffisamment d'hommes qui *peuvent* s'abandonner à leurs penchants avec grâce et inconscience; mais ils ne le font pas, par crainte de ce « mauvais esprit » imaginaire qui s'appelle la nature! De là vient que l'on trouve si peu de noblesse parmi les hommes: car l'on reconnaîtra toujours la noblesse à l'absence de crainte devant soi-même, à l'incapacité de faire quelque chose de honteux, au besoin de s'élever dans les airs sans hésitation, de voler où nous sommes poussés, —

nous autres oiseaux nés libres! Où que nous allions, tout devient libre et ensoleillé autour de nous.

295.

Courtes habitudes. — J'aime les courtes habitudes et je les tiens pour des moyens inappréciable, d'apprendre à connaître beaucoup de choses et des conditions variées, pour voir jusqu'au fond de leurs douceurs et de leurs amertumes; ma nature est entièrement organisée pour les courtes habitudes, même dans les besoins de sa santé physique, et, en général, aussi loin que je puis voir du plus bas au plus haut. Toujours je m'imagine que telle chose me satisfera d'une façon durable — la courte habitude, elle aussi, a cette foi de la passion, cette foi en l'éternité — je crois être enviable de l'avoir trouvée et reconnue : — et maintenant je m'en nourris ; le soir comme le matin, un doux contentement m'entoure et me pénètre, en sorte que je n'ai pas envie d'autre chose, sans avoir besoin de comparer, de mépriser ou de haïr. Et un jour c'en est fait, la courte habitude a eu son temps : la bonne cause prend congé de moi, non pas comme quelque chose qui m'inspire maintenant du dégoût — mais paisiblement, rassasiée de moi, comme moi d'elle, et comme si nous devions être reconnaissants l'un à l'autre, nous serrant *ainsi* la main en guise d'adieu. Et déjà quelque chose de nouveau attend à la porte, comme aussi ma foi — l'indestructible folle, l'indestructible sagesse ! — ma foi en cette chose nouvelle qui, maintenant, serait la vraie, la dernière vraie. Il en est ainsi pour moi des mets, des idées, des hommes, des villes, des poèmes, des musiques, des doctrines, des ordres du jour, des sages de la vie. — Par contre je hais les habitudes durables et je crois qu'un tyran s'est approché de moi, que mon atmosphère vitale s'est *épaissie*, dès que les événements tournent de façon à ce que les habitudes durables semblent nécessairement en sortir : par exemple par une fonction sociale, par la fréquentation constante des mêmes hommes, par une résidence fixe, par une espèce définie de santé. Au fond de mon âme j'éprouve même de la reconnaissance pour toute ma misère physique et ma maladie et tout ce que je puis avoir d'imparfait — puisque tout cela me laisse cent échappées par où je puis me dérober aux habitudes durables. — Pourtant ce qu'il y aurait de tout à fait insupportable, de véritablement terrible, ce serait une vie entièrement dépourvue d'habitudes, une vie qui exigerait sans cesse l'improvisation : — ceci serait pour moi l'exil, ceci serait ma Sibérie.

296.

LA RÉPUTATION FIXE. — La réputation fixe était autrefois une chose d'extrême nécessité ; et partout où la société est dominée par l'instinct de troupeau, pour chaque individu, *donner* son caractère et ses occupations comme invariables est maintenant encore ce qu'il a de plus opportun, même quand ils ne le sont pas. « On peut se fier à lui, il reste égal à lui-même » : — c'est dans toutes les situations dangereuses de la société l'éloge qui a la plus grande signification. La société sent avec satisfaction qu'elle possède un instrument sûr et prêt à tout moment, dans la vertu de l'un, dans l'ambition d'un autre, dans la réflexion et l'ardeur d'un troisième, — elle honore hautement ces *natures d'instruments*, cette fidélité à soi-même, cette inaltérabilité dans les opinions, les aspirations et même dans les vices. Une pareille appréciation qui fleurit et a fleuri partout en même temps que la moralité des mœurs produit des « caractères » et jette dans le *décri* tout changement, tout profit d'une expérience, toute transformation. Malgré tous les avantages que puisse présenter cette façon de penser, pour la *connaissance* elle est la plus dangereuse espèce de jugement général ; car c'est précisément la bonne volonté de celui qui cherche la connaissance, sans se décourager d'être sans cesse forcé de se déclarer *contre* l'opinion qu'il professait jusqu'ici et de se méfier en général de tout ce qui menace de se *fixer* — qui est ici condamnée et décriée. Le sentiment de celui qui cherche la connaissance étant en contradiction avec la « réputation fixe » est considéré comme déshonnête, tandis que la pétrification des opinions a pour elle tous les honneurs : — c'est sous l'empire de pareilles règles qu'il nous faut exister aujourd'hui ! Comme il est difficile de vivre lorsque l'on sent contre soi et autour de soi le jugement de plusieurs milliers d'années ! Il est probable que, durant des milliers d'années, la connaissance ait été atteinte de mauvaise conscience et qu'il ait dû y avoir beaucoup de mépris de soi-même et de misères secrètes dans l'histoire des plus grands esprits.

297.

Savoir contredire. — Chacun sait maintenant que c'est un signe de haute culture que de savoir supporter la contradiction. Quelques-uns savent même que l'homme supérieur désire et provoque la contradiction pour avoir sur sa propre injustice des indications qui lui étaient demeurées inconnues jusqu'alors. Mais *savoir* contredire, le sentiment de la *bonne* conscience dans l'hostilité contre ce qui est habituel, traditionnel et sacré, — c'est là, plus que le reste, ce que notre culture possède de vraiment grand, de nouveau et de surprenant, c'est le progrès par excellence de tous les esprits libérés : qui est-ce qui sait cela?

298.

Soupir. — J'ai saisi cette idée en passant, et vite j'ai pris les premiers mots venus pour la fixer, de crainte qu'elle ne s'envole de nouveau. Et maintenant elle est morte de ces mots stériles; elle est là suspendue, flasque sous ce lambeau verbal — et, en la regardant, je me rappelle à peine encore comment j'ai pu avoir un tel bonheur en attrapant cet oiseau.

299.

Ce qu'il faut apprendre des artistes. — Quels

moyens avons-nous de rendre pour nous les choses belles, attrayantes et désirables lorsqu'elles ne le sont pas? — et je crois que, par elles-mêmes, elles ne le sont jamais! Ici les médecins peuvent nous apprendre quelque chose quand par exemple ils atténuent l'amertume ou mettent du vin et du sucre dans leurs mélanges; mais plus encore les artistes qui s'appliquent en somme continuellement à faire de pareilles inventions et de pareils tours de force. S'éloigner des choses jusqu'à ce que nous ne les voyions plus qu'en partie et qu'il nous faille y ajouter beaucoup par nous-mêmes pour être à même de les *voir encore* — ou bien contempler les choses d'un angle, pour n'en plus voir qu'une coupe — ou bien encore les regarder à travers du verre colorié ou sous la lumière du couchant — ou bien enfin leur donner une surface et une peau qui n'a pas une transparence complète : tout cela il nous faut l'apprendre des artistes et, pour le reste, être plus sages qu'eux. Car chez eux cette force subtile qui leur est propre cesse généralement où cesse l'art et où commence la vie; *nous* cependant, nous voulons être les poètes de notre vie, et cela avant tout dans les plus petites choses quotidiennes.

300.

PRÉLUDE DE LA SCIENCE. — Croyez-vous donc que les sciences se seraient formées et seraient devenues grandes si les magiciens, les alchimistes, les astrologues et les sorciers ne les avaient pas précédées, eux qui durent créer tout d'abord, par leurs promesses et leurs engagements trompeurs, la soif, la faim et le goût des puissances cachées et défendues ? Si l'on n'avait pas dû *promettre* infiniment plus qu'on ne pourra jamais tenir pour que quelque chose puisse s'accomplir dans le domaine de la connaissance ? — Peut-être que de la même façon dont nous apparaissent ici les préludes et les premiers exercices de la science qui n'ont jamais été exécutés et considérés comme tels, nous apparaîtront, en un temps lointain, toutes espèces de *religions*, c'est-à-dire comme des exercices et des préludes : peut-être pourraient-elles être le moyen singulier qui permettra à quelques hommes de goûter toute la suffisance d'un dieu et toute la force de son salut personnel. Et l'on pourrait se demander si vraiment, sans cette école et cette préparation religieuse, l'homme aurait appris à avoir faim et soif de son propre *moi*, à se rassasier et à se fortifier de lui-même. Fallut-il que Prométhée *crût* d'abord avoir *volé* la lumière et qu'il en pâtît — pour qu'il découvrît enfin qu'il avait *lui* créé la lumière, *en désirant la lumière*, et que non seulement l'homme, mais encore le dieu, avait été l'œuvre de ses mains, de l'argile dans ses mains ? Ne sont-ce là que des images de l'imagier ? — Tout comme la folie, le vol, le Caucase, l'aigle et toute la tragique *prométheia* de tous ceux qui cherchent la connaissance ?

301.

ILLUSION DES CONTEMPLATIFS. — Les hommes supérieurs se distinguent des inférieurs par le fait qu'ils pensent voir et entendre infiniment plus — et cela précisément distingue l'homme de l'animal et l'animal supérieur de l'inférieur. Le monde s'emplit toujours davantage pour celui qui s'élève dans la hauteur de l'humanité, l'intérêt grandit autour de lui, et dans la même proportion ses catégories de plaisir et de déplaisir, — l'homme supérieur devient toujours en même temps plus heureux et plus malheureux. Mais en même temps une illusion l'accompagne sans cesse : il croit être placé en spectateur et en auditeur devant le grand spectacle et devant le grand concert qu'est la vie : il dit que sa nature est une nature contemplative et il ne s'aperçoit pas qu'il est lui-même le véritable poète et le créateur de la vie, — tout en se distinguant, il est vrai, de l'*acteur* de ce drame que l'on appelle un homme agissant, mais bien davantage encore d'un simple spectateur, d'un invité placé *devant* la scène. Il a certainement en propre, étant le poète, la *vis contemplativa* et le retour sur son œuvre, mais, en même temps, et avant tout, la *vis creativa* qui manque à l'homme qui agit, quoi qu'en disent l'évidence et la croyance reçue. Nous qui pensons et qui sentons, nous sommes ceux qui *font* réellement et sans cesse quelque chose qui n'existe pas encore : tout ce monde toujours grandissant d'appréciations, de couleurs, d'évaluations, de perspectives, de degrés, d'affirmations et de négations. Ce poème inventé par nous est sans cesse appris, exercé, répété, traduit en chair et en réalité, oui même en vie quotidienne, par ce que l'on appelle les hommes pratiques (nos acteurs, comme je l'ai indiqué). Ce qui n'a de *valeur* que dans le monde actuel n'en a pas par soi-même, selon sa nature, — la nature est toujours sans valeur : — on lui a une fois donné et attribué une valeur, et c'est *nous* qui avons été les donateurs, les attributeurs ! C'est seulement nous qui avons créé le monde *qui intéresse l'homme !* — Mais c'est précisément la science de ceci qui nous manque, et si nous la saisissons pour un instant, aussitôt elle nous échappe l'instant après : nous méconnaissons notre meilleure force, et nous nous estimons d'un degré trop bas, nous autres contemplatifs, — nous ne sommes *ni aussi fiers*, *ni aussi heureux* que nous pourrions l'être.

302.

DANGER DES PLUS HEUREUX. — Avoir des sens subtils et un goût fin ; être habitué aux choses de l'esprit les plus plus choisies et les meilleures, comme à la nourriture la plus vraie et la plus naturelle ; jouir d'une âme forte, intrépide et audacieuse ; traverser la vie d'un œil tranquille et d'un pas ferme, être toujours prêt à l'extrême comme à une fête, plein du désir des mondes et des mers inexplorés, des hommes et des dieux inconnus ; écouter toute musique joyeuse, comme si, à l'entendre, des hommes braves, soldats et marins, se permettaient un court repos et une courte joie, et dans la profonde jouissance du moment seraient vaincus par les larmes, et par toute la rouge mélancolie du bonheur, qui donc ne désirerait pas que tout ceci fût *son* partage, son état. Ce fut le *bonheur d'Homère!* L'état de celui qui a inventé pour les Grecs leurs dieux, — non, qui a inventé, pour lui-même, ses dieux! Mais il ne faut pas s'en faire mystère, avec ce bonheur d'Homère dans l'âme, on est aussi la créature la plus capable de souffrir sous le soleil! Et ce n'est qu'à ce prix que l'on achète le plus précieux coquillage que les vagues de l'univers aient jusqu'à présent jeté sur la grève. Possesseur de ce coquillage on devient de plus en plus subtil dans la douleur, et finalement trop subtil : un petit découragement, un petit dégoût a suffi pour faire perdre à Homère le goût de la vie. Il n'a pas su deviner une petite énigme folle que de jeunes pêcheurs lui proposèrent. Oui, les plus petites énigmes sont le danger des plus heureux! —

303.

DEUX HOMMES HEUREUX. — Vraiment cet homme, malgré sa jeunesse, s'entend à *l'improvisation de la vie* et étonne même les observateurs les plus fins : — car il semble qu'il ne se méprenne jamais quoiqu'il joue sans cesse aux jeux dangereux. Il fait songer à ces maîtres improvisateurs de la musique auxquels le spectateur voudrait attribuer de *l'impeccabilité* de la main quoiqu'ils touchent parfois à faux, puisque tout mortel peut se tromper. Mais ils sont habiles et inventifs et toujours prêts, dans le moment, à coordonner le son produit par le hasard de leur doigté ou par une fantaisie dans l'ensemble thématique et à animer l'imprévu d'une belle signification et d'une âme. — Voici un tout autre homme : il fait manquer en somme tout ce qu'il veut et entreprend. Ce à quoi il a mis son cœur, à l'occasion, l'a conduit plus d'une fois au bord du précipice et tout près de la chute ; et s'il y échappe, ce n'est certes pas avec un « œil poché » seulement. Croyez-vous qu'il en soit malheureux ? Il y a longtemps qu'il a décidé à part soi de ne pas prendre tellement au sérieux des désirs et des projets personnels. « Si ceci ne me réussit pas, se dit-il à lui-même, cela me réussira peut-être ; et au fond je ne sais pas si je dois avoir plus de reconnaissance à l'égard de mes insuccès qu'à l'égard de n'importe quel de mes succès. Suis-je fait pour être entêté et pour porter les cornes du taureau ? Ce qui fait pour moi la valeur et le résultat de la vie se trouve ailleurs ; ma fierté ainsi que ma misère se trouvent ailleurs. Je connais davantage la vie parce que j'ai été si souvent sur le point de la perdre : et voilà pourquoi la vie me procure plus de joie qu'à vous tous ! »

304.

EN AGISSANT NOUS OMETTONS. — Au fond je n'aime pas toutes ces morales qui disent : « Ne fais pas telle chose ! Renonce ! Surmonte-toi ! » — J'aime par contre toutes ces autres morales qui me poussent à faire quelque chose, à le faire encore, et à en rêver du matin au soir et du soir au matin, à ne pas penser à autre chose qu'à : *bien* faire cela, aussi bien que moi seul je suis capable de le faire ! Celui qui vit ainsi dépouille continuellement l'une après l'autre les choses qui ne font pas partie d'une pareille vie ; sans haine et sans répugnance, il voit comme aujourd'hui telle chose et demain telle autre prend congé de lui, semblable à une feuille jaunie que le moindre souffle détache de l'arbre : ou bien encore il ne s'aperçoit même pas qu'elle le quitte, tant son œil regarde sévèrement son but, en avant et non à côté, en arrière ou vers en bas. « Notre activité doit déterminer ce que nous omettons : en agissant nous omettons » — voilà qui me plaît, voilà mon *placitum* à moi. Mais je ne veux pas tendre à mon appauvrissement avec les yeux ouverts, je n'aime pas toutes les vertus négatives, les vertus dont la négation et le renoncement sont l'essence.

305.

L'EMPIRE SUR SOI-MÊME. — Ces professeurs de morale qui recommandent, d'abord et avant tout, à l'homme de se posséder soi-même le gratifient ainsi d'une maladie singulière : je veux dire une irritabilité constante devant toutes les impulsions et les penchants naturels et, en quelque sorte, une espèce de démangeaison. Quoi qu'il leur advienne du dehors ou du dedans, une pensée, une attraction, une incitation — toujours cet homme irritable s'imagine que maintenant son empire sur soi-même pourrait être en danger : sans pouvoir se confier à aucun instinct, à aucun coup d'aile libre, il fait sans cesse un geste de défensive, armé contre lui-même, l'œil perçant et méfiant, lui qui s'est institué l'éternel gardien de sa tour. Oui, avec cela il peut être *grand!* Mais combien il est devenu insupportable pour les autres, difficile à porter, pour lui-même comme il s'est appauvri et isolé des plus beaux hasards de l'âme! et aussi de toutes les *expériences* futures ! Car il faut savoir se perdre pour un temps si l'on veut apprendre quelque chose des êtres que nous ne sommes pas nous-mêmes.

306.

Stoïcien et épicurien. — L'épicurien se choisit les situations, les personnes et même les événements qui cadrent avec sa constitution intellectuelle extrêmement irritable, il renonce à tout le reste — c'est-à-dire à la plupart des choses, — puisque ce serait là pour lui une nourriture trop forte et trop lourde. Le stoïcien, au contraire, s'exerce à avaler des cailloux et des vers, des tessons et des scorpions, et cela sans en avoir le dégoût; son estomac doit finir par être indifférent pour tout ce qu'offre le hasard de l'existence : — il rappelle cette secte arabe des Assaoua que l'on apprend à connaître en Algérie; et, pareil à ces insensibles, il aime à avoir un public d'invités au spectacle de son insensibilité, dont se passe volontiers l'épicurien : — Celui-ci n'a-t-il pas un « jardin »? Pour des hommes soumis aux improvisations du sort, pour ceux qui vivent en des temps de violence, et qui dépendent d'hommes brusques et variables, le stoïcisme peut être très opportun. Mais celui qui peut prévoir tant soit peu que la destinée lui permettra de *filer un long fil* fera bien de s'installer à la façon épicurienne; tous les hommes voués au travail cérébral l'ont fait jusqu'à présent ! Car ce serait pour eux la perte des pertes d'être privés de leur fine irritabilité, pour recevoir en place le dur épiderme des stoïciens, avec ses piquants de hérisson.

307.

En faveur de la critique. — Maintenant t'apparaît comme une erreur quelque chose que jadis tu as aimé comme une vérité ou du moins comme une probabilité : tu le repousses loin de toi et tu t'imagines que ta raison y a remporté une victoire. Mais peut-être qu'alors, quand tu étais encore un autre — tu es toujours un autre, — cette erreur t'était tout aussi nécessaire que toutes les « vérités » actuelles, en quelque sorte comme une peau qui te cachait et te voilait beaucoup de choses que tu ne devais pas voir encore. C'est ta vie nouvelle et non pas ta raison qui a tué pour toi cette opinion *tu n'en as plus besoin*, et maintenant elle s'effondre sur elle-même, et la déraison en sort rampant comme un reptile. Lorsque nous exerçons notre critique, ce n'est là rien d'arbitraire et d'impersonnel — c'est du moins très souvent une preuve qu'il y a en nous des forces vivantes et agissantes qui dépouillent une écorce. Nous nions, et il faut que nous niions puisque quelque chose en nous *veut* vivre et s'affirmer, quelque chose que nous ne connaissons, que nous ne voyons peut-être pas encore ! — Ceci en faveur de la critique.

308.

L'histoire de chaque jour. — Qu'est-ce qui fait chez toi l'histoire de chaque jour? Vois tes habitudes qui composent cette histoire : sont-elles le produit d'innombrables petites lâchetés et petites paresses, ou bien celui de ta bravoure et de ta raison ingénieuse? Quelle que soit la différence des deux cas, il serait possible que les hommes te comblent des mêmes louanges et que réellement, d'une façon ou d'une autre, tu leur sois de la même utilité. Mais il se peut que les louanges, l'utilité et la respectabilité suffisent à celui qui ne veut avoir qu'une bonne conscience, — elles ne te suffiront pas, à toi qui fouilles les entrailles, à toi qui possèdes la science de la conscience!

309.

De la septième solitude. — Un jour, le voyageur ferma une porte derrière lui, s'arrêta et se mit à pleurer. Puis il dit : « Ce penchant au vrai, à la réalité, au non-apparent, à la certitude! combien je lui en veux! Pourquoi cette force agissante, sombre et passionnée, me suit-elle, *moi* en particulier? Je voudrais me reposer, mais elle ne le permet pas. Combien y a-t-il de choses qui me persuadent de demeurer! Il y a partout pour moi des jardins d'Armide : et pour cela aussi toujours de nouveaux déchirements et de nouvelles amertumes du cœur! Il faut que je pose mon pied plus loin, ce pied fatigué et blessé : et, puisqu'il le faut, j'ai souvent, sur les plus belles choses qui ne surent pas me retenir, les retours les plus féroces, *puisqu*'elles ne surent pas me retenir ! »

310.

Volonté et vague. — Cette vague s'approche avec avidité comme s'il s'agissait d'atteindre quelque chose ! Elle rampe avec une hâte épouvantable dans les replis les plus cachés de la falaise ! Elle a l'air de vouloir prévenir quelqu'un ; il semble qu'il y a là quelque chose de caché, quelque chose qui a de la valeur, une grande valeur. — Et maintenant elle revient, un peu plus lentement, encore toute blanche d'émotion. — Est-elle déçue ? A-t-elle trouvé ce qu'elle cherchait ? Prend-elle cet air déçu ? — Mais déjà s'approche une autre vague, plus avide et plus sauvage encore que la première, et son âme, elle aussi, semble pleine de mystère, pleine d'envie de chercher des trésors. C'est ainsi que vivent les vagues, — c'est ainsi que nous vivons, nous qui possédons la volonté ! — je n'en dirai pas davantage. — Comment ? Vous vous méfiez de moi ? Vous m'en voulez, jolis monstres ? Craignez-vous que je ne trahisse tout à fait votre secret ? Eh bien ! soyez fâchés, élevez vos corps verdâtres et dangereux aussi haut que vous le pouvez, dressez un mur entre moi et le soleil — comme maintenant ! En vérité, il ne reste plus rien de la terre qu'un crépuscule vert et de verts éclairs. Agissez-en comme vous voudrez, impétueuses, hurlez de plaisir et de méchanceté — ou bien plongez à nouveau, versez vos émeraudes au fond du gouffre, jetez, par-dessus, vos blanches dentelles infinies de mousse et d'écume. — Je souscris à tout, car tout cela vous sied si bien, et je vous en sais infiniment gré : comment *vous* trahirais-je ? Car, — écoutez bien ! — je vous connais, je connais votre secret, je sais de quelle espèce vous êtes ! Vous et moi, nous sommes d'une même espèce ! — Vous et moi, nous avons un même secret !

311.

Lumière brisée. — On n'est pas toujours brave et, lorsqu'on en vient à être fatigué, il arrive parfois qu'on se lamente ainsi : « Il est si pénible de faire mal aux hommes — oh ! pourquoi cela est-il nécessaire ? Que sert-il de vivre caché si nous ne voulons pas garder pour nous ce qui cause scandale ? Ne serait-il pas plus prudent de vivre dans la mêlée et de réparer, sur les individus, les péchés commis, qui doivent être commis, sur tous ? Etre fort avec les insensés, vaniteux avec les vaniteux, enthousiaste avec les enthousiastes ? Ne serait-ce pas équitable, puisque nous dévions de l'ensemble avec une telle pétulance ? Lorsque j'entends parler de la méchanceté des autres à mon égard, — mon premier sentiment n'est-il pas celui de la satisfaction ? C'est bien ainsi ! — ai-je l'air de leur dire — je m'accorde si mal avec vous et j'ai tant de vérité de mon côté : faites-vous donc du bon sang à mes dépens aussi souvent que vous le pourrez. Voici mes défauts et mes erreurs, voici ma folie, mon mauvais goût, ma confusion, mes larmes, ma vanité, mon obscurité de hibou, mes contradictions! Voici de quoi rire! Riez donc et réjouissez-vous! Je n'en veux pas à la loi et à la nature des choses qui veulent que les défauts et les erreurs fassent plaisir! — Il est vrai qu'il y a eu des temps plus « beaux » où l'on pouvait se croire encore si *indispensable*, avec toute idée quelque peu nouvelle, que l'on descendait dans la rue pour crier à tous les passants : « Voici! le royaume de Dieu est proche! » — Je pourrais me passer de moi, si je n'existais pas. Nous tous, nous ne sommes pas indispensables! » — Mais, je l'ai déjà dit, nous ne pensons pas ainsi quand nous sommes braves; nous n'y pensons pas.

312.

Mon chien. — J'ai donné un nom à ma souffrance et je l'appelle « chien », — elle est tout aussi fidèle, tout aussi importune et impudente, tout aussi divertissante, tout aussi avisée qu'une autre chienne — et je puis l'apostropher et passer sur elle mes mauvaises humeurs : comme font d'autres gens avec leurs chiens, leurs valets et leurs femmes.

313.

Pas de tableau de martyr. — Je veux faire comme Raphaël et ne plus peindre de tableau de martyrs. Il y a assez de choses élevées pour qu'il ne faille pas chercher le sublime là où il s'unit à la cruauté; et de plus, mon orgueil ne serait point satisfait si je voulais faire de moi un sublime bourreau.

314.

Nouveaux animaux domestiques. — Je veux avoir mon lion et mon aigle autour de moi pour reconnaître toujours, par des indices et des symptômes, la grandeur et la petitesse de ma force. Faut-il qu'aujourd'hui j'abaisse mon regard vers eux pour les craindre? Et l'heure viendra-t-elle où ils élèveront vers moi leur regard, avec crainte? —

315.

De la dernière heure. — Les tempêtes sont un danger pour moi : aurai-je ma tempête qui me fera périr, comme Olivier Cromwell qui périt de sa tempête? Ou bien m'éteindrai-je comme un flambeau qui n'attend pas d'être soufflé par la tempête, mais qui est fatigué et rassasié de lui-même, — un flambeau consumé? Ou bien enfin : m'éteindrai-je pour ne pas me consumer? —

316.

Hommes prophétiques. — Vous ne voulez pas comprendre que les hommes prophétiques sont des hommes qui souffrent beaucoup : vous pensez seulement qu'un beau « don » leur a été accordé, et vous voudriez bien l'avoir vous-mêmes, — mais je veux exprimer ma pensée par un symbole. Combien les animaux doivent souffrir par l'électricité de l'a r et des nuages! Nous voyons que quelques-uns d'entre eux possèdent une faculté prophétique en ce qui concerne le temps, par exemple les singes (on peut même observer cela en Europe et non seulement dans les ménageries, mais à Gibraltar). Mais nous ne pensons pas que pour eux les *douleurs* — sont des prophètes! Lorsqu'un fort courant d'électricité positive tourne soudain, sous l'influence d'un nuage qui s'approche sans être déjà visible, en électricité négative et qu'un changement de temps se prépare, ces animaux se comportent de la même manière qu'à l'approche d'un ennemi; ils s'organisent pour la défense et la fuite, généralement ils se cachent, — ils ne voient pas, dans le mauvais temps, le mauvais temps, mais l'ennemi dont ils *sentent* déjà la main!

317.

REGARD EN ARRIÈRE. — Nous avons rarement conscience de ce que chaque période de souffrance de notre vie a de pathétique; tant que nous nous trouvons dans cette période, nous croyons au contraire que c'est là le seul état possible désormais, un *ethos* et non un *pathos* — pour parler et pour distinguer avec les Grecs. Quelques notes de musique me rappelèrent aujourd'hui à la mémoire un hiver, une maison et une vie essentiellement solitaire et en même temps le sentiment où je vivais alors : — je croyais pouvoir continuer à vivre éternellement ainsi. Mais maintenant je comprends que c'était là uniquement du pathos et de la passion, quelque chose de comparable à cette musique douloureusement courageuse et consolante, — on ne peut pas avoir de ces sensations durant des années, ou même durant des éternités : on en deviendrait trop « éthéré » pour cette planète.

318.

Sagesse dans la douleur. — Dans la douleur il y a autant de sagesse que dans le plaisir : tous deux sont au premier chef des forces conservatrices de l'espèce. S'il n'en était pas ainsi de la douleur, il y a longtemps qu'elle aurait disparu ; qu'elle fasse mal, ce n'est pas là un argument contre elle, c'est au contraire son essence. J'entends dans la douleur le commandement du capitaine de vaisseau : « Amenez les voiles ! » L'intrépide navigateur « homme » doit s'être exercé à diriger les voiles de mille manières, autrement il en serait trop vite fait de lui, et l'océan bientôt l'engloutirait. Il faut aussi que nous sachions vivre avec une énergie réduite : aussitôt que la douleur donne son signal de sûreté, il est temps de la réduire, — quelque grand danger, une tempête se prépare et nous agissons prudemment en nous « gonflant » aussi peu que possible. — Il est vrai qu'il y a des hommes qui, à l'approche de la grande douleur, entendent le commandement contraire et qui n'ont jamais l'air plus fiers, plus belliqueux, plus heureux que lorsque la tempête s'élève ; c'est même la douleur qui leur donne leurs instants sublimes! Ceux-là sont les hommes héroïques, les grands *messagers de douleur* de l'humanité : ces rares individus dont il faut faire la même apologie que pour la douleur en général, — et, en vérité! il ne faut pas la leur refuser. Ce sont des forces de premier ordre pour conserver et faire progresser l'espèce : ne fût-ce qu'en résistant au sentiment de bien-être et en ne cachant pas leur dégoût de cette espèce de bonheur.

319.

Interprètes des événements de notre vie. — Une espèce de franchise a toujours manqué à tous les fondateurs de religions et à ceux qui leur ressemblent : — ils n'ont jamais fait des événements de leur vie une question de conscience pour la connaissance. « Que m'est-il arrivé, en somme? Que se passa-t-il alors en moi et autour de moi? Ma raison fut-elle assez claire? Ma volonté était-elle armée contre toutes les duperies des sens et brave dans sa résistance contre les duperies de l'imagination? » — Aucun d'eux ne s'est posé cette question et tous nos bons religieux ne se la posent pas non plus aujourd'hui : ils ont par contre une soif des choses qui sont *contre la raison* et ne veulent pas avoir trop de peine à la satisfaire, — c'est ainsi qu'il leur arrive des miracles et des « régénérescences », c'est ainsi qu'ils entendent la voix des anges! Mais nous, nous autres qui avons soif de la raison, nous voulons examiner les événements de notre vie aussi sévèrement que s'ils étaient des expériences scientifiques, heure par heure, jour pour jour! Nous-mêmes nous voulons être nos sujets d'essais et d'expériences.

320.

EN SE REVOYANT. — A. : Est-ce que je t'entends bien? Tu cherches quelque chose? *Où* se trouve, au milieu du monde réel d'aujourd'hui, ton domaine et ton étoile? Où peux-tu te coucher au soleil pour que *toi* aussi tu aies un excédent de bien-être et que ton existence se justifie? Que chacun agisse pour son compte, — sembles-tu me dire — et se sorte de la tête les généralités, le souci des autres et de la société! — B. : Je veux davantage, je ne suis pas de ceux qui cherchent. Je veux créer pour moi mon propre soleil.

321.

NOUVELLE PRÉCAUTION. — Ne pensons plus autant à punir, à blâmer et à vouloir rendre meilleur! Nous arriverons rarement à changer quelqu'un individuellement; et si nous y parvenions, peut-être sans nous en apercevoir, aurions-nous fait autre chose encore? — *Nous* avons été changés par l'autre. Tâchons plutôt que notre influence *sur ce qui est à venir* contrebalance la sienne et l'emporte sur elle! Ne luttons pas en combat direct! — et toute punition, tout blâme, toute volonté de rendre meilleur est cela. Elevons-nous au contraire nous-mêmes d'autant plus haut! Donnons à notre exemple des couleurs toujours plus lumineuses! Obscurcissons l'autre par notre lumière ! Non ! A cause de lui nous ne voulons pas devenir *plus obscurs* nous-mêmes, comme tous ceux qui punissent, comme tous les mécontents. Mettons-nous plutôt à l'écart ! Regardons ailleurs !

322.

Symbole. — Les penseurs dont les étoiles suivent des routes cycliques ne sont pas les plus profonds ; celui qui voit en lui comme dans un univers immense et qui porte en lui des voies lactées sait aussi combien toutes les voies lactées sont irrégulières ; elles conduisent jusque dans le chaos et le labyrinthe de l'existence.

323.

Bonheur dans la destinée. — La plus grande distinction que puisse nous réserver la destinée c'est de nous laisser combattre pendant un certain temps du côté de nos adversaires. C'est ainsi que nous sommes *prédestinés* à une grande victoire.

324.

In media vita. — Non ! La vie ne m'a pas déçu ! Je la trouve au contraire d'année en année plus riche, plus désirable et plus mystérieuse, — depuis le jour où m'est venue la grande libératrice, cette pensée que la vie pouvait être une expérience de celui qui cherche la connaissance — et non un devoir, non une fatalité, non une duperie ! — Et la connaissance elle-même : que pour d'autres elle soit autre chose, par exemple un lit de repos, ou bien le chemin qui mène au lit de repos, ou bien encore un divertissement ou une flânerie, — pour moi elle est un monde de dangers et de victoires, où les sentiments héroïques eux aussi ont leur place de danses et de jeux. « *La vie est un moyen de la connaissance* » — avec ce principe au cœur on peut non seulement vivre avec bravoure, mais encore *vivre avec joie, rire de joie!* Et comment s'entendrait-on à bien rire et à bien vivre, si l'on ne s'entendait pas d'abord à la guerre et à la victoire ?

325.

CE QUI FAIT PARTIE DE LA GRANDEUR. — Qui donc atteindra quelque chose de grand s'il ne se sent pas la force et la volonté d'*ajouter* de grandes douleurs ? C'est le moindre de savoir souffrir : les femmes faibles et même les esclaves y arrivent à la maîtrise. Mais ne pas périr de misère intérieure et d'incertitude lorsque l'on provoque la grande douleur et que l'on entend le cri de cette douleur — cela est grand — cela fait partie de la grandeur.

326.

LES MÉDECINS DE L'AME ET LA SOUFFRANCE. — Tous les prédicateurs de la morale, ainsi que les théologiens, ont un travers commun : ils cherchent tous à persuader à l'homme qu'il se sent très mal, qu'il a besoin d'une cure énergique radicale et dernière. Et puisque les hommes ont tous prêté l'oreille, trop avidement, pendant des siècles, à ces maîtres, quelque chose de cette superstition qu'ils sont bien misérables a fini par passer réellement sur eux: en sorte que les voici trop disposés à soupirer, à trouver la vie indigne d'être goûtée et à faire tous grise mine, comme si l'existence était trop difficile à supporter. En vérité, ils sont furieusement assurés de leur vie, ils en sont amoureux et, pleins de ruses et de subtilités, ils veulent briser les choses désagréables et arracher l'épine de la souffrance et du malheur. Il me semble que l'on a toujours parlé avec *exagération* de la douleur et du malheur comme s'il était de bon ton d'exagérer ici: on se tait par contre avec intention au sujet des innombrables moyens de soulager la douleur, comme par exemple les narcotiques, ou la hâte fiévreuse des pensées, ou bien une position tranquille, ou bien encore les bons et les mauvais souvenirs, les intentions, les espoirs et toute espèce de fiertés et de compassions qui produisent presque des effets anesthésiques; tandis qu'à un haut degré de souffrance l'évanouissement se produit de lui-même. Nous nous entendons fort bien à verser des douceurs sur nos amertumes, surtout sur l'amertume de l'âme ; nous avons des ressources dans notre bravoure et dans notre élévation, ainsi que dans les nobles délires de la soumission et de la résignation. Un dommage est à peine un dommage pendant une heure : d'une façon ou d'une autre, un présent nous est en même temps tombé du ciel — par exemple une force nouvelle, ne fût-ce même qu'une nouvelle occasion de force ! Les prédicateurs de la morale, quels thèmes n'ont-ils pas brodés sur la « misère » intérieure des hommes méchants ? Et quels *mensonges* nous ont-ils racontés sur le malheur des hommes passionnés ! — oui, mensonges, c'est là le vrai mot : ils connaissaient fort bien l'extrême bonheur de cette espèce d'hommes, mais ils s'en sont tus parce qu'il était une réfutation de leur théorie, d'après quoi tout bonheur ne naît que de l'anéantissement de la passion et du silence de la volonté ! Et pour ce qui en est enfin de la recette de tous ces médecins de l'âme et de leurs recommandations d'une cure radicale et rigoureuse, il sera permis de demander : notre vie est-elle vraiment assez douloureuse et assez odieuse pour l'échanger avec avantage contre le stoïcisme d'un genre de vie pétrifié ? Nous ne nous *sentons pas assez mal* pour devoir nous sentir mal à la façon stoïque !

327.

Prendre au sérieux. — L'intellect est chez presque tout le monde une machine pesante, obscure et gémissante qui est difficile à mettre en marche : ils appellent cela « prendre la chose *au sérieux* » quand ils veulent travailler et bien penser avec cette machine — oh ! combien ce doit être pénible pour eux de « bien penser » ! La gracieuse bête humaine a l'air de perdre chaque fois sa bonne humeur quand elle se met à bien penser ; elle devient « sérieuse » ! Et, « partout où il y a rires et joies, la pensée ne vaut rien » : c'est là le préjugé de cette bête sérieuse contre tout « gai savoir ». Eh bien ! Montrons que c'est là un préjugé !

328.

Nuire a la bêtise. — Certainement la réprobation de l'égoïsme, croyance prêchée avec tant d'opiniâtreté et de conviction, a en somme nui à l'égoïsme (*au bénéfice des instincts de troupeau,* comme je le répéterai mille fois !) surtout par le fait qu'elle lui a enlevé la bonne conscience, enseignant à chercher dans l'égoïsme la véritable source de tous les maux. « La recherche de ton propre intérêt est le malheur de ta vie » — voilà ce qui fut prêché pendant des milliers d'années : cela fit beaucoup de mal à l'égoïsme et lui prit beaucoup d'esprit, beaucoup de sérénité, beaucoup d'ingéniosité, beaucoup de beauté, il fut abêti, enlaidi, envenimé ! — L'antiquité philosophique enseigna par contre une autre source principale du mal : depuis Socrate les penseurs ne se sont pas fatigués à prêcher : « Votre étourderie et votre bêtise, la douceur de votre vie régulière, votre subordination à l'opinion du voisin, voilà les raisons qui vous empêchent si souvent d'arriver au bonheur, — nous autres penseurs nous sommes les plus heureux parce que nous sommes des penseurs. » Ne décidons pas ici si ce sermon contre la bêtise a de meilleures raisons en sa faveur que cet autre sermon contre l'égoïsme ; une seule chose est certaine, c'est qu'il a enlevé à la bêtise sa bonne conscience : — ces philosophes ont *nui à la bêtise.*

329.

Loisirs et oisiveté. — Il y a une sauvagerie tout indienne, particulière au sang des Peaux-Rouges, dans la façon dont les Américains aspirent à l'or ; et leur hâte du travail qui va jusqu'à essoufflement — le véritable vice du nouveau monde — commence déjà, par contagion, à rendre sauvage la vieille Europe et à propager chez elle un manque d'esprit tout à fait singulier. On a maintenant honte du repos ; la longue méditation occasionne déjà presque des remords. On réfléchit montre en main, comme on dîne, les yeux fixés sur le courrier de la bourse, — on vit comme quelqu'un qui craindrait sans cesse de « laisser échapper » quelque chose. « Plutôt faire n'importe quoi que de ne rien faire » — ce principe aussi est une « ficelle » pour donner le coup de grâce à tout goût supérieur. Et de même que toutes les formes disparaissent à vue d'œil dans cette hâte du travail, de même périssent aussi le sentiment de la forme, l'oreille et l'œil pour la mélodie du mouvement. La preuve en est dans la *lourde précision* exigée maintenant partout, chaque fois que l'homme veut être loyal vis-à-vis de l'homme, dans ses rapports avec les amis, les femmes, les parents, les enfants, les maîtres, les élèves, les guides et les princes, — on n'a plus ni le temps, ni la force pour les cérémonies, pour la courtoisie avec des détours, pour tout *esprit* de conversation, et, en général, pour tout *otium*. Car la vie à la chasse du gain force sans cesse l'esprit à se tendre jusqu'à l'épuisement, dans une constante dissimulation, avec le souci de duper ou de prévenir : la véritable vertu consiste maintenant à faire quelque chose en moins de temps qu'un autre. Il n'y a, par conséquent, que de rares heures de loyauté *permise* : mais pendant ces heures on est fatigué et l'on aspire non seulement à « se laisser aller », mais encore à *s'étendre* lourdement de long en large. C'est conformément à ce penchant que l'on fait maintenant sa correspondance; le style et l'esprit des *lettres* sera toujours le véritable « signe du temps ». Si la société et les arts procurent encore un plaisir c'est un plaisir tel que se le préparent des esclaves fatigués par le travail. Honte à ce consentement dans la « joie » chez les gens cultivés et incultes! Honte à cette suspicion grandissante de toute joie! Le *travail* a de plus en plus la bonne conscience de son côté: le penchant à la joie s'appelle déjà « besoin de se rétablir », et commence à avoir honte de soi-même. « On doit cela à sa santé » — c'est ainsi que l'on parle, lorsque l'on est surpris pendant une partie de campagne. Oui, on en viendra bientôt à ne plus céder à un penchant vers la *vie contemplative* (c'est-à-dire à se promener, accompagné de pensées et d'amis) sans mépris de soi et mauvaise conscience. — Eh bien! autrefois c'était le contraire : le travail portait avec lui la mauvaise conscience. Un homme de bonne origine *cachait* son travail quand la misère le forçait à travailler. L'esclave travaillait accablé sous le poids du sentiment de faire quelque chose de méprisable : — le « faire » lui-même était quelque chose de méprisable. « Seul au loisir et à la guerre il y a noblesse et honneur » : c'est ainsi que parlait la voix du préjugé antique!

330.

APPROBATION. — Le penseur n'a pas besoin d'approbations et d'applaudissements, pourvu qu'il soit certain de ses propres applaudissements : car de ceux-là il ne peut se passer. Y a-t-il des hommes qui peuvent en être privés, et même être privés de toute espèce d'approbation? J'en doute fort. Même pour ce qui est des sages, Tacite, qui n'était pas un calomniateur de la sagesse, disait : *quando etiam sapientibus gloriæ cupido novissima exuitur* — ce qui veut dire chez lui : jamais.

331.

PLUTÔT SOURD QU'ASSOURDI. — Autrefois on voulait se faire un bon renom : cela ne suffit plus, aujourd'hui que la place publique est devenue trop grande, — la renommée a besoin de cris. La conséquence en est que même les meilleurs gosiers se mettent à crier trop fort, et que les meilleures marchandises sont offertes par des voix enrouées; sans clameurs de place publique et sans enrouement il ne peut plus y avoir de génie de nos jours. — Et voilà vraiment une bien vilaine époque pour le penseur : il faut qu'il apprenne encore à trouver son silence entre deux bruits, et à faire le sourd jusqu'à ce qu'il le devienne. Tant qu'il n'aura pas appris cela, il restera certes en danger de périr d'impatience et de maux de tête.

332.

LA MAUVAISE HEURE. — Il doit y avoir eu pour chaque philosophe une mauvaise heure où il pensait : qu'importe de moi, si l'on ne croit pas à tous mes arguments, même aux plus mauvais ! — Et alors quelque oiseau moqueur, passant à côté de lui, se mettait à gazouiller : « Qu'importe de toi ? Qu'importe de toi ? »

333.

QU'EST-CE QUE C'EST QUE CONNAITRE ? — *Non ridere, non lugere, neque detestari, sed intelligere!* dit Spinoza, avec cette simplicité et cette élévation qui lui sont propres. Cet *intelligere* qu'est-il en dernière instance, en tant que forme par quoi les trois autres choses nous deviennent sensibles d'un seul coup ? Le résultat de différents instincts qui se contredisent, du désir de se moquer, de se plaindre ou de maudire ? Avant que la connaissance soit possible, il fallut que chacun de ces instincts avançât son avis incomplet sur l'objet ou l'événement ; alors commençait la lutte de ces jugements incomplets et le résultat était parfois un moyen terme, une pacification, une approbation des trois côtés, une espèce de justice et de contrat : car au moyen de la justice et du contrat tous ces instincts peuvent se conserver dans l'existence et garder raison en même temps. Nous qui ne trouvons dans notre conscience que les traces des dernières scènes de réconciliation, les définitifs règlements de comptes de ce long procès, nous nous figurons par conséquent qu'*intelligere* est quelque chose de conciliant, de juste, de bien, quelque chose d'essentiellement opposé aux instincts; tandis que ce n'est en réalité qu'un *certain rapport des instincts entre eux*. Longtemps on a considéré la pensée consciente comme la pensée par excellence : maintenant seulement nous commençons à entrevoir la vérité, c'est-à-dire que la plus grande partie de notre activité intellectuelle s'effectue d'une façon inconsciente et sans que nous en ayons la sensation; mais je crois que ces instincts qui luttent entre eux s'entendront fort bien à se rendre perceptibles et à se faire mal *réciproquement* ; — il se peut que ce formidable et soudain épuisement dont tous les penseurs sont atteints ait ici son origine (c'est l'épuisement sur le champ de bataille). Oui, peut-être y a-t-il dans notre intérieur en lutte bien des *héroïsmes* cachés, mais certainement rien de divin, rien qui repose éternellement en soi-même, comme pensait Spinoza. La pensée *consciente*, et surtout celle des philosophes, est la moins violente et par conséquent aussi, relativement, la plus douce et la plus tranquille catégorie de la pensée : et c'est pourquoi il arrive le plus souvent au philosophe d'être trompé sur la nature de la connaissance.

334.

Il faut apprendre a aimer. — Voilà ce qui nous arrive en musique : il faut d'abord *apprendre à entendre* en général, un thème ou un motif, il faut le percevoir, le distinguer, l'isoler et le limiter en une vie propre; puis il faut un effort et de la bonne volonté pour le *supporter*, malgré son étrangeté, pour exercer de la patience à l'égard de son aspect et de son expression, de la charité pour son étrangeté : — enfin arrive le moment où nous nous sommes habitués à lui, où nous l'attendons, où nous pressentons qu'il nous manquerait s'il faisait défaut; et maintenant il continue à exercer sa contrainte et son charme et ne cesse point que nous n'en soyons devenus les amants humbles et ravis, qui ne veulent rien de mieux dans le monde que ce motif et encore ce motif. — Mais il n'en est pas ainsi seulement de la musique : c'est exactement de la même façon que nous avons *appris à aimer* les choses que nous aimons. Finalement nous sommes toujours récompensés de notre bonne volonté, de notre patience, de notre équité, de notre douceur à l'égard de l'étranger, lorsque pour nous l'étranger écarte lentement son voile et se présente comme une nouvelle, indicible beauté. De même celui qui s'aime soi-même aura appris à s'aimer sur cette voie-là : il n'y en a pas d'autre. L'amour aussi, il faut l'apprendre.

335.

Vive la physique ! — Combien y a-t-il d'hommes

qui s'entendent à observer? Et parmi le petit nombre qui s'y entend, — combien y en a-t-il qui s'observent eux-mêmes ? « Chacun est pour soi-même le plus lointain » — c'est ce que savent, à leur plus grand déplaisir, tous ceux qui scrutent les âmes ; et la maxime « connais-toi toi-même ! », dans la bouche d'un dieu et adressée aux hommes, est presque une méchanceté. Mais pour démontrer combien l'observation de soi se trouve à un niveau désespéré, il n'y a rien de tel que la façon dont *presque chacun* parle de l'essence d'un acte moral, cette façon d'être prompte, empressée, convaincue, bavarde, avec son regard, son sourire, sa complaisance ! On semble vouloir te dire : « Mais, mon cher, ceci justement est *mon* affaire ! Tu t'adresses avec ta question à celui qui a *le droit* de répondre : le hasard veut qu'en rien je ne sois aussi sage qu'en cela. Donc : lorsque l'homme décide que « *cela est bien ainsi* », lorsqu'il conclut ensuite que « *c'est pour cela qu'il faut que cela soit* », et lorsque, enfin, il *fait* ce qu'il a ainsi reconnu juste et désigné comme nécessaire — alors l'essence de son acte est *morale !* » — Mais, mon ami, tu me parles là de trois actions au lieu d'une: car son jugement « cela est bien ainsi », par exemple, est aussi une action, — ne pouvait-on dès l'abord émettre un jugement moral ou immoral? *Pourquoi* considères-tu cela, et cela en particulier, comme juste? — Parce que ma conscience me l'indique ; la conscience ne parle jamais immoralement, car c'est elle qui détermine ce qui doit être moral ! » — Mais pourquoi écoutes-tu la voix de ta conscience? Et en quoi as-tu un droit à accepter comme vrai et infaillible un pareil jugement? Pour cette *croyance*, n'y a-t-il plus là de conscience? Ne sais-tu rien d'une conscience intellectuelle? D'une conscience derrière ta « conscience » ? Ton jugement « cela est bien ainsi » a une première histoire dans tes instincts, tes penchants, tes antipathies, tes expériences et tes inexpériences ; il te faut demander « comment s'est-il formé là ? » et encore après: « qu'est-ce qui me pousse en somme à l'écouter? » Tu peux prêter l'oreille à son commandement, comme un brave soldat qui entend les ordres de son officier. Ou bien comme une femme qui aime celui qui commande. Ou bien comme un flatteur et un lâche qui a peur de son maître. Ou bien comme un sot qui obéit parce qu'il n'a rien à répliquer à l'ordre donné. Bref, tu peux obéir à ta conscience, de cent façons différentes. Mais si tu écoutes tel ou tel jugement, comme la voix de ta conscience, en sorte que tu considères quelque chose comme juste, c'est peut-être parce que tu n'as jamais réfléchi sur toi-même et que tu as accepté aveuglément ce qui, depuis ton enfance, t'a été désigné comme *juste*, ou encore parce que le pain et les honneurs te sont venus jusqu'à présent avec ce que tu appelles ton devoir; — tu considères ce devoir comme « juste » puisqu'il te semble être *ta* « condition d'existence » (car ton *droit* à l'existence te paraît irréfutable). La *fermeté* de ton jugement moral pourrait encore être une preuve d'une pauvreté personnelle, d'un manque d'individualité, ta « force morale » pourrait avoir sa source dans ton entêtement — ou dans ton incapacité de percevoir un idéal nouveau ! En un mot : si tu avais pensé d'une façon plus subtile, mieux observé et appris davantage, à aucune condition tu n'appellerais plus devoir et conscience ce « devoir » et cette « conscience » que tu crois t'être personnels : ta religion serait éclairée sur la façon *dont se sont toujours formés les jugements moraux*, et elle te ferait perdre le goût pour ces termes pathétiques, — tout comme tu as déjà perdu le goût pour d'autres termes pathétiques, par exemple « le péché », « le salut de l'âme », « la rédemption ». — Et maintenant ne me parle pas de l'impératif catégorique, mon ami ! — ce mot chatouille mon oreille et me fait rire malgré ta présence si sérieuse : il me fait songer au vieux Kant qui, comme punition pour s'être emparé *subrepticement* de la « chose en soi » — encore quelque chose de bien risible ! — fut saisi subrepticement par l'« impératif catégorique » pour *s'égarer* de nouveau avec lui, au fond de son cœur, vers « Dieu », « l'âme », « la liberté » et « l'immortalité », pareil à un renard qui, croyant s'échapper, s'égare de nouveau dans sa cage ; — et ç'avait été *sa* force et *sa* sagesse qui avaient *brisé* les barreaux de cette cage ! — Comment ? Tu admires l'impératif catégorique en toi ? Cette fermeté de ce que tu appelles ton jugement moral ? Ce sentiment « absolu » que « tout le monde porte en ce cas le même jugement que toi » ? Admire plutôt ton *égoïsme !* Et l'aveuglement, la petitesse et la modestie de ton égoïsme ! Car c'est de l'égoïsme de considérer son propre jugement comme une loi générale ; un égoïsme aveugle, mesquin et modeste, d'autre part, puisqu'il révèle que tu ne t'es pas encore découvert toi-même, que tu n'as pas encore créé, à ton usage, un idéal propre, qui n'appartiendrait qu'à toi seul : — car cet idéal ne pourrait jamais être celui d'un autre, et, encore moins, celui de tous ! — — Celui qui juge encore : « dans ce cas chacun devrait agir ainsi, » n'est pas avancé de cinq pas dans la connaissance de soi : autrement il saurait qu'il n'y a pas d'actions semblables et qu'il ne peut pas y en avoir ; — que toute action qui a été exécutée l'a été d'une façon tout à fait unique et irréparable, qu'il en sera ainsi de toute action future, et que tous les préceptes ne se rapportent qu'au grossier côté extérieur des actions (de même que les préceptes les plus ésotériques et les plus subtils de toutes les morales jusqu'à aujourd'hui), — qu'avec ces préceptes on peut atteindre, il est vrai, une apparence d'égalité, mais *rien qu'une apparence* — que toute action, par rapport à eux, est et demeure une chose impénétrable, — que nos opinions sur ce qui est « bon », « noble », « grand » ne peuvent jamais être démontrées par nos actes, puisque tout acte est inconnaissable, — que certainement nos opinions, nos appréciations et nos tables de valeurs, font partie des leviers les plus puissants dans les rouages de nos actions, mais que pour chaque action particulière la loi de leur mécanique est indémontrable. *Restreignons*-nous donc à l'épuration de nos opinions et de nos appréciations et à la *création de nouvelles tables des valeurs qui nous soient propres :* — mais nous ne voulons plus faire de réflexions minutieuses sur « la valeur de nos actions » ! Oui, mes amis, il est temps de montrer son dégoût pour ce qui concerne tout le bavardage moral des uns sur les autres. Rendre des sentences morales doit nous être contraire. Laissons ce bavardage et ce mauvais goût à ceux qui n'ont rien de mieux à faire qu'à traîner le passé, sur une petite distance, à travers le temps, et qui ne représentent eux-mêmes jamais le présent, — à beaucoup donc, au plus grand nombre ! Mais nous autres, nous voulons *devenir ceux que nous sommes*, — les hommes uniques, incomparables, ceux qui se donnent leurs propres lois, ceux qui se créent eux-mêmes ! Et, pour ce, il faut que nous soyons de ceux qui apprennent et découvrent le mieux tout ce qui est loi et nécessité dans le monde : il faut que nous soyons *physiciens*, pour pouvoir être, en ce sens-là, des créateurs, — tandis que toute évaluation et tout idéal, jusqu'à ce jour, fut basé sur une *méconnaissance* de la physique, en *contradiction* avec elle. C'est pourquoi : vive la physique ! Et vive davantage encore ce qui nous *contraint* vers elle — notre loyauté !

336.

Avarice de la nature. — Pourquoi la nature a-t-elle été si parcimonieuse à l'égard des hommes, qu'elle ne les a pas fait luire, l'un plus, l'autre moins, selon l'abondance de leur lumière ? Pourquoi les grands hommes n'ont-ils pas, dans leur lever et dans leur déclin, une aussi belle visibilité que celle du soleil ? Comme il y aurait moins d'équivoque à vivre parmi les hommes s'il en était ainsi !

337.

L' « HUMANITÉ » DE L'AVENIR. — Lorsque je regarde, avec les yeux d'une époque lointaine, vers celle-ci, je ne puis rien trouver de plus singulier chez l'homme actuel que sa vertu et sa maladie particulière que l'on appelle le « sens historique ». Il y a dans l'histoire l'amorce de quelque chose de tout neuf et d'étranger : que l'on donne à ce germe quelques siècles et davantage et il finira peut-être par en sortir une plante merveilleuse avec une odeur tout aussi merveilleuse, à cause de quoi notre vieille terre serait plus agréable à habiter qu'elle ne l'a été jusqu'à présent. C'est que, nous autres hommes modernes, nous commençons à former la chaîne d'un sentiment que l'avenir montrera très puissant, chaînon par chaînon, — nous savons à peine ce que nous faisons. Il nous semble presque qu'il ne s'agit pas d'un sentiment nouveau, mais seulement de la diminution de tous les sentiments anciens : — le sens historique est encore quelque chose de si pauvre et de si froid, et il y a des hommes qui en deviennent glacés et plus pauvres et plus froids encore. Pour d'autres, il est l'indice de la vieillesse qui vient et notre planète leur apparaît comme un mélancolique malade qui, pour oublier le présent, se met à écrire l'histoire de sa jeunesse. En effet, c'est là un des côtés de ce sentiment nouveau : celui qui sait considérer l'histoire de l'homme, dans son ensemble, comme *son histoire*, celui-là ressent, en une énorme généralisation, toute l'affliction du malade qui songe à la santé, du vieillard qui songe au rêve de sa jeunesse, de l'amoureux privé de sa bien-aimée, du martyr dont l'idéal est détruit, du héros le soir d'une bataille dont le sort a été indécis et dont il garde pourtant des blessures et le regret de la mort d'un ami. — Mais porter cette somme énorme de misères de toute espèce, pouvoir la porter, et être quand même le héros qui salue, au second jour de la bataille, la venue de l'aurore, la venue du bonheur, puisque l'on est l'homme qui a, devant et derrière lui, un horizon de mille années, étant l'héritier de toute noblesse, de tout esprit du passé, héritier engagé, le plus noble parmi toutes les vieilles noblesses, et, en même temps, le premier d'une noblesse nouvelle, dont aucun temps n'a jamais vu ni rêvé rien d'égal : prendre tout cela sur son âme, le plus ancien et le plus nouveau, les pertes, les espoirs, les conquêtes, les victoires de l'humanité et réunir enfin tout cela en une seule âme, le résumer en un seul sentiment — ceci, certainement, devrait avoir pour résultat un bonheur que l'homme n'a pas encore connu jusqu'ici, — le bonheur d'un dieu, plein de puissance et d'amour, plein de larmes et de rires, un bonheur qui, pareil au soleil le soir, donnerait sans cesse de sa richesse inépuisable pour la verser dans la mer, et qui, comme le soleil, ne se sentirait le plus riche que lorsque le plus pauvre pêcheur ramerait avec

des rames d'or. Ce bonheur divin s'appellerait alors
— humanité !

338.

La volonté de vie et les compatissants. — Est-il salutaire pour vous d'être avant tout des hommes compatissants ? Est-il salutaire pour ceux qui souffrent que vous compatissiez ? Laissons cependant pour un moment sans réponse ma première question. — Ce qui nous fait souffrir de la façon la plus profonde et la plus personnelle est presque incompréhensible et inabordable pour tous les autres ; c'est en cela que nous demeurons cachés à notre prochain, quand même il mangerait avec nous dans la même assiette. Mais partout où l'on remarque que nous souffrons, notre souffrance est mal interprétée ; c'est le propre de l'affection compatissante qu'elle *dégage* la souffrance étrangère de ce qu'elle a de vraiment personnel : — nos « bienfaiteurs », mieux que nos ennemis, diminuent notre valeur et notre volonté. Dans la plupart des bienfaits que l'on prodigue aux malheureux il y a quelque chose de révoltant, à cause de l'insouciance intellectuelle que le compatissant met à jouer à la destinée : il ne sait rien de toutes les conséquences et de toutes les complications intérieures qui, pour *moi*, ou bien pour *toi* s'appellent malheur ! Toute l'écomie de mon âme, son équilibre par le « malheur », les nouvelles sources et les besoins nouveaux qui éclatent, les vieilles blessures qui se ferment, les époques entières du passé qui sont refoulées —

tout cela, tout ce qui peut être lié au malheur, ne préoccupe pas ce cher compatissant, il veut *secourir* et il ne pense pas qu'il existe une nécessité personnelle du malheur, que, toi et moi, nous avons autant besoin de la frayeur, des privations, de l'appauvrissement, des veilles, des aventures, des risques, des méprises que de leur contraire, et même, pour m'exprimer d'une façon mystique, que le sentier de notre propre ciel traverse toujours la volupté de notre propre enfer. Non, il ne sait rien de tout cela : la « religion de la pitié » ou bien « le cœur » ordonne de secourir, et l'on croit avoir le mieux aidé lorsque l'on a aidé vite ! Si, vous autres partisans de cette religion, professez vraiment, à l'égard de vous-mêmes, un sentiment pareil à celui que vous avez à l'égard de votre prochain, si vous ne voulez pas garder sur vous-mêmes, pendant une heure, votre propre souffrance, prévenant toujours de loin tout malheur imaginable, si vous considérez en général la douleur et la misère comme mauvaises, haïssables, dignes d'être détruites, comme une tare de la vie, eh bien alors ! outre votre religion de la pitié, vous avez encore au cœur une autre religion, et celle-ci est peut-être la mère de celle-là — la religion du *bien-être*. Hélas ! combien peu vous connaissez le *bonheur* des hommes, êtres commodes et bonasses ! — car le bonheur et le malheur sont des frères jumeaux qui grandissent ensemble, ou bien qui, comme chez vous, *restent petits !* Mais revenons à ma première question. — Comment est-il possible de rester sur son propre chemin ! Sans cesse un cri quelconque nous appelle à côté ; rarement notre œil voit quelque chose où il ne serait pas nécessaire de quitter nos propres affaires pour accourir. Je le sais : il y a cent manières honnêtes et louables pour m'égarer *de mon chemin*, et ce sont certes des manières très « morales » ! L'opinion des prédicateurs de la morale et de la pitié va même, de nos jours, jusqu'à prétendre que ceci, et ceci seul, est moral : — à savoir, se détourner de son chemin pour accourir au secours du prochain. Et je sais, avec autant de certitude, que je n'ai qu'à m'abandonner pendant un instant à une misère véritable pour *être* moi-même perdu ! Et, si un ami souffrant me dit : « Voici, je vais mourir bientôt ; promets-moi donc de mourir avec moi » — je le lui promettrais, tout aussi bien que le spectacle d'un petit peuple de la montagne combattant pour sa liberté, m'animerait à lui offrir mon bras et ma vie : — ceci afin de choisir des mauvais exemples pour de bonnes raisons. Certes, il y a une secrète séduction, même dans tous ces éveils de la pitié, dans tous ces appels au secours ; car notre « propre chemin » est précisément quelque chose de trop dur et de trop exigeant ; quelque chose qui est trop loin de l'amour et de la reconnaissance des autres, — ce n'est pas sans plaisir que nous lui échappons, à lui et à notre conscience la plus individuelle, pour nous réfugier dans la conscience des autres et dans le temple charmant de la « religion de la pitié ». Chaque fois qu'éclate maintenant une guerre quelconque, éclate en même temps, parmi les hommes les plus nobles d'un peuple, une joie, tenue secrète il est vrai : ils se jettent avec ravissement au-devant du nouveau danger de la *mort*, parce qu'ils croient enfin avoir trouvé, dans le sacrifice pour la patrie, cette permission longtemps cherchée — la permission d'*échapper à leur but* : — la guerre est pour eux un détour vers le suicide, mais un détour avec une bonne conscience. Et, tout en taisant ici certaines choses, je ne veux cependant pas taire ma morale qui me commande : Vis caché pour que tu *puisses* vivre pour toi, vis *ignorant* de ce qui importe le plus à ton époque ! Place, entre toi et aujourd'hui, au moins l'épaisseur de trois siècles ! Et les clameurs du jour, le bruit des guerres et des révolutions ne doit te parvenir que comme un murmure ! Et, toi aussi, tu voudras secourir, mais seulement ceux dont tu *comprends* entièrement la peine, puisqu'ils ont avec toi *une* joie, et *un* espoir en commun — tes *amis* : et seulement à la façon dont tu prêtes secours à toi-même : — je veux les rendre plus courageux, plus endurants, plus simples et plus joyeux ! Je veux leur apprendre ce qu'aujourd'hui si peu de gens comprennent, et ces prédicateurs de la compassion moins que personne :— non plus la peine commune, mais la *joie commune !*

339.

VITA FEMINA. — Voir la dernière beauté d'une œuvre — toute science et toute bonne volonté n'y suffisent pas ; il faut les plus rares, les plus heureux hasards pour que les nuées s'écartent de ces sommets pour laisser briller le soleil. Il faut non seulement que nous nous trouvions exactement au bon endroit, mais encore que notre âme elle-même ait écarté les voiles de ses sommets et ressente le besoin d'une expression et d'un symbole extérieur, comme pour avoir un arrêt et se rendre maîtresse d'elle-même. Mais tout cela se trouve si rarement réuni que je serais prêt à croire que les plus hauts sommets de tout ce qui est bien, que ce soit l'œuvre, l'action, l'honneur, la nature, sont restés pour la plupart des hommes, même pour les meilleurs, quelque chose de caché et de voilé : — pourtant ce qui se dévoile à nous, *se dévoile une fois!* — Il est vrai que les Grecs pouvaient prier : « Deux et trois fois tout ce qui est beau! » car ils avaient, hélas! une bonne raison d'invoquer les dieux, car la réalité impie ne nous donne pas la beauté, et si elle nous la donne, ce n'est qu'une seule fois! Je veux dire que le monde est gorgé de belles choses, et, malgré cela, pauvre, très pauvre en beaux instants et en révélations de ces choses. Mais peut-être est-ce là le plus grand charme de la vie; elle porte sur elle, entrelacé d'or, un voile de belles possibilités, prometteuses, farouches, pudiques, moqueuses, apitoyées et séductrices. Oui, la vie est une femme!

340.

Socrate mourant. — J'admire la bravoure et la sagesse de Socrate en tout ce qu'il a fait, en tout ce qu'il a dit — en tout ce qu'il n'a pas dit. Cet attrapeur de rats et ce lutin d'Athènes, moqueur et amoureux, qui faisait trembler et sangloter les pétulants jeunes gens d'Athènes, fut non seulement le plus sage de tous les bavards, il fut tout aussi grand dans le silence. Je désirerais qu'il se fût également tu dans les derniers moments de sa vie, — peut-être appartiendrait-il alors à un ordre des esprits encore plus élevé. Est-ce que ce fut la mort ou le poison, la piété ou la méchanceté? — quelque chose lui délia à ce moment la langue et il se mit à dire : « Oh! Criton, je dois un coq à Esculape. » Ces « dernières paroles », ridicules et terribles, signifient pour celui qui a des oreilles : « Oh! Criton, *la vie est une maladie!* » Est-ce possible! Un homme qui a été joyeux devant tous, comme un soldat, — un tel homme a été pessimiste ! C'est qu'au fond, durant toute sa vie, il n'avait fait que bonne mine à mauvais jeu et caché tout le temps son dernier jugement, son sentiment intérieur. Socrate, Socrate *a souffert de la vie!* Et il s'en est vengé — avec ces paroles voilées, épouvantables, pieuses et blasphématoires ! Un Socrate même eut-il encore besoin de se venger ? Y eut-il un grain de générosité de trop peu dans sa vertu si riche ? — Hélas! mes amis! Il faut aussi que nous surmontions les Grêcs!

341.

Le poids formidable. — Que serait-ce si, de jour ou de nuit, un démon te suivait une fois dans la plus solitaire de tes solitudes et te disait : « Cette vie, telle que tu la vis actuellement, telle que tu l'as vécue, il faudra que tu la revives encore une fois, et une quantité innombrable de fois; et il n'y aura en elle rien de nouveau, au contraire! il faut que chaque douleur et chaque joie, chaque pensée et chaque soupir, tout l'infiniment grand et l'infiniment petit de ta vie reviennent pour toi, et tout cela dans la même suite et le même ordre — et aussi cette araignée et ce clair de lune entre les arbres, et aussi cet instant et moi-même. L'éternel sablier de l'existence sera retourné toujours à nouveau — et toi avec lui, poussière des poussières! » — Ne te jetterais-tu pas contre terre en grinçant des dents et ne maudirais-tu pas le démon qui parlerait ainsi? Ou bien as-tu déjà vécu un instant prodigieux où tu lui répondrais : « Tu es un Dieu, et jamais je n'ai entendu chose plus divine! » Si cette pensée prenait de la force sur toi, tel que tu es, elle te transformerait peut-être, mais peut-être t'anéantirait-elle aussi ; la question « veux-tu cela encore une fois et une quantité innombrable de fois », cette question, en tout et pour tout, pèserait sur toutes tes actions d'un poids formidable! Ou alors combien il te faudrait aimer la vie, que tu t'aimes toi-même pour ne plus *désirer autre chose* que cette suprême et éternelle confirmation! —

342.

Incipit tragœdia. — Lorsque Zarathoustra eut atteint sa trentième année, il quitta sa patrie et le lac Ourmi et s'en alla dans la montagne. Là il jouit de son esprit et de sa solitude et ne s'en lassa point durant dix années. Mais enfin son cœur se transforma, — et un matin, se levant avec l'aurore, il s'avança devant le soleil et lui parla ainsi : « O grand astre ! Quel serait ton bonheur, si tu n'avais pas ceux que tu éclaires ! Depuis dix ans tu viens ici vers ma caverne : tu te serais lassé de ta lumière et de ce chemin, sans moi, mon aigle et mon serpent ; mais nous t'attendions chaque matin, nous te prenions ton superflu et nous t'en bénissions. Voici ! Je suis dégoûté de ma sagesse, comme l'abeille qui a amené trop de miel, j'ai besoin de mains qui se tendent. Je voudrais donner et distribuer jusqu'à ce que les sages parmi les hommes soient redevenus joyeux de leur folie, et les pauvres heureux de leur richesse. Pour cela je dois descendre dans les profondeurs : comme tu fais le soir, quand tu vas derrière les mers, apportant ta clarté au-dessous du monde, ô astre débordant de richesse ! — Je dois disparaître, ainsi que toi, me *coucher*, comme disent les hommes vers qui je veux descendre. Bénis-moi donc, œil tranquille, qui peux voir sans envie un bonheur même trop grand ! Bénis la coupe qui veut déborder, que l'eau toute dorée en découle apportant partout le reflet de ta joie ! Vois ! cette coupe veut se vider à nouveau et Zarathoustra veut redevenir homme. » — Ainsi commença le déclin de Zarathoustra.

LIVRE CINQUIÈME

NOUS QUI SOMMES SANS CRAINTE

> Carcasse, tu trembles ? Tu tremblerais bien davantage, si tu savais où je te mène.
> TURENNE.

343.

NOTRE SÉRÉNITÉ. — Le plus important des événements récents, — le fait « que Dieu est mort », que la foi en le Dieu chrétien a été ébranlée — commence déjà à projeter sur l'Europe ses premières ombres. Du moins pour le petit nombre de ceux dont le regard, dont la méfiance du regard, sont assez aigus et assez fins pour ce spectacle, un soleil semble s'être couché, une vieille et profonde confiance s'être changée en doute : c'est à eux que notre vieux monde doit paraître tous les jours plus crépusculaire, plus suspect, plus étrange, plus « vieux ». On peut même dire, d'une façon générale, que l'événement est beaucoup trop grand, trop lointain, trop éloigné de la compréhension de tout le monde pour qu'il puisse être question du bruit qu'en a fait la *nouvelle*, et moins encore pour que la foule puisse déjà s'en rendre compte — pour qu'elle puisse savoir ce qui s'effondrera, maintenant que cette foi a été minée, tout ce qui s'y dresse, s'y adosse et s'y vivifie : par exemple toute notre morale européenne. Cette longue suite de démolitions, de destructions, de ruines et de chutes que nous avons devant nous : qui donc aujourd'hui la devinerait assez pour être l'initiateur et le devin de cette énorme logique de terreur, le prophète d'un assombrissement et d'une obscurité qui n'eurent probablement jamais leurs pareils sur la terre ? Nous-mêmes, nous autres devins de naissance, qui restons comme en attente sur les sommets, placés entre hier et demain, haussés parmi les contradictions d'hier et de demain, nous autres premiers-nés, nés trop tôt, du siècle à venir, nous qui *devrions* apercevoir déjà les ombres que l'Europe est en train de projeter : d'où cela vient-il donc que nous attendions nous-mêmes, sans un intérêt véritable, et avant tout sans souci ni crainte, la venue de cet obscurcissement ? Nous trouvons-nous peut-être encore trop dominés par les *premières conséquences* de cet événement ? — et ces premières conséquences, à l'encontre de ce que l'on pourrait peut-être attendre, ne nous apparaissent nullement tristes et assombrissantes, mais, au contraire, comme une espèce de lumière nouvelle, difficile à décrire, comme une espèce de bonheur, d'allègement, de sérénité, d'encouragement, d'aurore... En effet, nous autres philosophes et « esprits libres », à la nouvelle que « le Dieu ancien est mort », nous nous sentons illuminés d'une aurore nouvelle ; notre cœur en déborde de reconnaissance, d'étonnement, d'appréhension et d'attente, — enfin l'horizon nous semble de nouveau libre, en admettant même qu'il ne soit pas clair, — enfin nos vaisseaux peuvent de nouveau mettre à la voile, voguer au-devant du danger, tous les coups de hasard de celui qui cherche la connaissance sont de nouveau permis ; la mer, *notre* pleine mer, s'ouvre de nouveau devant nous, et peut-être n'y eut-il jamais une mer aussi « pleine ». —

344.

DE QUELLE MANIÈRE, NOUS AUSSI, NOUS SOMMES ENCORE PIEUX. — On dit, à bon droit, que, dans le domaine de la science, les convictions n'ont pas droit de cité : ce n'est que lorsqu'elles se décident à s'abaisser à la modestie d'une hypothèse, d'un point de vue expérimental provisoire, d'un artifice de régulation, que l'on peut leur accorder l'entrée et même une certaine valeur dans le domaine de la connaissance, — à une condition encore, c'est qu'on les mette sous la surveillance de la police, de la police de la méfiance bien entendue. — Mais cela n'équivaut-il pas à dire : ce n'est que lorsque la conviction *cesse* d'être une conviction que l'on peut lui concéder l'entrée dans la science ? La discipline de l'esprit scientifique ne commencerait-elle pas alors seulement que l'on ne se permet plus de convictions ?... Il en est probablement ainsi. Or, il s'agit encore de savoir si, *pour que cette discipline puisse commencer*, une conviction n'est pas indispensable, une conviction si impérieuse et si absolue qu'elle force toutes les autres convictions à se sacrifier pour elle. On voit que la science, elle aussi, repose sur une foi, et qu'il ne saurait exister de science « inconditionnée ». La question de savoir si la *vérité* est nécessaire doit, non seulement avoir reçu d'avance une réponse affirmative, mais l'affirmation doit en être faite de façon à ce que le principe, la foi, la conviction y soient exprimés, « rien n'est plus nécessaire que la vérité, et, par rapport à elle, tout le reste n'a qu'une valeur de deuxième ordre ». — Cette absolue volonté de vérité : qu'est-elle ? Est-ce la volonté de ne pas *se laisser tromper* ? Est-ce la volonté de *ne point tromper soi-même* ? Car la volonté de vérité pourrait aussi s'interpréter de cette dernière façon : en admettant que la généralisation « je ne veux pas tromper » comprenne aussi le cas particulier « je ne veux pas *me* tromper ». Mais pourquoi ne pas tromper? Mais pourquoi ne pas se laisser tromper ? — Il faut remarquer que les raisons de la première éventualité se trouvent sur un tout autre domaine que les raisons de la seconde. On ne veut pas se laisser tromper parce que l'on considère qu'il est nuisible, dangereux, néfaste d'être trompé, — à ce point de vue la science serait le résultat d'une longue ruse, d'une précaution, d'une utilité, à quoi l'on pourrait justement objecter : comment? le fait de ne pas vouloir se laisser tromper diminuerait vraiment les risques de rencontrer des choses nuisibles, dangereuses, néfastes ? Que savez-vous de prime abord du caractère de l'existence pour pouvoir décider si le plus grand avantage est du côté de la méfiance absolue ou du côté de la confiance absolue? Mais pour le cas où les deux choses seraient nécessaires, beaucoup de confiance *et* beaucoup de méfiance : d'où la science prendrait-elle alors sa foi absolue, cette conviction qui lui sert de base, que la vérité est plus importante que toute autre chose, et aussi plus importante que toute autre conviction? Cette conviction, précisément, n'aurait pas pu se former, si la vérité *et* la non-vérité affirmaient toutes deux, sans cesse, leur utilité, cette utilité qui est un fait. Donc, la foi en la science, cette foi qui est incontestable, ne peut pas avoir tiré son origine d'un pareil calcul d'utilité, au contraire elle s'est formée *malgré* la démonstration constante de l'inutilité et du danger qui résident dans la «volonté de vérité», dans « la vérité à tout prix ». « A tout prix, » hélas ! nous savons trop bien ce que cela veut dire lorsque nous avons offerte et sacrifié sur cet autel une croyance après l'autre ! — Par conséquent « volonté de vérité » ne signifie point « je ne veux pas me laisser tromper », mais — et il n'y a pas de choix — « je ne veux pas tromper, ni moi-même, ni les autres » : — et *nous voici sur le terrain de la morale.* Car on fera bien de s'interroger à fond « Pourquoi ne veux-tu pas tromper? » surtout lorsqu'il pourrait y avoir apparence — et il y a apparence! — pour que la vie soit disposée en vue de l'apparence, je veux dire en vue de l'erreur, de la duperie, de la dissimulation, de l'éblouissement, de l'aveuglement, et pour que, d'autre part, la grande manifestation de la vie se soit effectivement toujours montrée du côté de la plus absolue πολίτροποι. Un pareil dessein pourrait peut-être ressembler, pour m'exprimer en douceur, à quelque donquichotterie, à une petite déraison enthousiaste, mais il pourrait être quelque chose de pire encore, je veux dire un principe destructeur qui met la vie en danger... « Volonté de vie » — cela pourrait cacher une volonté de mort. — En sorte que la question : pourquoi la science ? se réduit au problème moral : *pourquoi de toute façon la morale?* si la vie, la nature, l'histoire sont « immorales »? Il n'y a aucun doute, le véridique, au sens le plus hardi et le plus extrême, tel que le prévoit la foi en la science, *affirme ainsi un autre monde* que celui de la vie, de la nature et de l'histoire ; et, en tant qu'il affirme cet autre monde, comment? ne lui faut-il pas, par cela même, *nier* son antipode, ce monde, *notre* monde?... mais on aura déjà compris où je veux en venir, à savoir que c'est toujours encore sur *une croyance métaphysique* que repose notre foi en la science, — que nous aussi, nous qui cherchons aujourd'hui la connaissance, nous les impies et les antimétaphysiques, nous empruntons encore *notre* feu à l'incendie qu'une foi vieille de mille années a allumé, cette foi chrétienne qui fut aussi la foi de Platon et qui admettait que Dieu est la vérité et que la vérité est divine... Mais que serait-ce si cela précisément devenait de plus en plus invraisemblable, si rien ne s'affirme plus comme divin si ce n'est l'erreur, l'aveuglement, le mensonge, — si Dieu lui-même s'affirmait comme notre plus long mensonge?

345

LA MORALE EN TANT QUE PROBLÈME. — Le manque d'individus s'expie partout; une personnalité affaiblie, mince, éteinte, qui se nie et se renie elle-même, n'est plus bonne à rien, — et, moins qu'à toute autre chose, à faire de la philosophie. Le « désintéressement » n'a point de valeur au ciel et sur la terre; les grands problèmes exigent tous le *grand amour*, et il n'y a que les esprits vigoureux, nets et sûrs qui en soient capables, les esprits à base solide. Autre chose est, si un penseur prend personnellement position en face de ses problèmes, de telle sorte qu'il trouve en eux sa destinée, sa peine et aussi son plus grand bonheur, ou s'il s'approche de ses problèmes d'une façon « impersonnelle » : c'est-à-dire s'il n'y touche et ne les saisit qu'avec des pensées de froide curiosité. Dans ce dernier cas il n'en résultera rien, car une chose est certaine, les grands problèmes, en admettant même qu'ils se laissent saisir, ne se laissent point *garder* par les êtres au sang de grenouille et par les débiles. Telle fut leur fantaisie de toute éternité, — une fantaisie qu'ils partagent d'ailleurs avec toutes les braves petites femmes. — Or, d'où vient que je n'ai encore rencontré personne, pas même dans les livres, personne qui se placerait devant la morale comme si elle était quelque chose d'individuel, qui ferait de la morale un problème et de ce problème sa peine, sa souffrance, sa volupté et sa passion individuelles? Il est évident que jusqu'à présent la morale n'a pas été un problème; elle a été, au contraire, le terrain neutre, où, après toutes les méfiances, les dissentiments et les contradictions, on finissait par tomber d'accord, le lieu sacré de la paix, où les penseurs se reposent d'eux-mêmes, où ils respirent et revivent. Je ne vois personne qui ait osé une critique des évaluations morales, je constate même, dans cette matière, l'absence des tentatives de la curiosité scientifique, de cette imagination délicate et hasardeuse des psychologues et des historiens qui anticipe souvent sur un problème, qui le saisit au vol sans savoir au juste ce qu'elle tient. A peine si j'ai découvert quelques rares essais de parvenir à une *histoire des origines* de ces sentiments et de ces appréciations (ce qui est toute autre chose qu'une critique et encore autre chose que l'histoire des systèmes éthiques) : dans un cas isolé, j'ai tout fait pour encourager un penchant et un talent portés vers ce genre d'histoire — je constate aujourd'hui que c'était en vain. Ces historiens de la morale (qui sont surtout des Anglais) sont de mince importance : ils se trouvent généralement encore, de façon ingénue, sous les ordres d'une morale définie; ils en sont, sans s'en douter, les porte-boucliers et l'escorte. Ils suivent en cela ce préjugé populaire de l'Europe chrétienne, ce préjugé que l'on répète toujours avec tant de bonne foi et qui veut que les caractères essentiels de l'action morale soient l'altruisme, le renoncement, le sacrifice de soi-même, la pitié, la compassion. Leurs fautes habituelles, dans leurs hypothèses, c'est d'admettre une sorte de consentement entre les peuples, au moins entre les peuples domestiqués, au sujet de certains préceptes de la morale et d'en conclure à une obligation absolue, même pour les relations entre individus. Quand, au contraire, ils se sont rendu compte de cette vérité que, chez les différents peuples, les appréciations morales sont *nécessairement* différentes, ils veulent en conclure que *toute* morale est sans obligation. Les deux points de vue son également enfantins. La faute des plus subtils d'entre eux c'est de découvrir et de critiquer les opinions, peut-être erronées, qu'un peuple pourrait avoir sur sa morale ou bien les hommes sur toute morale humaine, soit des opinions sur l'origine de la morale, la sanction religieuse, le préjugé du libre arbitre, etc., et de croire qu'ils ont, de ce fait, critiqué cette morale elle-même. Mais la valeur du précepte « Tu dois » est profondément différente et indépendante de pareilles opinions sur ce précepte, et de l'ivraie d'erreurs dont il est peut-être couvert: de même l'efficacité d'un médicament sur un malade n'a aucun rapport avec les notions médicales de ce malade, qu'elles soient scientifiques ou qu'il pense comme une vieille femme. Une morale pourrait même avoir son origine dans une erreur : cette constatation ne ferait même pas toucher au problème de sa valeur. —La *valeur* de ce médicament, le plus célèbre de tous, de ce médicament que l'on appelle morale, n'a donc été examinée jusqu'à présent par personne : il faudrait, pour cela, avant toute autre chose, qu'elle fût *mise en question*. Eh bien ! c'est précisément là notre œuvre.—

346.

Notre point d'interrogation. — Mais vous ne comprenez pas cela! En effet, on aura de la peine à nous comprendre. Nous cherchons les mots, peut-être cherchons-nous aussi les oreilles. Qui sommes-nous donc? Si, avec une expression ancienne, nous voulions simplement nous appeler impies ou incrédules, ou encore immoralistes, il s'en faudrait de beaucoup que par là nous nous croyions désignés: nous sommes ces trois choses dans une phase trop tardive pour que l'on comprenne, pour que vous puissiez comprendre, messieurs les indiscrets, dans quel état d'esprit nous nous trouvons. Non! nous ne sentons plus l'amertume et la passion de l'homme détaché qui se voit forcé d'apprêter son incrédulité à son propre usage, pour en faire une foi, un but, un martyre. Au prix de souffrances qui nous ont rendus froids et durs, nous avons acquis la conviction que les événements du monde n'ont rien de divin, ni même rien de raisonnable, selon les mesures humaines, rien de pitoyable et de juste; nous le savons, le monde où nous vivons est sans Dieu, immoral, « inhumain », — trop longtemps nous lui avons donné une interprétation fausse et mensongère, apprêtée selon les désirs et la volonté de notre vénération, c'est-à-dire conformément à un *besoin*. Car l'homme est un animal qui vénère! Mais il est aussi un animal méfiant, et le monde ne vaut *pas* ce que nous nous sommes imaginés qu'il valait, c'est peut-être là la chose la plus certaine dont notre méfiance a fini par s'emparer.

Autant de méfiance, autant de philosophie. Nous nous gardons bien de dire que le monde a *moins* de valeur : aujourd'hui cela nous paraîtrait même risible, si l'homme voulait avoir la prétention d'inventer des valeurs qui *dépasseraient* la valeur du monde véritable, — c'est de cela justement que nous sommes revenus, comme d'un lointain égarement de la vanité et de la déraison humaines, qui longtemps n'a pas été reconnu comme tel. Cet égarement a trouvé sa dernière expression dans le pessimisme moderne, une expression plus ancienne et plus forte dans la doctrine de Bouddha; mais le christianisme lui aussi en est plein; il se montre là d'une façon plus douteuse et plus équivoque, il est vrai, mais non moins séduisante à cause de cela. Toute cette attitude de « l'homme *contre* le monde », de l'homme principe « négateur du monde », de l'homme comme étalon des choses, comme juge de l'univers qui finit par mettre l'existence elle-même sur sa balance pour la trouver trop légère — le monstrueux mauvais goût de cette attitude s'est fait jour dans notre conscience et nous n'en ressentons que du dégoût, — nous nous mettons à rire rien qu'en trouvant « l'homme *et* le monde » placés l'un à côté de l'autre, séparés par la sublime présomption de la conjonction « *et* » ! Comment donc? N'aurions-nous pas fait ainsi, rieurs que nous sommes, un pas de plus dans le mépris des hommes? Et, par conséquent aussi, un pas de plus dans le pessimisme, dans le mépris de l'existence, telle que *nous* la percevons? Ne sommes-nous pas, par cela même, tombés dans la défiance qu'occasionne ce contraste, le contraste entre le monde où, jusqu'à présent, nos vénérations avaient trouvé un refuge — ces vénérations à cause desquelles nous *supportions* peut-être de vivre — et un autre monde *que nous formons nous-mêmes* : c'est là une défiance de nous-mêmes, défiance implacable, foncière et radicale, qui s'empare toujours davantage de nous autres Européens, nous tient toujours plus dangereusement en sa puissance, et pourrait facilement placer les générations futures devant cette terrible éventualité : « Supprimez ou vos vénérations, ou bien — *vous-mêmes!* » Le dernier cas aboutirait au nihilisme; mais le premier cas n'aboutirait-il pas aussi — au nihilisme? — C'est là *notre* point d'interrogation!

347.

LES CROYANTS ET LEUR BESOIN DE CROYANCE. — On mesure le degré de force de notre foi (ou plus exactement le degré de sa faiblesse) au nombre de principes « solides » qu'il lui faut pour se développer, de ces principes que votre foi ne veut pas voir ébranlés parce qu'ils lui servent de *soutiens*. Il me semble qu'aujourd'hui la plupart des gens en Europe ont encore besoin du christianisme, c'est pourquoi l'on continue à lui accorder créance. Car l'homme est ainsi fait: on pourrait lui réfuter mille fois un article de foi, — en admettant qu'il en ait besoin, il continuerait toujours à le tenir pour « vrai », — conformément à cette célèbre « preuve de force » dont parle la Bible. Quelques-uns ont encore besoin de métaphysique; mais cet impétueux *désir de certitude* qui se décharge, aujourd'hui encore, dans les masses compactes, avec des allures scientifiques et positivistes, ce désir d'avoir à tout prix quelque chose de solide (tandis que la chaleur de ce désir empêche d'accorder de l'importance aux arguments en faveur de la certitude), est, lui aussi, le désir d'un appui, d'un soutien, bref, cet *instinct de faiblesse* qui, s'il ne crée pas les religions, les métaphysiques et les principes de toute espèce, les conserve du moins. C'est un fait qu'autour de tous ces systèmes positifs s'élève la fumée d'un certain assombrissement pessimiste, quelque chose comme la fatigue, le fatalisme, la déception ou la crainte d'une déception nouvelle — ou bien encore l'étalage du ressentiment, la mauvaise humeur, l'anarchisme exaspéré, ou quels que soient les symptômes ou les mascarades résultant du sentiment de faiblesse. La violence même que mettent certains de nos contemporains, les plus avisés, à se perdre dans de pitoyables réduits, dans de malheureuses impasses, par exemple dans le genre patriotard (c'est ainsi que j'appelle ce que l'on nomme en France *chauvinisme*, en Allemagne « allemand »), ou bien dans une étroite profession de foi esthétique à la façon du *naturalisme* (ce naturalisme qui n'emprunte à la nature et qui n'y découvre que la partie qui éveille en même temps le dégoût et l'étonnement — on aime à appeler cette partie aujourd'hui la *vérité vraie* —), ou bien encore dans le nihilisme selon le modèle de Pétersbourg (c'est-à-dire dans la *croyance en l'incrédulité* jusqu'au martyre), cette violence est toujours et avant tout une preuve d'un *besoin* de foi, d'appui, de soutien, de recours.... La foi est toujours plus demandée, le besoin de foi est le plus urgent, lorsque manque la volonté : car la volonté étant l'émotion du commandement, elle est le signe distinctif de la souveraineté et de la force. Ce qui signifie que, moins quelqu'un sait commander, plus il aspire violemment à quelqu'un qui ordonne, qui commande avec sévérité, à un dieu, un prince, un État, un médecin, un confesseur, un dogme, une conscience de parti. D'où il faudrait peut-être conclure que les deux grandes religions du monde, le bouddhisme et le christianisme, pourraient bien avoir trouvé leur origine, et surtout leur développement soudain, dans un énorme accès de *maladie de la volonté*. Et il en a été véritablement ainsi. Les deux religions ont rencontré une aspiration tendue jusqu'à la folie par l'affection de la volonté, le besoin d'un « *tu dois* » poussé jusqu'au désespoir; toutes deux enseignaient le fatalisme à des époques d'affaiblissement de la volonté et offraient ainsi un appui à une foule innombrable, une nouvelle possibilité de vouloir, une jouissance de la volonté. Car le fanatisme est la seule « force de volonté » où l'on puisse amener même les faibles et les incertains, comme une sorte d'hypnotisation de tout le système sensitif et intellectuel en faveur de la nutrition surabondante (hypertrophie) d'un seul sentiment, d'un seul point de vue qui domine dès lors — le chrétien l'appelle sa *foi*. Lorsqu'un homme arrive à la conviction fondamentale qu'il *faut* qu'il soit commandé, il devient

« croyant »; il y aurait lieu d'imaginer par contre une joie et une force de souveraineté individuelle, une *liberté* du vouloir, où l'esprit abandonnerait toute foi, tout désir de certitude, exercé comme il l'est à se tenir sur les cordes légères de toutes les possibilités, à danser même au bord de l'abîme. Un tel esprit serait l'*esprit libre par excellence*.

348.

De l'origine du savant. — Le savant, en Europe, tire son origine de toutes espèces de classes et de conditions sociales, tel une plante qui n'a pas besoin d'un sol particulier : c'est pourquoi il prend place, essentiellement et involontairement, parmi les soutiens de la pensée démocratique. Mais cette origine se devine. Si l'on a un peu exercé son œil à découvrir et à prendre sur le fait, dans un ouvrage ou un traité scientifique, l'*idiosyncrasie du savant*—chaque savant possède la sienne —, l'on reconnaîtra presque toujours, derrière cette idiosyncrasie, l'histoire primitive du savant, sa famille et particulièrement le caractère professionnel et les métiers de sa famille. Lorsque le sentiment d'avoir « démontré » quelque chose que l'on a « mené à bonne fin » trouve son expression, c'est généralement l'ancêtre dans le sang et dans l'instinct du savant qui, à son point de vue, approuve un « travail fait »; — la croyance en une démonstration n'est que le symptôme qui indique ce que l'on considérait de tous temps, dans une famille laborieuse, comme de « bon travail ». Un exemple : Les fils de greffiers et de bureaucrates de toute espèce, dont la tâche principale a toujours consisté à classer des documents multiples, à les distribuer dans des casiers et, en général, à schématiser, montrent, pour le cas où ils deviennent des savants, une propension à considérer un problème comme résolu lorsqu'ils en ont établi le schéma. Il y a des philosophes qui ne sont au fond que des cerveaux schématiques — ce qu'il y avait d'extérieur dans la profession de leur père est devenu pour eux l'essence même des choses. Le talent à classifier, à établir des tables de catégories, révèle quelque chose; on n'est pas impunément l'enfant de ses parents. Le fils d'un avocat continuera à être avocat en tant qu'homme de science : il veut, en première ligne, que sa cause garde raison, en deuxième ligne peut-être qu'elle ait raison. On reconnaît les fils de ministres protestants et d'instituteurs à la certitude naïve qu'ils mettent, en tant que savants, à considérer leurs affirmations comme démontrées lorsqu'ils viennent seulement de les exposer courageusement et avec chaleur : car ils ont l'habitude invétérée d'y voir *ajouter foi*, — chez leur père cela faisait partie du « métier ». Chez un juif, au contraire, grâce à ses habitudes d'affaires et au passé de son peuple, se voir ajouter foi est ce qu'il y a de moins habituel : on peut vérifier ce fait chez les savants juifs, — ils ont tous une haute opinion de la logique qui par des arguments *force* à l'approbation; ils savent que la logique leur procurera la victoire, même lorsqu'il y a contre eux une répugnance de race et de classe et qu'alors on les croira contre son gré. Car il n'y a rien de plus démocratique que la logique : elle ne connaît pas d'égards aux personnes et même les nez crochus lui paraissent droits. (L'Europe, soit dit en passant, doit avoir de la reconnaissance à l'égard des juifs, pour ce qui en est de la logique et des habitudes de *propreté* intellectuelle ; avant tout les Allemands, une race fâcheusement déraisonnable, à qui, aujourd'hui encore, il faut toujours commencer par « laver la tête ». Partout où les juifs ont eu de l'influence, ils ont enseigné à distinguer avec plus de sensibilité, à conclure avec plus de sagacité, à écrire avec plus de clarté et de netteté : cela a toujours été leur tâche de mettre un peuple « à la *raison* »).

349.

Encore l'origine des savants. — Vouloir se conserver soi-même, c'est l'expression d'un état de détresse, une restriction du véritable instinct fondamental de la vie qui tend à l'*élargissement de la puissance* et qui, fort de cette volonté, met souvent en question et sacrifie la conservation de soi. Il faut voir un symptôme dans le fait que certains philosophes, comme par exemple Spinoza, le poitrinaire, ont dû justement considérer ce que l'on appelle l'instinct de conservation comme cause déterminante : — c'est qu'ils étaient des hommes en plein état de détresse. Si nos sciences naturelles modernes se sont à un tel point engagées dans le dogme spinozien (en dernier lieu et de la façon la plus grossière avec le darwinisme et sa doctrine incompréhensiblement boiteuse de la « lutte pour la vie » —) c'est probablement l'origine de la plupart des naturalistes qui en est cause : en cela ils appartiennent au « peuple », leurs ancêtres étaient de pauvres et petites gens qui connaissaient de trop près les difficultés qu'il y a à se tirer d'affaire. Le darwinisme anglais tout entier respire une atmosphère semblable à celle que produit l'excès de population des grandes villes anglaises, l'odeur de petites gens, misérablement à l'étroit. Mais lorsque l'on est naturaliste, on devrait sortir de son recoin humain, car dans la nature *règne*, non la détresse, mais l'abondance, et même le gaspillage jusqu'à la folie. La lutte pour la vie n'est qu'une *exception*, une restriction momentanée de la volonté de vivre; la grande et la petite lutte tournent partout autour de la prépondérance, de la croissance, du développement et de la puissance, conformément à la volonté de puissance qui est précisément la volonté de vie.

350.

A L'HONNEUR DES *HOMINES RELIGIOSI*. — La lutte contre l'Église est certainement aussi, entre autres — car elle signifie beaucoup de choses — la lutte des natures plus vulgaires, plus gaies, plus familières, plus superficielles contre la domination des hommes plus lourds, plus profonds, plus contemplatifs, c'est-à-dire plus méchants et plus ombrageux, qui ruminent longtemps les soupçons qui leur viennent sur la valeur de l'existence et aussi sur leur propre valeur : — l'instinct vulgaire du peuple, sa joie des sens, son « bon cœur » se révoltaient contre ces hommes. Toute l'Église romaine repose sur une défiance méridionale de la nature humaine, une défiance toujours mal comprise dans le nord. Cette défiance, le midi européen l'a héritée de l'Orient profond, de l'antique Asie mystérieuse et de son esprit contemplatif. Déjà le protestantisme est une révolte populaire en faveur des gens intègres, candides et superficiels (le nord fut toujours plus doux et plus plat que le midi) ; mais ce fut la Révolution française qui plaça définitivement et solennellement le sceptre dans la main de « l'homme bon » (de la brebis, de l'âne, de l'oie, et de tout ce qui est incurablement plat et braillard, mûr pour la maison de fous des « idées modernes »).

351.

A L'HONNEUR DES NATURES DE PRÊTRES. — Je pense que les philosophes se sont toujours tenus le plus éloignés de ce que le peuple entend par sagesse (et qui donc, aujourd'hui, ne fait pas partie du « peuple » ? —), de cette prudente tranquillité d'âme avachie, de cette piété et de cette douceur de pasteur de campagne qui s'étend dans un pré et qui *assiste* au spectacle de la vie en ruminant d'un air sérieux ; peut-être était-ce parce que les philosophes ne se sentaient pas assez peuple, pas assez pasteur de campagne. Aussi seront-ils peut-être les derniers à croire que le peuple *puisse* comprendre quelque chose qui est aussi éloigné de lui que la grande *passion* de celui qui cherche la connaissance, qui vit sans cesse dans les nuées orageuses des plus hauts problèmes et des plus dures responsabilités, qui est forcé d'y vivre (qui n'est donc nullement contemplatif, en dehors, indifférent, sûr, objectif...). Le peuple honore une tout autre catégorie d'hommes, lorsqu'il se fait, de son côté, un idéal du « sage », et il a mille fois raison de rendre hommage à ces hommes avec les paroles et les honneurs les plus choisis : ce sont les natures de prêtre, douces et sérieuses, simples et chastes, et tout ce qui est de leur espèce ; — c'est à eux que vont les louanges que prodigue à la sagesse la vénération du peuple. Et envers qui le peuple aurait-il raison de se montrer plus reconnaissant, si ce n'est envers ces hommes qui sortent de lui et demeurent de son espèce, mais comme s'ils étaient sacrifiés et choisis, *sacrifiés* pour son bien — ils se croient eux-mêmes sacrifiés à Dieu — ? auprès de qui le peuple peut impunément verser son cœur, se *débarrasser* de ses secrets, de ses soucis et de choses pires encore (— car l'homme qui « se confie » se débarrasse de lui-même, et celui qui a « avoué » oublie). Ici s'impose une grande nécessité : car, pour les immondices de l'âme, il est aussi besoin de canaux d'écoulement et d'eaux propres et proprifiantes, il est besoin de rapides fleuves d'amour et de cœurs vaillants, humbles et purs qui se prêtent à un tel service sanitaire non public, qui se sacrifient — car c'est bien là un sacrifice, un prêtre reste et demeure un sacrificateur d'hommes. Le peuple considère ces hommes sacrifiés et silencieux, ces hommes sérieux de la « foi », comme des *sages*, c'est-à-dire comme ceux qui ont gagné la science, comme des hommes « sûrs », par rapport à sa propre incertitude : qui donc voudrait lui enlever ce mot et cette vénération ? — Mais inversement il est juste que, parmi les philosophes, le prêtre, lui aussi, soit encore considéré comme un homme du « peuple » et non comme un homme qui « sait », avant tout parce qu'il ne croit pas lui-même que l'on puisse « savoir », et parce que cette croyance négative et cette superstition sentent leur « populaire ». C'est la *modestie* qui s'inventa en Grèce le mot « philosophe », et qui laissa aux comédiens de l'esprit le superbe orgueil de s'appeler sages, — la modestie de pareils monstres de fierté et d'indépendance comme Pythagore et Platon.

352.

DE QUELLE MANIÈRE L'ON PEUT A PEINE SE PASSER DE MORALE. — L'homme nu est généralement un honteux spectacle — je veux parler de nous autres Européens (et pas même des Européennes!) Supposons que les plus joyeux convives, par le tour de malice d'un magicien, se voient soudain dévoilés et déshabillés, je crois que du coup, non seulement leur bonne humeur disparaîtrait, mais encore l'appétit le plus féroce en serait découragé, — il paraît que nous autres Européens nous ne pouvons absolument pas nous passer de cette mascarade qui s'appelle habillement. Mais n'y aurait-il pas les mêmes bonnes raisons à préconiser le déguisement des « hommes moraux », à demander à ce qu'ils fussent enveloppés de formules morales et de notions de convenance, à ce que nos actes fussent bénévolement cachés sous les idées du devoir, de la vertu, de l'esprit civique, de l'honorabilité, du désintéressement? Ce n'est pas que je croie qu'il faille peut-être masquer ainsi la méchanceté et l'infamie humaine, bref la dangereuse bête sauvage qui est en nous; au contraire! c'est précisément en tant que *bêtes domestiques* que nous sommes un spectacle honteux et que nous avons besoin d'un travestissement moral, — l' « homme intérieur » en Europe n'est pas assez inquiétant pour pouvoir se « faire voir » avec sa férocité (pour qu'elle le rende *beau*—). L'Européen se travestit *avec la morale* parce qu'il est devenu un animal malade, infirme, estropié, qui a de bonnes raisons pour être « apprivoisé », puisqu'il est presque un avorton, quelque chose d'imparfait, de faible et de gauche... Ce n'est pas la férocité de la bête de proie qui éprouve le besoin d'un travestissement moral, mais la bête du troupeau, avec sa médiocrité profonde, la peur et l'ennui qu'elle se cause à elle-même. *La morale attife l'Européen* — avouons-le! — pour lui donner de la distinction, de l'importance, de l'apparence, pour le rendre « divin ». —

353.

De l'origine des religions. — Les véritables inventions des fondateurs de religions sont, d'une part : d'avoir fixé une façon de vivre déterminée, des mœurs de tous les jours, qui agissent comme une discipline de la volonté et suppriment en même temps l'ennui ; et d'autre part : d'avoir donné justement à cette vie une *interprétation* au moyen de quoi elle semble enveloppée de l'auréole d'une valeur supérieure, en sorte qu'elle devient maintenant un bien pour lequel on lutte et sacrifie parfois sa vie. En réalité, de ces deux inventions, la seconde est la plus importante ; la première, la façon de vivre, existait généralement déjà, mais à côté d'autres façons de vivre et sans qu'elle se rende compte de la valeur qu'elle avait. L'importance, l'originalité du fondateur de religion se manifeste généralement par le fait qu'il *voit* la façon de vivre, qu'il la *choisit*, que, pour la première fois, il devine à quoi elle peut servir, comment on peut l'interpréter. Jésus (ou saint Paul) par exemple, trouva autour de lui la vie des petites gens des provinces romaines : il l'interpréta, il y mit un sens supérieur — et par là même le courage de mépriser tout autre genre de vie, le tranquille fanatisme que reprirent plus tard les frères moraves, la secrète et souterraine confiance en soi qui grandit sans cesse jusqu'à être prête à « surmonter le monde » (c'est-à-dire Rome et les classes supérieures de tout l'Empire). Bouddha de même trouva cette espèce d'hommes disséminée dans toutes les classes sociales de son peuple, cette espèce d'hommes qui, par paresse, est bonne et bienveillante (avant tout inoffensive) et qui, également par paresse, vit dans l'abstinence et presque sans besoins : il s'entendit à attirer inévitablement une telle espèce d'homme, avec toute la *vis inertiæ*, dans une foi qui promettait d'éviter le retour des misères terrestres (c'est-à-dire du travail et de l'action en général), — entendre cela fut son trait de génie. Pour être fondateur de religion il faut de l'infaillibilité psychologique dans la découverte d'une catégorie d'âmes, déterminées et moyennes, d'âmes qui n'ont pas encore reconnu qu'elles sont de même espèce. C'est le fondateur de religion qui les réunit, c'est pourquoi la fondation d'une religion devient toujours une longue fête de reconnaissance. —

354.

Du « génie de l'espèce ». — Le problème de la conscience (ou plus exactement : de la conscience de soi) ne se présente à nous que lorsque nous commençons à comprendre en quelle mesure nous pourrions nous passer de la conscience : la physiologie et la zoologie nous placent maintenant au début de cette compréhension (il a donc fallu deux siècles pour rattraper la précoce défiance de Leibnitz). Car nous pourrions penser, sentir, vouloir, nous souvenir, nous pourrions également agir dans toutes les acceptions du mot, sans qu'il soit nécessaire que nous « ayons conscience » de tout cela. La vie toute entière serait possible sans qu'elle se vît en quelque sorte dans une glace : comme d'ailleurs, maintenant encore, la plus grande partie de la vie s'écoule chez nous sans qu'il y ait une pareille réflexion —, et de même la partie pensante, sensitive et agissante de notre vie, quoiqu'un philosophe ancien puisse trouver quelque chose d'offensant dans cette idée. A quoi servira donc la conscience si, pour tout ce qui est essentiel, elle est *superflue ?* — Dès lors, si l'on veut écouter ma réponse à cette question et les suppositions, peut-être lointaines, qu'elle me suggère, la finesse et la force de la conscience me paraissent toujours être en rapport avec la *faculté de communication* d'un homme (ou d'un animal), et, d'autre part, la faculté de communication en rapport avec le *besoin de communication :* mais il ne faut pas entendre ceci comme si l'individu qui serait justement maître dans la communication et dans l'explication de ses besoins devrait être lui-même réduit, plus que tout autre, à compter sur ses semblables dans la réalisation de ses besoins. Il me semble pourtant qu'il en est ainsi par rapport à des races tout entières et à des générations successives. Quand le besoin, la misère, ont longtemps forcé les hommes à se communiquer, à se comprendre réciproquement d'une façon rapide et subite, il finit par se former un excédent de cette force et de cet art de communication, en quelque sorte une fortune qui s'est amassée peu à peu, et qui attend maintenant un héritier qui la dépense avec prodigalité (ceux que l'on appelle des artistes sont de ces héritiers, de même les orateurs, les prédicateurs, les écrivains : toujours des hommes qui arrivent au bout d'une longue chaîne, des hommes tardifs au meilleur sens du mot, et qui, de par leur nature, sont des *dissipateurs*). En admettant que cette observation soit juste, je puis continuer par cette supposition que *la conscience s'est seulement développée sous la pression du besoin de commu-*

nication, que, de prime abord, elle ne fut nécessaire et utile que dans les rapports d'homme à homme (surtout dans les rapports entre ceux qui commandent et ceux qui obéissent) et qu'elle ne s'est développée qu'en regard de son degré d'utilité. La conscience n'est en somme qu'un réseau de communications d'homme à homme, — ce n'est que comme telle qu'elle a été forcée de se développer : l'homme solitaire et bête de proie aurait pu s'en passer. Le fait que nos actes, nos pensées, nos sentiments, nos mouvements parviennent à notre conscience — du moins en partie — est la conséquence d'une terrible nécessité qui a longtemps dominé l'homme : étant l'animal qui courait le plus de dangers, il avait *besoin* d'aide et de protection, il avait besoin de ses semblables, il était forcé de savoir exprimer sa détresse, de savoir se rendre intelligible — et pour tout cela il lui fallait d'abord la « conscience », il lui fallait « savoir » lui-même ce qui lui manque, « savoir » quelle est sa disposition d'esprit, « savoir » ce qu'il pense. Car, je le répète, l'homme comme tout être vivant pense sans cesse, mais ne le sait pas; la pensée qui devient *consciente* n'en est pas la plus petite partie, disons : la partie la plus mauvaise et la plus superficielle; — car c'est cette pensée consciente seulement qui *s'effectue en paroles*, c'est-à-dire *en signes de communication*, par quoi l'origine même de la conscience se révèle. En un mot, le développement du langage et le développement de la conscience (*non* de la raison, mais seulement de la raison qui devient consciente d'elle-même) se donnent la main. Il faut ajouter encore que ce n'est pas seulement le langage qui sert d'intermédiaire entre les hommes, mais encore le regard, la pression, le geste ; la conscience des impressions de nos propres sens, la faculté de pouvoir les fixer et de les déterminer, en quelque sorte en dehors de nous-mêmes, ont augmenté dans la mesure où grandissait la nécessité de les communiquer à *d'autres* par des signes. L'homme inventeur de signes est en même temps l'homme qui prend conscience de lui-même d'une façon toujours plus aiguë ; ce n'est que comme animal social que l'homme apprend à devenir conscient de lui-même, — il le fait encore, il le fait toujours davantage. — Mon idée est, on le voit, que la conscience ne fait pas proprement partie de l'existence individuelle de l'homme, mais plutôt de ce qui appartient chez lui à la nature de la communauté et du troupeau ; que, par conséquent, la conscience n'est développée d'une façon subtile que par rapport à son utilité pour la communauté et le troupeau, donc que chacun de nous, malgré son désir de se *comprendre* soi-même aussi individuellement que possible, malgré son désir « de se connaître soi-même », ne prendra toujours conscience que de ce qu'il y a de non-individuel chez lui, de ce qui est « moyen » en lui, — que notre pensée elle-même est sans cesse *majorée* en quelque sorte par le caractère propre de la conscience, par le « génie de l'espèce » qui la commande — et retranscrit dans la perspective du troupeau. Tous nos actes sont au fond incomparablement personnels, uniques, immensément personnels, il n'y a à cela aucun doute ; mais dès que nous les transcrivons dans la conscience, *il ne paraît plus qu'il en soit ainsi...* Ceci est le véritable phénoménalisme, le véritable perspectivisme tel que moi je l'entends : la nature de la *conscience animale* veut que le monde dont nous pouvons avoir conscience ne soit qu'un monde de surface et de signes, un monde généralisé et vulgarisé, que tout ce qui *devient* conscient devient par là plat, mince, relativement bête, *devient* généralisation, signe, marque du troupeau, que, dès que l'on prend conscience, il se produit une grande corruption foncière, une falsification, un aplatissement, une vulgarisation. En fin de compte, l'accroissement de la conscience est un danger et celui qui vit parmi les Européens les plus conscients sait même que c'est là une maladie. On devine que ce n'est pas l'opposition entre le sujet et l'objet qui me préoccupe ici ; je laisse cette distinction aux théoriciens de la connaissance qui sont restés accrochés dans les filets de la grammaire (la métaphysique du peuple). C'est moins encore l'opposition entre la « chose en soi » et l'apparence : car nous sommes loin de « connaître » assez pour pouvoir établir cette *distinction*. A vrai dire nous ne possédons absolument pas d'organe pour la *connaissance*, pour la « vérité » : nous « savons » (ou plutôt nous croyons savoir, nous nous figurons) justement autant qu'il est utile que nous sachions dans l'intérêt du troupeau humain, de l'espèce : et même ce qui est appelé ici « utilité » n'est, en fin de compte, qu'une croyance, un jouet de l'imagination et peut-être cette bêtise néfaste qui un jour nous fera périr.

355.

L'ORIGINE DE NOTRE NOTION DE LA « CONNAISSANCE ». — Je ramasse cette explication dans la rue; j'ai entendu quelqu'un parmi le peuple dire : « Il m'a reconnu » — : et je me demande ce que le peuple entend au fond par connaître? que veut-il lorsqu'il veut la « connaissance »? Rien que cela : quelque chose d'étranger doit être ramené à quelque chose de *connu*. Et nous autres philosophes — par « connaissance » voudrions-nous peut-être entendre *davantage?* Ce qui est connu, c'est-à-dire : ce à quoi nous sommes habitués, en sorte que nous ne nous en étonnons plus, notre besogne quotidienne, une règle quelconque qui nous tient, toute chose que nous savons nous être familière : — comment? notre besoin de connaissance n'est-il pas précisément notre besoin de quelque chose de connu? le désir de découvrir, parmi toutes les choses étrangères, inaccoutumées, incertaines, quelque chose qui ne nous inquiétât plus? Ne serait-ce pas l'instinct de crainte qui nous pousse à connaître? La jubilation du connaisseur ne serait-elle pas la jubilation de la sûreté reconquise?... Tel philosophe considéra le monde comme « connu » lorsqu'il l'eut ramené à l' « idée ». Hélas! n'en était-il pas ainsi parce que l' « idée » était pour lui chose connue, habituelle? parce qu'il avait beaucoup moins peur de l' « idée »? — Honte à cette modération de ceux qui cherchent la connaissance! Examinez donc à ce point de vue leurs principes et leurs solutions des problèmes du monde ! Lorsqu'ils retrouvent dans les choses, parmi les choses, derrière les choses, quoi que ce soit que nous connaissons malheureusement trop, comme par exemple notre table de multiplication, notre logique, nos volontés ou nos désirs, quels cris de joie ils se mettent à pousser ! Car « ce qui est connu est reconnu » : en cela ils s'entendent. Même les plus circonspects parmi eux croient que ce qui est connu est pour le moins plus *facile à reconnaître* que ce qui est étranger ; ils croient par exemple que, pour procéder méthodiquement, il faut partir du « monde intérieur », des « faits de la conscience », puisque c'est là le monde *que nous connaissons !* Erreur des erreurs ! Ce qui est connu c'est ce qu'il y a de plus habituel, et l'habituel est ce qu'il y a de plus difficile à « reconnaître », c'est-à-dire le plus difficile à considérer comme problème, à voir par son côté étrange, lointain, « extérieur à nous-mêmes »... La grande supériorité des sciences « naturelles », comparées à la psychologie et à la critique les éléments de la conscience — on pourrait presque les appeler les sciences « *non-naturelles* » — consiste précisément en ceci qu'elles prennent pour objet des éléments *étrangers*, tandis que c'est presque une contradiction et une absurdité de *vouloir* prendre pour objet des éléments qui ne sont pas étrangers...

356.

De quelle manière l'Europe deviendra de plus en plus artistique. — La prévoyance vitale impose aujourd'hui encore — en une époque transitoire où tant de choses cessent d'être imposées, — à presque tous les Européens, un rôle déterminé, ce que l'on appelle leur carrière ; quelques-uns gardent la liberté, une liberté apparente, de choisir eux-mêmes ce rôle, mais pour la plupart ce sont les autres qui le choisissent. Le résultat est assez singulier : presque tous les Européens se confondent avec leur rôle lorsqu'ils avancent en âge, ils sont eux-mêmes les victimes de leur « bon jeu », ils ont oublié combien un hasard, un caprice, une fantaisie ont disposé d'eux lorsqu'ils se décidèrent pour une « carrière » — et combien ils auraient peut-être *pu* jouer d'autres rôles, pour lesquels il est trop tard maintenant. A y regarder de plus près, le rôle qu'ils jouent est véritablement *devenu* leur caractère propre, l'art s'est fait nature. Il y a eu des époques où l'on croyait, avec une assurance guindée, et même avec une certaine piété, à sa prédestination pour tel métier déterminé, tel gagne-pain, et où l'on ne voulait admettre à aucun prix le hasard, le rôle fortuit, l'arbitraire qui y avait présidé : les castes, les corporations, les privilèges héréditaires de certains métiers, grâce à cette croyance, sont parvenus à ériger ces monstres de vastes tours sociales qui distinguent le Moyen âge et chez lesquels on peut du moins louer une chose : la durabilité (— et la durée est sur la terre une valeur de tout premier ordre). Mais il existe des époques contraires, les époques véritablement démocratiques, où l'on désapprend de plus en plus cette croyance et où une idée contraire, un point de vue téméraire, se place au premier plan, — cette croyance des Athéniens que l'on remarque pour la première fois à l'époque de Périclès, cette croyance des Américains d'aujourd'hui qui veut, de plus en plus, devenir aussi une croyance européenne : des époques où l'individu est persuadé qu'il est capable de faire à peu près toute chose, qu'il est *à la hauteur* de presque toutes les tâches, où chacun essaie avec soi-même, improvise, essaie à nouveau, essaie avec plaisir, où toute nature cesse et devient art... Ce ne fut que lorsque les Grecs furent entrés dans cette *croyance au rôle* — une croyance d'artiste si l'on veut — qu'ils traversèrent, comme l'on sait, degré par degré, une transformation singulière qui n'est pas digne d'imitation à tous les points de vue : *ils devinrent véritablement des comédiens*; comme tels ils fascinèrent, ils surmontèrent le monde entier et, pour finir même, la ville qui avait « vaincu le monde » (car c'est le *Græculus histrio* qui a vaincu Rome et non pas, comme les innocents ont l'habitude de le dire, la culture grecque...). Mais ce qui provoque ma crainte, ce que l'on peut déjà constater aujourd'hui, pour peu que l'on ait envie de le constater, c'est que nous autres, hommes modernes, nous nous trouvons déjà tout à fait sur la même voie; et chaque fois que l'homme commence à découvrir en quelle mesure il joue un rôle, en quelle mesure il *peut* être comédien, il *devient* comédien... Alors se développe une nouvelle flore et une nouvelle faune humaines qui, en des époques plus fixes et plus restreintes, ne peuvent pas croître — ou bien, du moins, demeurent « en bas », mises au ban de la société, en suspicion de déshonneur. — C'est alors que paraissent les époques les plus intéressantes et les plus folles de l'histoire, où les « comédiens », *toute* espèce d comédiens, sont les véritables maîtres. Par cela même une autre catégorie d'hommes se voit toujours davantage porter préjudice, jusqu'à ce qu'elle soit rendue complètement impossible, ce sont avant tout les grands « constructeurs »; maintenant la force constructive est paralysée; le courage de tirer des plans à longue échéance se décourage; les génies organisateurs commencent à manquer : — qui donc oserait encore entreprendre des œuvres pour l'achèvement desquelles il faudrait pouvoir *compter* sur des milliers d'années? Car cette croyance fondamentale est en train de disparaître, cette croyance en raison de quoi quelqu'un ne pourrait compter, promettre, tirer des plans pour l'avenir, sacrifier l'avenir à ses plans que dans la mesure où s'affirmerait le principe que l'homme n'a de valeur, de sens, qu'en tant qu'il est *une pierre dans un grand édifice* : ce pour quoi il faut avant tout qu'il soit *solide*, qu'il soit « pierre »... Et avant tout qu'il ne soit pas — comédien! En un mot — hélas! on s'en taira trop longtemps — ce qui dorénavant ne sera plus construit, ne *pourra* plus être construit, c'est une société au sens ancien du mot ; pour construire cet édifice tout nous manque, et, avant tout, les matériaux de construction. *Nous tous, nous ne sommes plus des matériaux pour une société* : c'est là une vérité qu'il est temps de dire. Il me semble indifférent que pour le moment l'espèce d'hommes la plus myope, peut-être la plus honnête et en tous les cas la plus bruyante qu'il y ait aujourd'hui, l'espèce que forment messieurs nos socialistes croit, espère, rêve et avant tout crie et écrit à peu près le contraire; car l'on peut déjà lire sur tous les murs et sur toutes les tables leur mot de l'avenir « société libre ». Société libre? Parfaitement! Mais je pense que vous savez, Messieurs, avec quoi on la construit? Avec du bois de fer! Et plutôt encore avec du fer qu'avec du bois...

357.

Sur le vieux problème : « qu'est-ce qui est allemand? » — Que l'on vérifie, à part soi, les véritables conquêtes de la pensée philosophique dues à des cerveaux allemands : faut-il en tenir compte, de quelque manière que ce soit, à la race tout entière? Pouvons-nous dire : elles sont aussi l'œuvre de l'« âme allemande » ou au moins le symbole de cette âme, à peu près dans le même sens où nous sommes habitués à considérer par exemple l'idéomanie de Platon, sa folie presque religieuse des formes, en même temps comme un événement et un témoignage de l'« âme grecque »? Ou bien le contraire serait-il vrai? les conquêtes philosophiques allemandes seraient-elles quelque chose d'aussi individuel, d'aussi *exceptionnel* dans l'esprit de la race que l'est parmi les Allemands, par exemple, le paganisme de Gœthe, en bonne conscience? Ou bien le machiavélisme de Bismarck, en bonne conscience, ce qu'il appelait sa politique « réaliste »? Nos philosophes seraient-ils peut-être même contraires au *besoin* de l'« âme allemande »? Bref, les philosophes allemands ont-ils vraiment été — des *Allemands philosophes?* — Je rappelle trois cas. D'abord l'incomparable clairvoyance de Leibnitz qui lui fit avoir raison, non seulement contre Descartes, mais encore contre toute philosophie venue avant lui, — lorsqu'il reconnut que la connaissance n'est qu'un accident de la représentation, et non un attribut nécessaire et essentiel de celle-ci, que, ce que nous appelons conscience, *loin d'être la conscience elle-même*, n'est donc qu'une condition de notre monde intellectuel et moral (peut-être une condition maladive) : — il y a-t-il, à cette pensée dont la profondeur, aujourd'hui encore, n'est pas épuisée complètement, quelque chose qui soit allemand? Existe-t-il une raison pour supposer qu'un latin ne serait pas arrivé facilement à ce renversement de l'évidence? Souvenons-nous, en second lieu, de l'énorme point d'interrogation que Kant plaça près de l'idée de « causalité », — non pas que, comme Hume, il ait en général douté du droit de celle-ci : il commença, au contraire, par délimiter, avec précaution, le domaine au milieu duquel cette idée a généralement un sens (aujourd'hui encore on n'en a pas fini de cette délimitation). Prenons en troisième lieu l'étonnante trouvaille de Hegel, qui passa délibérément à travers toutes les habitudes logiques, bonnes et mauvaises, lorsqu'il osa enseigner que les idées spécifiques se développent *l'une par l'autre* : un principe par quoi, en Europe, les esprits furent préparés au dernier grand mouvement philosophique, au darwinisme — car sans Hegel point de Darwin. Il y a-t-il quelque chose d'allemand dans cette innovation hégélienne qui fut la première à introduire dans la science l'idée d'« évolution »? — Certainement, sans aucun doute : dans ces trois cas nous sentons que quelque chose de nous-mêmes est « découvert » et deviné, nous en sommes reconnaissants et surpris tout à la fois. Chacun de ces trois principes est, pour l'âme allemande, une grave contribution à la connaissance de soi, une expérience et une définition personnelles. « Notre monde intérieur est beaucoup plus riche, plus étendu, plus caché » — c'est ainsi que nous sentons avec Leibnitz; en tant qu'Allemands, nous doutons avec Kant de la valeur définitive des expériences scientifiques, et, en général, de tout ce qui ne *peut* être connu *causaliter* : le connaissable nous paraît être de valeur *moindre*, en tant que connaissable. Nous autres Allemands, nous serions hégéliens, même si Hegel n'avait jamais existé, dans la mesure où (en opposition avec tous les latins) nous accordons instinctivement un sens plus profond, une valeur plus riche, au devenir, à l'évolution qu'à ce qui « est » — nous croyons à peine à la qualité du concept « être » —; de même, dans la mesure où nous ne sommes pas disposés à accorder à notre logique humaine qu'elle est la logique en soi, la seule espèce de logique possible (— nous aimerions, au contraire, nous convaincre qu'elle n'est qu'un cas particulier, peut-être un des plus singuliers et des plus bêtes —). Il y aurait encore une quatrième question : celle de savoir s'il était nécessaire que *Schopen-*

hauer avec son pessimisme, c'est-à-dire avec le problème de la valeur de la vie, fût justement un Allemand. Je ne le crois pas. L'événement qui devait accompagner ce problème avec certitude, en sorte qu'un astronome de l'âme aurait pu en calculer le jour et l'heure, l'événement que fut la décadence de la foi en le Dieu chrétien et la victoire de l'athéisme scientifique, est un événement universellement européen, auquel toutes les races doivent avoir leur part de mérite et d'honneurs. Par contre il faudrait imputer justement aux Allemands, à ces Allemands qui furent contemporains de Schopenhauer — d'avoir *retardé* le plus longtemps et le plus dangereusement cette victoire de l'athéisme; Hegel surtout fut un empêcheur *par excellence*, grâce à la tentative grandiose qu'il fit pour nous convaincre encore, tout à fait en fin de compte, de la divinité de l'existence, à l'aide de notre sixième sens, le « sens historique ». Schopenhauer fut, en tant que philosophe, le *premier* athée convaincu et inflexible que nous ayons eu, nous autres Allemands : c'est là le fond de son inimitié contre Hegel. Il considérait la non-divinité de l'existence comme quelque chose de donné, de palpable, d'indiscutable; il perdait chaque fois son sang-froid de philosophe et se mettait dans tous ses états lorsqu'il voyait quelqu'un hésiter ici et faire des périphrases. C'est sur ce point que repose toute sa droiture : car l'athéisme absolu et loyal est la *condition première* à la position de son problème, il est pour lui une victoire, définitive et difficilement remportée, de la conscience européenne, l'acte le plus fécond d'une éducation de deux mille ans dans le sens de la vérité, qui finalement s'interdit le *mensonge* de la foi en Dieu... On voit ce qui a en somme triomphé du Dieu chrétien : c'est la morale chrétienne elle-même, la notion de sincérité appliquée avec une rigueur toujours croissante, c'est la conscience chrétienne aiguisée dans les confessionnaux et qui s'est transformée jusqu'à devenir la conscience scientifique, la propreté intellectuelle à tout prix. Considérer la nature comme si elle était une preuve de la bonté et de la providence divines; interpréter l'histoire à l'honneur d'une raison divine, comme preuve constante d'un ordre moral de l'univers et de finalisme moral ; interpréter notre propre destinée, ainsi que le firent si longtemps les hommes pieux, en y voyant partout la main de Dieu, qui dispense et dispose toute chose en vue du salut de notre âme : voilà des façons de penser qui sont aujourd'hui *passées*, qui ont *contre elles* la voix de notre conscience, qui, au jugement de toute conscience délicate, passent pour inconvenantes, déshonnêtes, pour mensonge, féminisme, lâcheté, — et cette sévérité, plus que toute autre chose, fait de nous de *bons Européens*, des héritiers de la plus longue et de la plus courageuse victoire sur soi-même qu'ait remportée l'Europe. Lorsque nous rejetont ainsi l'interprétation chrétienne, condamnant le « sens » qu'elle donne comme un faux monnayage, nous sommes saisis immédiatement et avec une insistance terrible, par la question schopenhauerienne : *L'existence n'a-t-elle donc en général point de sens?* — une question qui aura besoin de quelques siècles pour être comprise entièrement et dans toutes ses profondeurs. Ce que Schopenhauer a répondu lui-même à cette question fut —que l'on me pardonne— quelque chose de prématuré, de juvénile, un accommodement, un arrêt et un embarras dans ces perspectives de la morale chrétienne ascétique, auxquelles, avec la foi en *Dieu*, l'on avait précisément *donné congé à la foi*... Mais il a *posé* la question — en bon Européen, comme je l'ai indiqué, non pas en Allemand. — Ou bien les Allemands auraient-ils peut-être démontré, du moins par la façon dont ils se sont emparés de la question schopenhauerienne, leur lien intime, leur parenté avec son problème, leur préparation et le *besoin* qu'ils en avaient. Le fait qu'après Schopenhauer, même en Allemagne — d'ailleurs suffisamment tard! — l'on a pensé et écrit sur le problème posé par lui, ne suffit certainement pas pour décider en faveur de ce lien intime; on pourrait même faire valoir, par contre, la *maladresse* particulière de ce pessimisme post-schopenhauérien, — il est clair que les Allemands ne se comportaient pas comme s'ils étaient dans leur élément. Par là je ne veux nullement faire allusion à Edouard de Hartmann. Bien au contraire, je le soupçonne encore, tout comme autrefois, d'être *trop habile* pour nous, je veux dire qu'en vrai fourbe, il s'est non seulement moqué du pessimisme allemand, — mais qu'il pourrait même finir par « léguer » aux Allemands, par testament, la façon dont, à l'époque des grandes entreprises, on pouvait le mieux se payer leur tête. Mais je demande : doit-on peut-être considérer comme une gloire allemande ce vieux grognon de Bahnsen (1) qui, à l'égal d'une toupie bourdonnante, a tourné, sa vie durant, avec volupté autour de sa misère réaliste et dialectique, autour de sa « malchance personnelle », — *cela* serait-il peut-être allemand ? (Je recommande en passant ses écrits pour l'usage que j'en ai fait moi-même, comme nourriture anti-pessimiste, surtout à cause de ses *elegantæ psychologicæ*, avec quoi, il me semble, on pourrait s'attaquer même au corps et à l'esprit les plus bouchés). Ou bien pourrait-on compter parmi les vrais Allemands un dilettante et une vieille fille comme Mainländer (2), ce doucereux apôtre de la virginité? En fin de compte c'était probablement un juif (tous les juifs se font doucereux lorsqu'ils moralisent). Ni Bahnsen, ni Mainländer, ni même Edouard de Hartmann ne donnent une indication précise sur la question de savoir si le pessimisme de Schopenhauer, le regard épouvanté qu'il jette dans un monde privé de Dieu, un monde devenu stupide, aveugle, insensé et problématique, son épouvante *loyale*... n'ont pas été seulement un cas exceptionnel parmi les Allemands mais un événement *allemand* : tandis que tout ce qui pour le reste se trouve au premier plan, notre vaillante politique, notre joyeux patriotisme qui considère résolument toute chose sous l'angle d'un principe peu philosophique (« L'Allemagne, l'Alle-

---

(1) J. T. A. Bahnsen (1830-1881), auteur d'une *Contribution à la Caractériologie* (1867), continuateur de Schopenhauer et adversaire d'Ed. de Hartmann.

(2) Auteur, en collaboration avec sa sœur, d'une *Philosophie de la Rédemption*.

magne par-dessus tout »), donc *sub specie speciei*, c'est-à-dire de l'espèce allemande, démontre très exactement le contraire. Non ! les Allemands d'aujourd'hui ne sont *pas* des pessimistes ! Et Schopenhauer était pessimiste, encore une fois, en tant que bon Européen et *non* pas en tant qu'Allemand. —

358.

Le soulèvement des paysans dans le domaine de l'esprit. — Nous autres Européens, nous nous trouvons en face d'un énorme monde de décombres, où certaines choses s'élèvent encore très haut, d'autres sont d'aspect caduc et inquiétant, mais la plus grande partie jonche déjà le sol ; cela est assez pittoresque — car où y eut-il jamais de plus belles ruines ? — et c'est couvert de mauvaises herbes grandes et petites. Cette ville en décadence est l'Église : nous voyons la société religieuse du christianisme ébranlée jusqu'à ses fondements les plus profonds, la foi en Dieu est renversée, la foi en l'idéal chrétien ascétique lutte encore de son dernier combat. Un ouvrage bâti longtemps et solidement, tel que le christianisme — ce fut le dernier édifice romain ! — ne pouvait certes pas être détruit en une seule fois ; toute espèce de tremblement de terre a dû collaborer par ses secousses, toute espèce d'esprit qui saborde, creuse, ronge, humecte a dû aider à la destruction. Mais ce qu'il y a de plus singulier c'est que ceux qui s'efforcèrent le plus à tenir, à maintenir le christianisme sont ceux qui devinrent ses meilleurs destructeurs, — les Allemands. Il semble que les Allemands ne comprennent pas la nature d'une Eglise. Ne sont-ils pas assez intellectuels, pas assez méfiants pour cela ? L'édifice de l'Eglise repose en tous les cas sur une liberté et une libéralité de l'esprit *toutes méridionales* et aussi sur une défiance méridionale de la nature, de l'homme et de l'esprit, — elle repose sur une tout autre connaissance des hommes, une tout autre expérience des hommes que n'en a eues le Nord. La réforme de Luther était, dans toute son étendue, l'indignation de la simplicité contre la « multiplicité », pour parler avec prudence, un malentendu grossier et honnête auquel on peut beaucoup pardonner. — On ne comprenait pas l'expression d'une Eglise *victorieuse* et l'on ne voyait que de la corruption. On se méprit sur le scepticisme distingué, ce *luxe* de scepticisme et de tolérance que se permet toute puissance victorieuse et sûre d'elle-même. On néglige aujourd'hui de s'apercevoir combien Luther avait la vue courte, combien il était mal doué, superficiel et imprudent, pour toutes les questions cardinales de la puissance, avant tout parce qu'il était homme du peuple, à qui tout l'héritage d'une caste régnante, tout instinct de puissance faisait défaut : en sorte que son œuvre, sa volonté de reconstitution de cette œuvre romaine, sans qu'il le voulût, sans qu'il le sût, ne fut que le commencement d'une œuvre de destruction. Il ébranla, il détruisit, avec une loyale colère, là où la vieille araignée avait tissé sa toile le plus longtemps et avec le plus de soin. Il livra les livres

sacrés à tout le monde, de telle sorte qu'ils finirent
par tomber entre les mains des philologues, c'est-à-
dire des destructeurs de toute croyance qui repose sur des livres. Il détruisit l'idée d' « Eglise »
en rejetant la foi en l'inspiration des conciles : car
ce n'est qu'à condition que l'esprit inspirateur qui
a fondé l'Eglise vive encore en elle, construise
encore en elle, continuant à bâtir sa maison,
que l'idée d' « Eglise » garde sa force. Il rendit
au prêtre le rapport sexuel avec la femme, mais
la vénération dont est capable le peuple, et avant
tout la femme du peuple, repose aux trois quarts
sur la croyance qu'un homme qui est exceptionnel
sur ce point sera aussi une exception sur d'autres points, — c'est justement là que la croyance
populaire en quelque chose de surhumain dans
l'homme, au miracle, au Dieu sauveur dans
l'homme, a son mandataire le plus subtil et le plus
insidieux. Luther, après avoir donné la femme au
prêtre, a dû *prendre* à celui-ci la confession auri-
culaire, c'était psychologiquement logique : mais
par là le prêtre chrétien lui-même était en somme
supprimé, le prêtre dont ce fut toujours la plus
profonde utilité d'être une oreille sacrée, une eau
silencieuse, une tombe pour les secrets. « Chacun
son propre prêtre » — derrière de pareilles formules et leur astuce paysanne, se cachait, chez
Luther, la haine profonde pour « l'homme supérieur » et la domination de l' « homme supérieur », tel que l'a conçu l'Eglise : — il brisa un
idéal qu'il ne sut pas atteindre, tandis qu'il parais-
sait combattre et détester la dégénérescence de cet

idéal. En réalité il repoussa, lui, le moine impossible, la *domination* des *homines religiosi;* il fit donc, dans l'ordre ecclésiastique, la même chose qu'il combattit avec tant d'intolérance dans l'ordre social, — un « soulèvement de paysan ». — Quant à tout ce qui plus tard sortit de sa Réforme, le bon et le mauvais, que l'on peut à peu près déterminer aujourd'hui, — qui donc serait assez naïf pour louer ou pour blâmer simplement Luther à cause de ces conséquences ? Il était innocent de tout, il ne savait pas ce qu'il faisait. L'aplatissement de l'esprit européen, surtout dans le nord, son *adoucissement* si l'on préfère l'entendre désigner par une expression morale, fit avec la Réforme de Luther un vigoureux pas en avant, il n'y a à cela aucun doute ; et de même grandit, par la Réforme, la mobilité et l'inquiétude de l'esprit, sa soif d'indépendance, sa croyance en un droit à la liberté, son « naturel ». Si l'on veut enfin reconnaître à la Réforme le mérite d'avoir préparé et favorisé ce que nous vénérons aujourd'hui sous le nom de « science moderne », il faut ajouter, il est vrai, qu'elle a contribué à la dégénérescence du savant moderne, à son manque de vénération, de pudeur, de profondeur, à toute cette candeur naïve, cette lourde probité dans les choses de la connaissance, en un mot à ce *plébéisme de l'esprit* qui est particulier aux deux derniers siècles et dont le pessimisme ne nous a jusqu'à présent encore nullement délivré, — l' « idée moderne », elle aussi, fait encore partie de ce soulèvement des paysans dans le nord contre l'esprit du midi, plus froid, plus ambigu, plus défiant, qui s'est élevé dans l'Eglise chrétienne son plus sublime monument. N'oublions pas, pour finir, ce que c'est qu'une Eglise, en opposition avec toute espèce d' « Etat »: une Eglise est avant tout un édifice de domination qui assure aux hommes plus *intellectuels* le rang supérieur et qui croit à la puissance de l'intellectualité jusqu'à s'interdire tous les moyens violents réputés grossiers, — par cela seul l'Eglise est de toute façon une institution *plus noble* que l'Etat. —

359.

LA VENGEANCE SUR L'ESPRIT ET AUTRES ARRIÈRE-PLANS DE LA MORALE. — La morale, — où croyez-vous qu'elle puisse bien avoir ses avocats les plus dangereux et les plus rancuniers? Voilà un homme manqué qui ne possède pas assez d'esprit pour pouvoir s'en réjouir et juste assez de culture pour le savoir. Ennuyé, dégoûté, il n'a que du mépris pour lui-même: possédant un petit héritage, il est malheureusement privé de la dernière consolation, la « bénédiction du travail », l'oubli de soi dans la « tâche journalière »; un tel homme qui au fond a honte de son existence — peut-être héberge-t-il de plus quelques petits vices — et qui, d'autre part, ne peut pas s'empêcher de se corrompre toujours davantage, de devenir toujours plus vaniteux et irritable, par des livres auxquels il n'a pas droit, ou une société plus intellectuelle qu'il ne peut la digérer : un tel homme, empoisonné de part en part — car chez un pareil raté l'esprit devient poison, la culture devient poison, la propriété devient poison, la solitude devient poison — finit par tomber dans un état habituel de vengeance, de volonté de vengeance... Que croyez-vous qu'il puisse avoir besoin, absolument besoin, pour se donner, à part soi, l'apparence de la supériorité sur des hommes plus intellectuels, pour se créer la joie de la *vengeance accomplie,* au moins pour son imagination ? Toujours la *moralité,* on peut en mettre la main au feu, toujours les grands mots de morale, toujours la grosse-caisse de la justice, de la sagesse, de la sainteté, de la vertu, toujours le stoïcisme de l'attitude (— comme le stoïcisme cache bien ce que quelqu'un n'a *pas !...*) toujours le manteau du silence avisé, de l'affabilité, de la douceur et quels que soient les noms que l'on donne au manteau de l'idéal sous lequel se cachent les incurables contempteurs de soi, qui sont aussi les incurables vaniteux. Il ne faudrait pas que l'on me comprît mal : il arrive parfois que, de ces *ennemis nés de l'esprit,* se développent ces rares exemplaires d'humanité que le peuple vénère sous le nom de saint et de sage ; c'est de tels hommes que sortent ces monstres de morale qui font du bruit, qui font de l'histoire, — saint Augustin en fait partie. La crainte de l'esprit, la vengeance sur l'esprit — hélas ! combien souvent ces vices qui ont une véritable puissance dynamique n'ont-ils pas donné naissance à la vertu ! Oui, à la vertu ! — Et, entre nous, la prétention des philosophes à la *sagesse,* cette prétention — la plus folle et la plus immodeste —, qui a été soulevée çà et là sur la terre, ne fut-elle pas toujours jusqu'à présent, aux Indes comme en Grèce, *avant tout une cachette?* Parfois peut-être au point de vue de l'éducation, ce point de vue qui sanctifie tant de mensonges, pour avoir de tendres égards avec des êtres qui se développent et qui croissent, avec des disciples, qu'il faut souvent, par la foi en la personne (par une erreur), défendre contre eux-mêmes... Mais dans les cas les plus fréquents une cachette du philosophe derrière laquelle il se réfugie à cause de sa fatigue, son âge, son attiédissement, son endurcissement, parce qu'il a le sentiment de sa fin prochaine, la sagacité de cet instinct que les animaux ont avant la mort, — ils se mettent à l'écart, deviennent silencieux, choisissent la solitude, se réfugient dans des cavernes, deviennent *sages*... Comment? La sagesse serait une cachette du philosophe devant — l'esprit? —

360.

Deux espèces de causes que l'on confond. — Ceci me paraît être un de mes pas en avant, un de mes progrès les plus importants : j'ai appris à distinguer la cause de l'action en général de la cause d'une action particulière, action dans tel ou tel sens, dans tel ou tel but. Sa première espèce de cause est une quantité de force accumulée qui attend d'être usée n'importe comment, à n'importe quoi ; la seconde espèce est par contre quelque chose que l'on mesure à l'étalon de cette première force, quelque chose de tout à fait insignifiant, généralement un petit hasard, conformément à quoi cette quantité se « dégage » maintenant d'une façon unique et déterminée : c'est le rapport de l'allumette au baril de poudre. Je compte parmi ces petits hasards et ces allumettes tout ce que l'on nomme « causes » et davantage encore tout ce que l'on nomme « vocations » : elles sont relativement quelconques, arbitraires, presque indifférentes, comparées à cette énorme quantité de force qui tend, comme je l'ai indiqué, à être utilisée d'une façon quelconque. On considère généralement la chose d'une autre façon : on est habitué à voir la force *active* dans le but (la fin, la vocation, etc.), conformément à une erreur ancienne, — mais le but n'est que la *force dirigeante*, on a confondu le pilote avec la vapeur. Et ce n'est quelquefois pas même la force dirigeante, le pilote... Le « but » et l' « intention » ne sont-ils pas très souvent des prétextes enjoliveurs, un aveuglement volontaire de la vanité qui ne veut pas admettre que le vaisseau *suit* le courant où il est entré par hasard? qu'il *veut* suivre telle direction parce qu'*il faut* qu'il la suive? qu'il a bien une direction, mais, en aucune façon, un pilote? — Il est encore besoin d'une critique de l'idée de « but ».

361.

Le problème du comédien. — Le problème du comédien m'a le plus longtemps inquiété; j'étais dans l'incertitude (et je le suis parfois encore maintenant), au sujet de la voie qu'il faudrait suivre pour atteindre la conception dangereuse de l' « artiste » — une conception tr ée jusqu'à présent avec une impardonnable naïv té — et je me demandais si ce problème du comédien ne me conduirait pas à mon but. La fausseté en bonne conscience ; la joie de dissimuler, faisant irruption comme une force, repoussant ce que l'on appelle le « caractère », submergeant et effaçant parfois le désir intime de revêtir un rôle, un masque, une « apparence » ; un excédent de facultés d'assimilation de toutes espèces qui ne savent plus se satisfaire au service de l'utilité la plus proche et la plus étroite : tout cela n'appartient peut-être pas en propre *uniquement* au comédien... De tels instincts se seront peut-être développés le plus facilement dans des familles du bas peuple qui, sous l'empire du hasard, dans une dépendance étroite, traversèrent péniblement leur existence, furent forcées de s'accommoder de l'incommode, de se plier aux circonstances toujours nouvelles, de se montrer et de se présenter autrement qu'elles n'étaient et qui finissaient, peu à peu, par savoir suspendre leur manteau d'après *tous* les vents, devenant ainsi presque identiques à ce manteau, étant passées maîtres dans l'art, assimilé et invétéré dès lors, d'un éternel jeu de cache-cache que l'on appelle *mimicry* chez les animaux : jusqu'à ce que, pour finir, ce pouvoir, accumulé de génération en génération, devienne despotique, déraisonnable, indomptable, apprenne, en tant qu'instinct, à commander d'autres instincts, et engendre le comédien, l' « artiste » (d'abord le bouffon, le hableur, l'arlequin, le fou, le clown, et aussi le domestique classique, le Gil Blas : car de pareils types sont les précurseurs de l'artiste, et souvent même du « génie »). Dans des conditions sociales plus élevées, sous une pression analogue, se développe également une espèce d'hommes analogue : mais alors les instincts de comédien sont le plus souvent contenus par un autre instinct, par exemple chez les « diplomates », — je serais d'ailleurs disposé à croire qu'un bon diplomate pourrait toujours encore devenir un bon acteur, en admettant, bien entendu, que sa dignité le lui permît. Mais pour ce qui en est des *juifs*, ce peuple de l'assimilation par excellence, on serait disposé à voir en eux, conformément à cet ordre d'idées, en quelque sorte *a priori*, une institution historique pour dresser des comédiens, une véritable pépinière de comédiens ; et, en effet, cette question est maintenant bien à l'ordre du jour : quel bon acteur n'est *pas* juif aujourd'hui ? Le juif en tant que littérateur né, en tant que dominateur effectif de la presse européenne, exerce, lui aussi, sa puissance, grâce à ses capacités de comédien ; car le littérateur est essentiellement comédien, — il joue « l'homme renseigné », le « spécialiste ». — Enfin les *femmes* : que l'on réfléchisse à toute l'histoire des femmes, — n'est-il pas *nécessaire* qu'elles soient avant tout et en premier lieu des comédiennes ? Que l'on entende parler des médecins qui ont hypnotisé des personnes du sexe féminin ; et enfin qu'on se mette à les aimer, — qu'on se laisse « hypnotiser » par elles ! Qu'est-ce qui en résulte toujours ? Que ce sont elles qui « se donnent », même quand elles — se donnent pour... La femme est tellement artiste...

362.

NOTRE FOI EN UNE VIRILISATION DE L'EUROPE. — C'est à Napoléon (et nullement à la Révolution française qui cherchait la « fraternité » entre les peuples et les universelles effusions fleuries) que nous devons de pouvoir pressentir maintenant une suite de quelques siècles guerriers, qui n'aura pas son égale dans l'histoire, en un mot, d'être entrés dans *l'âge classique de la guerre,* de la guerre scientifique et en même temps populaire, de la guerre faite en grand (de par les moyens, les talents et la discipline qui y seront employés). Tous les siècles à venir jetteront sur cet âge de perfection un regard plein d'envie et de respect : — car le mouvement national dont sortira cette gloire guerrière n'est que le contre-coup de l'effort de Napoléon et n'existerait pas sans Napoléon. C'est donc à lui que reviendra un jour l'honneur d'avoir refait un monde dans lequel *l'homme,* le guerrier en Europe, l'emportera, une fois de plus, sur le commerçant et le « philistin » ; peut-être même sur la « femme » cajolée par le christianisme et l'esprit enthousiaste du dix-huitième siècle, plus encore par les «idées modernes». Napoléon, qui voyait dans les idées modernes et, en général, dans la civilisation, quelque chose comme un ennemi personnel, a prouvé, par cette hostilité, qu'il était un des principaux continuateurs de la Renaissance : il a remis en lumière toute une face du monde antique, peut-être la plus définitive, la face de granit. Et qui sait si, grâce à elle, l'héroïsme antique ne finira pas quelque jour par triompher du mouvement national, s'il ne se fera pas nécessairement l'héritier et le continuateur de Napoléon : — de Napoléon qui voulait, comme on sait, l'Europe Unie pour qu'elle fût *la maîtresse du monde*.

363.

COMMENT CHACUN DES DEUX SEXES A SES PRÉJUGÉS SUR L'AMOUR. — Malgré toutes les concessions que je suis prêt à faire aux préjugés monogames, je n'admettrai jamais que l'on puisse parler chez l'homme et chez la femme de droits *égaux* en amour : ces droits n'existent pas. C'est que, par amour, l'homme et la femme entendent chacun quelque chose de différent, — et c'est une des conditions de l'amour chez les deux sexes que l'un ne suppose *pas* chez l'autre le même sentiment. Ce que la femme entend par amour est assez clair : complet abandon de corps et d'âme (non seulement dévouement), sans égards ni restrictions. Elle songe, au contraire, avec honte et frayeur, à un abandon où se mêleraient des clauses et des restrictions. Dans cette absence de conditions son amour est une véritable *foi*, et la femme n'a point d'autre foi. — L'homme, lorsqu'il aime une femme, exige d'elle cet amour-là, il est donc, quant à lui-même, tout ce qu'il y a de plus éloigné des hypothèses de l'amour féminin ; mais en admettant qu'il y ait aussi des hommes auxquels le besoin d'un abandon complet ne serait p ̄ étranger, eh bien, ces hommes ne seraient pas — des hommes. Un homme qui aime comme une femme devient esclave; une femme, au contraire, qui aime comme une femme devient une femme plus accomplie... La passion de la femme, dans son absolu renoncement à ses droits propres, suppose précisément qu'il n'existe *point*, de l'autre côté, un sentiment semblable, un pareil besoin de renonciation : car, si tous deux renonçaient à eux-mêmes par amour, il en résulterait — je ne sais quoi, peut-être l'horreur du vide ? — La femme veut être prise, acceptée comme propriété, elle veut se fondre dans l'idée de « propriété », de « possession » ; aussi désire-t-elle quelqu'un qui *prend*, qui ne se donne et ne s'abandonne pas lui-même, qui, au contraire, veut et doit enrichir son « moi » — par une adjonction de force, de bonheur, de foi, par quoi la femme se donne elle-même. La femme se donne, l'homme prend, — je pense que l'on ne passera par-dessus ce contraste naturel ni par des contrats sociaux, ni même avec la meilleure volonté de justice : quoiqu'il paraisse désirable de ne pas toujours avoir devant les yeux ce qu'il y a de dur, de terrible, d'énigmatique et d'immoral dans cet antagonisme. Car l'amour, l'amour complet et grand, figuré dans toute sa plénitude, c'est de la nature et, en tant que nature, quelque chose « d'immoral » en toute éternité. — La *fidélité* est dès lors comprise dans l'amour de la femme, par définition, elle en est une conséquence ; chez l'homme, l'amour *peut* parfois entraîner la fidélité, soit sous forme de reconnaissance ou comme idiosyncrasie du goût, ce qu'on a appelé « affinité élective », mais elle ne fait pas partie de la *nature* de son amour, — et cela si peu que l'on peut presque parler d'une antinomie naturelle entre l'amour et la fidélité chez l'homme : lequel amour est un désir de possession et *nullement* un renoncement et un abandon ; cependant le désir de possession finit chaque fois dans la *possession*... De fait, c'est le désir subtil et jaloux de l'homme qui s'avoue rarement et de façon tardive cette « possession », ce qui fait durer encore son amour ; dans ce cas, il est même possible que l'amour grandisse après l'abandon de soi — l'homme se refuse à avouer que la femme n'a plus rien à lui « abandonner ». —

364.

L'ERMITE PARLE. — L'art de fréquenter les hommes repose essentiellement sur l'habitude (qui suppose un long exercice) d'accepter, d'absorber un repas dans la préparation duquel on n'a pas confiance. En admettant que l'on vienne à table avec une faim d'ogre, tout ira facilement (« la plus mauvaise société te permet de *sentir* — » comme dit Méphistophélès) ; mais on ne l'a pas, cette faim d'ogre, lorsqu'on en a besoin ! Hélas ! combien les prochains sont difficiles à digérer. Premier principe : prendre son courage à deux mains, comme quand il vous arrive un malheur, y aller hardiment, être plein d'admiration pour soi-même, serrer sa répugnance entre les dents, avaler son dégoût. Deuxième principe : rendre son prochain « meilleur », par exemple par une louange, pour qu'il se mette à suer de bonheur sur lui-même; ou bien prendre par un bout ses qualités bonnes et « intéressantes» et tirer dessus, jusqu'à ce que l'on ait fait sortir toute la vertu, et que l'on puisse draper le prochain sous les plis de la vertu. Troisième principe : l'autohypnotisation. Fixer l'objet de vos relations comme un bouton de verre jusqu'à ce que, cessant d'éprouver du plaisir ou du déplaisir, l'on se mette à dormir imperceptiblement, que l'on se raidisse, que l'on finisse par avoir du maintien : un moyen domestique emprunté au mariage et à l'amitié, abondamment expérimenté et vanté comme indispensable, mais non encore formulé scientifiquement. Le populaire l'appelle — patience.

365.

L'ERMITE PARLE ENCORE UNE FOIS. — Nous aussi, nous avons des rapports avec les « hommes », nous aussi nous revêtons humblement le vêtement que l'on sait être le nôtre, que l'on croit nous appartenir, sous lequel on nous vénère et on nous cherche, et nous nous rendons en société, c'est-à-dire parmi des gens déguisés qui ne veulent pas qu'on les dise déguisés; nous aussi, nous agissons comme tous les masques avisés et nous éconduisons d'une façon polie toute curiosité qui ne concerne pas notre « travestissement ». Mais il y a encore d'autres manières et d'autres trucs pour « hanter » les hommes : par exemple comme fantôme, — ce qui est très recommandable lorsque l'on veut s'en débarrasser rapidement et leur inspirer la terreur. Il n'y a qu'à essayer : on étend la main vers nous et l'on n'arrive pas à nous saisir. Cela effraye. Ou bien : nous entrons par une porte fermée. Ou bien : quand toutes les lumières sont éteintes. Ou bien encore : lorsque nous sommes déjà morts. Ce dernier procédé est l'artifice des hommes *posthumes* par excellence. (« Pensez-vous donc, s'écria un jour un de ceux-là avec impatience, que nous aurions envie de supporter cet éloignement, cette froideur, ce silence de mort qui règnent autour de nous, toute cette solitude souterraine, cachée, muette, inexplorée qui chez nous s'appelle vie et qui pourrait tout aussi bien s'appeler mort, si nous ne savions pas ce qui *adviendra* de nous, — et, qu'après la mort seulement nous réaliserons *notre* vie, nous nous mettrons à être vivants, très vivants ! nous autres hommes posthumes ! » —)

366.

EN REGARD D'UN LIVRE SAVANT. — Nous ne faisons pas partie de ceux qui n'ont de pensées que parmi les livres, sous l'impulsion des livres, — nous avons l'habitude de penser en plein air, en marchant, en sautant, en grimpant, en dansant, le plus volontiers sur les montagnes solitaires ou tout près de la mer, là-bas où les chemins même deviennent problématiques. Notre première question pour juger de la valeur d'un livre, d'un homme, d'un morceau de musique, c'est de savoir s'il y a là de la marche et, mieux encore, de la danse... Nous lisons rarement, nous n'en lisons pas plus mal, — oh! combien nous devinons vite comment un auteur est arrivé à ses idées, si c'est assis devant son encrier, le ventre enfoncé, penché sur le papier : oh! combien vite alors nous en avons fini de son livre! Les intestins comprimés se devinent, on pourrait en mettre la main au feu, tout comme se devinent l'atmosphère renfermée de la chambre, le plafond de la chambre, l'étroitesse de la chambre. — Ce furent là mes pensées en fermant tout à l'heure un brave livre savant, j'étais reconnaissant, très reconnaissant, mais soulagé aussi... Dans le livre d'un savant il y a presque toujours quelque chose d'oppressé qui oppresse : le « spécialiste » s'affirme toujours en quelque endroit, son zèle, son sérieux sa colère, sa présomption au sujet du recoin où il est assis à tisser sa toile, sa bosse, tout spécialiste a sa bosse. — Un livre savant reflète toujours aussi une âme qui se voûte : tout métier force son homme à se voûter. Que l'on revoie les amis avec qui on a été jeune après qu'ils ont pris possession de leur science : hélas! c'est toujours le contraire qui a eu lieu, hélas! c'est d'eux que, dès lors et pour toujours, la science a pris possession. Incrustés dans leur coin jusqu'à être méconnaissables, sans liberté, privés de leur équilibre, amaigris et anguleux partout, sauf à un seul endroit où ils sont excellemment ronds, — l'on est ému et l'on se tait lorsqu'on les retrouve. Tout métier, en admettant même qu'il soit une mine d'or, a au-dessus de lui un ciel de plomb qui oppresse l'âme, qui presse sur elle jusqu'à ce qu'elle soit bizarrement écrasée et voûtée. Il n'y a rien à changer à cela. Que l'on ne se figure surtout pas qu'il est possible d'éviter la déformation par quelque artifice de l'éducation. Toute espèce de maîtrise se paye cher sur la terre, où tout se paye peut-être trop cher. On est l'homme de sa branche au prix du sacrifice que l'on fait à sa branche. Mais vous voulez qu'il en soit autrement — vous voulez payer « moins cher », vous voulez que ce soit plus facile — n'est-ce pas, Messieurs mes contemporains? Eh bien! allez-y! Mais alors de suite vous aurez autre chose, au lieu du métier et du maître vous aurez le littérateur, le littérateur habile et souple qui manque en effet de bosse — si l'on ne compte pas celle qu'il fait devant vous, comme garçon de magasin de l'esprit et comme « représentant » de la culture —, le littérateur qui au fond n'*est* rien, mais qui « représente » presque tout, qui joue et « remplace » le connaisseur, qui, en toute humilité, se charge aussi de se *faire* payer, vénérer et célébrer à sa place. — Non, mes amis savants! Je vous bénis, même à cause de votre bosse. Et aussi parce que vous méprisez, comme moi, les littérateurs et les parasites de la culture! Et de ce que vous ne savez pas faire marché de votre esprit! Et de ce que vous n'avez que des opinions qui ne peuvent s'exprimer en valeur d'argent! Et de ce que vous ne représentez pas ce que vous n'*êtes* pas! Parce que vous n'avez pas d'autre volonté que de devenir maîtres dans votre métier, en respect de toute espèce de maîtrise et d'excellence, et en aversion radicale de tout ce qui n'est qu'apparence, demi-vérité, clinquant, virtuosité, façons de démagogues et de comédiens *in litteris et arti-*

bus — de tout ce qui ne peut pas se présenter devant vous avec une probité absolue dans sa préparation et ses moyens ! (Le génie lui-même n'aide pas à passer sur de pareilles lacunes, bien qu'il s'entende à les faire oublier avec une habile tromperie : on comprendra cela lorsque l'on aura regardé de près nos peintres et nos musiciens les plus doués — ils savent tous, presque sans exception, par l'habile invention de manières et d'accessoires et même de principes, se donner, artificiellement et après coup, l'*apparence* de cette probité, de cette solidité d'école et de culture, sans réussir, il est vrai, à se tromper eux-mêmes, sans imposer définitivement silence à leur propre mauvaise conscience. Car, vous le savez bien ? tous les grands artistes modernes souffrent de leur mauvaise conscience...)

367.

QUELLE EST LA PREMIÈRE DISTINCTION A FAIRE POUR LES ŒUVRES D'ART. — Tout ce qui est pensé, versifié, peint, composé, même construit et formé, appartient ou bien à l'art monologué, ou bien à l'art devant témoins. Il faut encore compter parmi ce dernier l'art qui n'est qu'en apparence un art monologué et qui renferme la foi en Dieu, tout le lyrisme de la prière : car pour un homme pieux il n'y a pas encore de solitude, — c'est nous qui avons été les premiers à inventer la solitude, nous autres impies. Je ne connais pas de différence plus profonde dans toute l'optique d'un artiste : savoir si c'est avec l'œil du témoin qu'il observe la genèse de son œuvre d'art (qu'il s'observe « lui-même »), ou s'il a « oublié le monde », ce qui est l'essentiel dans tout art monologué, — il repose *sur l'oubli*, il est la musique de l'oubli.

368.

Le cynique parle. — Mes objections contre la musique de Wagner sont des objections physiologiques : à quoi bon les déguiser encore sous des formules esthétiques ? Je me fonde sur le « fait » que je respire difficilement quand cette musique commence à agir sur moi ; qu'aussitôt mon *pied* se fâche et se révolte contre elle — mon pied a besoin de cadence, de danse et de marche, mon pied demande à la musique, avant tout, les ravissement que procurent une bonne démarche, un pas, un saut, une pirouette. — Mais n'y a-t-il pas aussi mon estomac qui proteste ? mon cœur ? la circulation de mon sang ? Mes entrailles ne s'attristent-elles point ? Est-ce que je ne m'enroue pas insensiblement ? — Et je me pose donc la question : mon corps tout entier, que *demande-t-il* en fin de compte à la musique ? Je crois qu'il demande un *allègement* : comme si toutes les fonctions animales devaient être accélérées par des rythmes légers, hardis, effrénés et orgueilleux ; comme si la vie d'airain et de plomb devait perdre sa lourdeur, sous l'action de mélodies dorées, délicates et douces comme de l'huile. Ma mélancolie veut se reposer dans les cachettes et dans les abîmes de la *perfection* : c'est pour cela que j'ai besoin de musique. Que m'importe le théâtre ? Que m'importent les crampes de ses extases morales dont le « peuple » se satisfait! Que m'importent toutes les simagrées des comédiens!... On le devine, j'ai un naturel essentiellement anti-théâtral, — mais Wagner, tout au contraire, était essentiellement homme de théâtre et comédien, le mélomane le plus enthousiaste qu'il y ait peut-être jamais eu, même en tant que musicien!... Et, soit dit en passant, si la théorie de Wagner a été le drame est le but, la musique n'est toujours que le moyen », — sa *pratique* a été au contraire, du commencement à la fin, « l'attitude est le but, le drame et même la musique ne sont toujours que les « moyens ». La musique sert à accentuer, à renforcer, à *intérioriser* le geste dramatique et l'extériorité du comédien, et le drame wagnérien n'est qu'un prétexte à de nombreuses attitudes dramatiques. Wagner avait, à côté de tous les autres instincts, les instincts de commandement d'un grand comédien, partout et toujours et, comme je l'ai indiqué, aussi comme musicien. — C'est ce que j'ai une fois démontré clairement, mais avec une certaine difficulté, à un brave wagnérien; et j'avais des raisons pour ajouter encore : « Soyez donc un peu honnête envers vous-même, nous ne sommes pas au théâtre! Au théâtre on n'est honnête qu'en tant que masse; en tant qu'individu on ment, on se ment à soi-même. On se laisse soi-même chez soi, lorsque l'on va au théâtre, on renonce au droit de parler et de choisir, on renonce à son propre goût, même à sa bravoure telle qu'on la possède et l'exerce envers Dieu et les hommes, entre ses propres quatre murs. Personne n'apporte au théâtre le sens le plus subtil de son art, pas même l'artiste qui travaille pour le théâtre; c'est là que l'on est peuple, public, troupeau, femme, pharisien, électeur, concitoyen, démocrate, prochain, c'est là que la conscience la plus personnelle succombe au charme niveleur du plus grand nombre, c'est là que règne le « voisin », c'est là que l'on *devient* voisin.... » (J'oubliais de raconter ce que mon wagnérien éclairé répondit à mes objections physiologiques : « Vous n'êtes donc, tout simplement, pas assez bien portant pour notre musique ! ») —

369.

NOTRE JUXTAPOSITION. — Ne faut-il pas nous l'avouer à nous-mêmes, nous autres artistes, il y a en nous une inquiétante opposition, notre goût, d'une part, et notre force créatrice, d'autre part, sont séparés d'une façon singulière; ils demeurent séparés et ont une croissance particulière, — je veux dire qu'ils ont des degrés et des temps différents de vieillesse, de jeunesse, de maturité, de friabilité, de pourriture. En sorte que, par exemple, un musicien pourrait composer durant toute sa vie des choses qui seraient *en opposition* avec ce que son oreille d'auditeur exercé, son cœur d'auditeur apprécient, goûtent et préfèrent — il n'est même pas nécessaire qu'il connaisse cette contradiction. On peut, comme le démontre une expérience presque douloureusement régulière, dépasser facilement, avec son goût, le goût que l'on a dans sa force, sans même que cette force en soit paralysée et entravée dans sa production; mais il peut arriver le contraire — et c'est là-dessus que j'aimerais attirer l'attention de l'artiste. Un créateur continuel, une « mère » parmi les hommes, dans le sens supérieur du mot, quelqu'un qui ne sait et ne connaît plus autre chose que les grossesses et les enfantements de son esprit, qui n'a plus du tout le temps de réfléchir sur sa personne et sur son œuvre et de les comparer, qui n'a plus non plus l'intention d'exercer son goût, qui l'oublie simplement et le laisse aller au hasard, — un tel homme finira peut-être par produire des œuvres que *sa capacité de jugement ne peut depuis longtemps plus atteindre* : ce qui fait qu'il dira des bêtises sur elles et sur lui-même, — il en dira et il en pensera. Cela me semble être le rapport presque normal chez les artistes féconds, — personne ne connaît plus mal un enfant que ses parents. — Je dirai même qu'il en est ainsi, pour prendre un exemple énorme, du monde des poètes et des artistes grecs tout entier : il n'a jamais « su » ce qu'il a fait...

370.

Qu'est-ce que le Romantisme? — On se souvient peut-être, du moins parmi mes amis, que j'ai commencé par me jeter sur le monde moderne, avec quelques erreurs et quelques exagérations, et, en tous les cas, rempli d'espérances. Je considérais, — qui sait à la suite de quelles expériences personnelles? — le pessimisme philosophique du dix-neuvième siècle comme le symptôme d'une force supérieure de la pensée, d'une bravoure plus téméraire, d'une plénitude de vie plus victorieuse que celles qui avaient été le propre du dix-huitième siècle, l'époque de Hume, de Kant, de Condillac et des sensualistes. Je pris la connaissance tragique comme le véritable *luxe* de notre civilisation, comme sa manière de prodiguer la plus précieuse, la plus noble, la plus dangereuse, mais pourtant, en raison de son opulence, comme un luxe qui lui était *permis*. De même, j'interprétais la musique allemande comme l'expression d'une puissance dionysienne de l'âme allemande : en elle, je croyais surprendre le grondement souterrain d'une force primordiale, comprimée depuis longtemps et qui enfin se fait jour — indifférente en face de l'idée que tout ce qui s'appelle aujourd'hui culture pourrait être ébranlé. On voit que je méconnaissais alors, tant dans le pessimisme philosophique que dans la musique allemande, ce qui lui donnait son véritable caractère — son *romantisme*. Qu'est-ce que c'est que le romantisme? Tout art, toute philosophie peuvent être considérés comme des remèdes et des secours au service de la vie en croissance et en lutte : ils supposent toujours des souffrances et des souffrants. Mais il y a deux sortes de souffrants, d'abord ceux qui souffrent de la *surabondance de vie*, qui veulent un art dionysien et aussi une vision tragique de la vie intérieure et extérieure — et ensuite ceux qui souffrent d'un *appauvrissement de la vie*, qui demandent à l'art et à la philosophie le calme, le silence, une mer lisse, ou bien encore l'ivresse, les convulsions, l'engourdissement, la folie. Au double besoin de *ceux-ci* répond tout romantisme en art et en philosophie, et aussi tant Schopenhauer que Wagner, pour nommer ces deux romantiques les plus célèbres et les plus expressifs, parmi ceux que *j'interprétais mal* alors — d'ailleurs en aucune façon à leur désavantage, on me l'accordera sans peine. L'être chez qui l'abondance de vie est la plus grande, Dionysos, l'homme dionysien, se plaît non seulement au spectacle du terrible et de l'inquiétant, mais il aime le fait terrible en lui-même, et tout le luxe de destruction, de désagrégation, de négation ; la méchanceté, l'insanité, la laideur lui semblent permises en quelque sorte, par suite d'une surabondance qui est capable de faire, de chaque désert, un pays fertile. C'est au contraire l'homme le plus souffrant, le plus pauvre en force vitale, qui aurait le plus grand besoin de douceur, d'aménité, de bonté, en pensée aussi bien qu'en action, et, si possible, d'un Dieu qui serait tout particulièrement un Dieu de malades, un *Sauveur*, il aurait aussi besoin de logique, d'intelligibilité abstraite de l'existence — car la logique tranquillise, donne de la confiance —, bref d'une certaine intimité étroite et chaude qui dissipe la crainte, et d'un emprisonnement dans des horizons optimistes. Ainsi j'ai appris peu à peu à comprendre Epicure, l'opposé d'un pessimiste dionysien, et aussi le « chrétien » qui, de fait, n'est qu'une façon d'épicurien et comme celui-ci essentiellement romantique, — et ainsi j'arrivais à une acuité toujours plus grande dans ce genre de *con-*

clusions, si difficile et si captieux, où l'on commet le plus d'erreurs—la conclusion de l'œuvre au créateur, du fait à l'auteur, de l'idéal à celui pour qui il est une *nécessité*, de toute manière de penser et d'apprécier au *besoin* qui la commande. — A l'égard de toutes les valeurs esthétiques je me sers maintenant de cette distinction capitale : je demande dans chaque cas particulier : « est-ce la faim ou bien l'abondance qui est devenue créatrice? » A première vue une autre distinction semblerait se recommander davantage — elle saute beaucoup plus aux yeux —, je veux dire : savoir si c'est le désir de fixité, d'éternité, d'être qui est la cause créatrice, ou bien le désir de destruction, de changement, de nouveauté, d'avenir, de *devenir*. Les deux désirs cependant, à y regarder de plus près, paraissent encore ambigus, et on ne peut les interpréter que d'après le criterium indiqué plus haut, et préféré, à juste titre me semble-il. Le désir de destruction, de changement, de devenir peut être l'expression de la force surabondante, grosse de l'avenir (mon terme est pour cela, comme l'on sait, le mot « dionysien »), mais ce peut aussi être la haine de l'être manqué, nécessiteux, mal partagé qui détruit, qui est *forcé* de détruire, parce que l'état de chose existant, tout état de chose, tout être même, le révolte et l'irrite — pour comprendre cette passion il faut regarder de près nos anarchistes. La volonté d'*éterniser* a également besoin d'une interprétation double. Elle peut provenir d'une part de la reconnaissance et de l'amour : — un art qui a cette origine sera toujours un art d'apothéose, dithy-

moins en honneur cette destinée, elle demeure ce que nous ne saurions partager, communiquer, — la destinée de la hauteur, *notre* destinée...

372.

Pourquoi nous ne sommes pas des idéalistes. — Autrefois les philosophes craignaient les sens : avons-nous peut-être trop désappris cette crainte ? Nous sommes aujourd'hui tous des sensualistes, nous autres hommes d'aujourd'hui et hommes de l'avenir en philosophie, *non* selon la théorie, mais en pratique, pratiquement... Ceux-ci, au contraire, croyaient être attirés par les sens, hors de *leur* monde, le froid royaume des « idées », dans une île dangereuse et plus méridionale, où ils craignaient de voir leurs vertus de philosophes fondre comme la neige au soleil. C'était alors presque une condition à être philosophe que d'avoir de la cire dans les oreilles; un véritable philosophe n'entendait plus la vie, pour autant que la vie est musique, il *niait* la musique de la vie, — c'est une vieille superstition de philosophe que de croire que toute musique est musique de sirène. — Or, nous serions tentés aujourd'hui de juger dans un sens opposé (ce qui pourrait être en soi tout aussi faux): de croire que les *idées* sont d'une séduction plus dangereuse que les sens, avec leur aspect froid et anémique, et pas même malgré cet aspect, — les idées vécurent toujours du « sang » des philosophes, elles rongèrent toujours les sens des philosophes et même, si l'on veut nous croire, leur

« cœur ». Ces philosophes anciens étaient sans cœur : c'était toujours une sorte de vampirisme que de philosopher. N'avez-vous pas, à l'aspect de figures comme celle de Spinoza, l'impression de quelque chose de profondément énigmatique et d'inquiétant ? Ne voyez-vous pas le spectacle qui se joue ici, le spectacle de la *pâleur* qui augmente sans cesse, — de l'appauvrissement des sens, interprété d'une façon idéaliste? Ne vous doutez-vous pas de la présence, à l'arrière-plan, d'une sangsue demeurée longtemps cachée, qui commence par s'attaquer aux sens et qui finit par ne garder, par ne laisser que les ossements et leur cliquetis ? — je veux dire des catégories, des formules, des mots (car, que l'on me pardonne, ce qui est *resté* de Spinoza, *amor intellectualis dei*, est un cliquetis et rien de plus! qu'est-ce qu'*amor*, qu'est-ce que *deus*, quand ils n'ont même pas une goutte de sang?) En somme : tout idéalisme philosophique fut jusqu'à présent quelque chose comme une maladie, partout où il ne fut pas, comme dans le cas de Platon, la prévoyance d'une santé trop riche et dangereuse, la crainte des sens *prépondérants*, la sagesse d'un sage disciple de Socrate. — Peut-être, nous autres hommes modernes, ne sommes-nous pas assez bien portants pour *avoir besoin* de l'idéalisme de Platon. Et nous ne craignons pas les sens, parce que — —

373.

LA « SCIENCE » EN TANT QUE PRÉJUGÉ. — C'est une

conséquence des lois de la hiérarchie que les savants, en tant qu'ils appartiennent à la classe intellectuelle moyenne, n'ont pas du tout le droit d'apercevoir les questions et les problèmes véritablement *grands*: d'ailleurs leur courage et aussi leur regard ne suffisent pas pour aller jusque-là, — c'est avant tout le besoin qui fait d'eux des chercheurs, leur prévision et leur désir intérieur d'obtenir tel ou tel résultat. Leur crainte et leur espoir se reposent et se contentent trop tôt. Ce qui, par exemple, enthousiasme à sa façon ce pédantesque Anglais, Herbert Spencer, ce qui lui fait tracer une ligne d'espoir à l'horizon de ses désirs, cette tardive réconciliation entre « l'égoïsme et l'altruisme » dont il divague, nous inspire presque du dégoût, à nous autres : — une humanité avec de telles perspectives spencériennes, comme dernières perspectives, nous paraîtrait digne de mépris et de destruction ! Mais le fait que quelque chose qu'il est forcé de considérer comme espérance supérieure, n'apparaît et ne peut apparaître à d'autres que comme une répugnante possibilité, ce fait présente un problème que Spencer n'aurait pas pu prévoir... Il en est de même de cette croyance dont se contentent maintenant tant de savants matérialistes, la croyance à un monde qui doit avoir son équivalent et sa mesure dans la pensée humaine, dans l'évaluation humaine, à un « monde de vérité » dont on pourrait approcher en dernière analyse, à l'aide de notre raison humaine petite et carrée. — Comment ? voulons-nous vraiment laisser abaisser l'existence à un exercice de calcul, à une étude pour mathématiciens casaniers ?

Avant tout il ne faut pas vouloir débarrasser l'existence de son caractère multiple : c'est ce qu'exige le bon goût, Messieurs, le goût du respect avant tout, —ce qui dépasse votre horizon. Que seule soit vraie une interprétation du monde où *vous* soyez dans le vrai, où l'on puisse faire des recherches scientifiques (vous voulez au fond dire *mécaniques?*) et continuer à travailler selon *vos* principes, une interprétation qui admet que l'on compte, que l'on calcule, que l'on pèse, que l'on regarde, que l'on touche, et pas autre chose, c'est là une balourdise et une naïveté, en admettant que ce ne soit pas de la démence et de l'idiotie. Ne semblerait-il pas, par contre, très probable que ce qu'il y a de plus superficiel et de plus extérieur à l'existence, — ce qu'il y a de plus apparent, sa croûte et sa matérialisation — pourrait être saisi en premier? peut-être même exclusivement? Une interprétation « scientifique » du monde, comme vous l'entendez, pourrait être par conséquent encore une des interprétations du monde les plus *stupides*, c'est-à-dire les plus pauvres de sens : ceci dit à l'oreille et mis sur la conscience de messieurs les mécanistes qui aujourd'hui aiment à se mêler aux philosophes, et qui s'imaginent absolument que la mécanique est la science des lois premières et dernières, sur lesquelles, comme sur un fondement, toute existence doit être édifiée. Cependant, un monde essentiellement mécanique serait essentiellement *dépourvu de sens!* En admettant que l'on évalue la *valeur* d'une musique d'après ce qu'elle est capable de compter, de calculer, de mettre en formules — combien absurde serait une telle évaluation — « scientifique » de la musique! Qu'y aurait-on saisi, compris, reconnu? Rien, littéralement rien, de ce qui chez elle est de la « musique »!...

374.

NOTRE NOUVEL « INFINI ». — Savoir jusqu'où va le caractère perspectif de l'existence, ou même savoir si l'existence possède encore un autre caractère, si une existence sans explication, sans « raison », ne devient pas de la « déraison », si, d'autre part, toute existence n'est pas essentiellement *explicative* — c'est ce qui, comme de juste, ne peut pas être décidé par les analyses et les examens de l'intellect les plus assidus et les plus minutieusement scientifiques : l'esprit humain, durant cette analyse, ne pouvant faire autrement que de se voir sous ses formes perspectives et *uniquement* ainsi. Il nous est impossible de tourner l'angle de notre regard : il y a une curiosité sans espoir à vouloir connaître quelles autres espèces d'intellects et de perspectives il *pourrait* y avoir, par exemple, s'il y a des êtres qui peuvent concevoir le temps en arrière, ou tour à tour en avant et en arrière (par quoi on obtiendrait une autre direction de vie et une autre conception de la cause et de l'effet). J'espère, cependant, que nous sommes au moins, de nos jours, assez éloignés de ce ridicule manque de modestie de vouloir décréter de notre angle que ce n'est que de cet angle que l'on a le *droit* d'avoir des perspectives. Le monde, au contraire, est devenu pour nous une seconde fois infini : en tant que nous ne pouvons pas réfuter la possibilité qu'il *contienne des interprétations à l'infini.* Encore une fois le grand frisson nous prend, — mais qui donc aurait envie de diviniser de nouveau, immédiatement, à l'ancienne manière, ce monstre de monde inconnu? Adorer peut-être dès lors cet inconnu objectif, comme un inconnu subjectif? Hélas, il y a trop de possibilités d'interprétation *non divines* qui font partie de cette inconnue, trop de diableries, de bêtises, de folies d'interprétation, — sans compter la nôtre, cette interprétation humaine, trop humaine que nous connaissons...

375.

POURQUOI NOUS SEMBLONS ÊTRE DES ÉPICURIENS. — Nous sommes prudents nous autres hommes modernes, prudents à l'égard des dernières convictions; notre méfiance se tient aux aguets contre les ensorcellements et les duperies de conscience qu'il y a dans toute forte croyance, dans tout *oui* ou *non* absolu : comment expliquer cela ? Peut-être qu'il faut y voir, pour une bonne part, la circonspection de l'enfant qui s'est brûlé, de l'idéaliste désabusé, mais pour une autre et meilleure part la curiosité, pleine d'allégresse, de celui qui autrefois attendait à l'angle des rues, qui, poussé au désespoir par son recoin, s'enivre et s'exalte maintenant — par contraste avec les « angles » — dans l'infini, sous l'horizon libre. Une tendance, presque épicurienne, de chercher la connaissance, se développe ainsi, une tendance qui ne laisse pas échapper facilement le caractère incertain des choses ; se même une antipathie contre les grandes phrases et les attitudes morales, un goût qui refuse tous les contrastes lourds et grossiers et qui a conscience, avec fierté, de son habitude des réserves. Car c'est *cela* qui fait notre orgueil, cette légère tension des guides, tandis que notre impétueux besoin de certitude nous pousse en avant, l'empire que, dans ses courses les plus sauvages, le cavalier a sur lui-même : car, avant comme après, nous montons les bêtes les plus fougueuses, et si nous hésitons, c'est le danger moins que toute autre chose qui nous fait hésiter...

376.

LE RALENTISSEMENT DANS NOTRE TEMPS. — Tel est le sentiment de tous les artistes, de tous les hommes qui créent des « œuvres », de l'espèce maternelle parmi les hommes : ils s'imaginent toujours, chaque fois qu'une période de leur vie est terminée — une période qui se clôt sur une œuvre —, qu'ils ont atteint le but lui-même. Toujours ils accepteraient alors la mort avec patience en se disant : « Nous sommes mûrs pour elle ». Ce n'est pas là l'expression de la fatigue, — mais bien plutôt d'une certaine douceur de l'automne ensoleillé que laisse chaque fois derrière elle, chez son auteur, l'œuvre elle-même, la maturité d'une œuvre. Alors l'allure de la vie se ralentit, elle devient épaisse et lourde de miel — jusqu'à de longs points de repos, jusqu'à la foi *au* long point de repos...

377.

Nous autres sans-patrie. — Parmi les Européens d'aujourd'hui il n'en manque pas qui ont un droit à s'appeler, dans un sens distinctif et qui leur fait honneur, des sans-patrie: c'est à eux que je mets particulièrement sur le cœur ma secrète sagesse, ma *gaya scienza*. Car leur sort est dur, leur espoir incertain, il faut un tour de force pour leur inventer une consolation — mais à quoi bon! Nous autres enfants de l'avenir, comment *saurions*-nous être chez nous dans cet aujourd'hui! Nous sommes hostiles à tout idéal qui pourrait encore trouver un refuge, un « chez soi », en ce temps de transition fragile et écroulé; pour ce qui en est de la « réalité », de cet idéal, nous ne croyons pas à sa *durée*. La glace qui aujourd'hui peut encore supporter un poids s'est déjà fortement amincie : le vent du dégel souffle, nous-mêmes, nous autres sans-patrie, nous sommes quelque chose qui brise la glace et d'autres « réalités » trop minces... Nous ne « conservons » rien, nous ne voulons revenir à aucun passé, nous ne sommes absolument pas « libéraux », nous ne travaillons pas pour « le progrès », nous n'avons pas besoin de boucher nos oreilles pour ne point entendre les sirènes de l'avenir qui chantent sur la place publique. — Ce qu'elles chantent : « Droits égaux ! », « Société libre ! », « Ni maîtres ni serviteurs ! » cela ne nous attire point ! — en somme, nous ne trouvons pas désirable que le règne de la justice et de la concorde soit fondé sur la terre (puisque ce règne

trop mêlés, de race et d'origine, pour faire des
« hommes modernes » et, par conséquent, peu
tentés de participer à cette admiration de soi mensongère que pratiquent les races, à cette impudicité
dont, aujourd'hui, l'on fait parade en Allemagne,
en guise de cocarde, du loyalisme germanique,
et qui semblent doublement fausses et inconvenantes chez le peuple du « sens historique ». Nous
sommes en un mot — et que ce soit notre mot
d'ordre ! — *de bons Européens*, les héritiers de
l'Europe, les héritiers riches et comblés — riches,
mais aussi riches en obligations, héritiers de plusieurs milliers d'années d'esprit européen, comme
tels encore sortis du christianisme et mal disposés
à son égard, et c'est précisément parce que nous
en sommes sortis, parce que nos ancêtres étaient
des chrétiens d'une loyauté sans égale qui, pour
leur roi, auraient sacrifié leur bien et leur sang,
leur état et leur patrie. Nous — nous faisons de
même. Mais pourquoi donc ? Par irréligion personnelle ? Par irréligion universelle ? Non, vous
savez cela beaucoup mieux, mes amis ! Le OUI
caché en vous est plus fort que tous les NON et tous
les PEUT-ETRE dont vous êtes malades, avec votre
époque : et s'il faut que vous alliez sur la mer, vous
autres émigrants, évertuez-vous en vous mêmes à
avoir — une foi !...

378.

« ET NOUS REDEVENONS CLAIRS ».—Nous qui sommes riches et prodigues en esprit, placés comme des puits ouverts au bord de la route, ne voulant interdire à personne de puiser chez nous, nous ne savons malheureusement pas nous garer, lorsque nous désirerions le faire, nous n'avons pas de moyen pour empêcher que l'on nous *trouble*, que l'on nous obscurcisse, — que l'époque où nous vivons jette au fond de nous-mêmes sa « contemporanéité », que les oiseaux malpropres de cette époque y jettent leurs immondices, les gamins leurs colifichets, et des voyageurs épuisés qui s'y reposent leurs petites et leurs grandes misères. Mais nous ferons ce que nous avons toujours fait : nous entraînerons ce que l'on nous jette dans notre profondeur — car nous sommes profonds, nous n'oublions pas — *et nous redevenons clairs...*

379

INTERRUPTION DU FOU. — Ce n'est pas un misanthrope, celui qui a écrit ce livre : la haine des hommes se paye cher aujourd'hui. Pour pouvoir haïr comme autrefois l'on savait haïr l'homme, à la façon de Timon, dans l'ensemble, sans déduction, avec tout l'*amour* de la haine — pour cela il faudrait pouvoir renoncer au mépris, et combien de joie subtile, combien de patience, combien de bonté même, devons-nous justement à notre mépris ! Avec notre mépris nous sommes de plus les « élus de Dieu » : le subtil mépris est à notre goût, il est notre privilège et notre art, peut-être notre vertu, à nous autres modernes parmi les modernes... La haine, par contre, vous égalise, vous place les uns en face des autres, dans la haine il y a de l'honneur, et enfin, dans la haine il y a de la *crainte*, une grande part de crainte. Mais, nous qui sommes sans crainte, nous les hommes plus intellectuels de cette époque, nous connaissons assez bien notre avantage, en tant qu'intellectuels supérieurs, pour vivre justement dans l'insouciance à l'égard de ce temps. Il ne me semble pas probable que l'on nous décapite, que l'on nous enferme, que l'on nous bannisse, nos livres ne seront même pas interdits et brûlés. L'époque aime l'esprit, elle nous aime et elle aurait besoin de nous, quand même nous lui donnerions à entendre que nous sommes des artistes dans le mépris, que tout rapport avec les hommes nous cause un léger effroi, que malgré notre douceur, notre patience, notre affabilité, notre politesse, nous ne pourrions persuader notre nez d'abandonner l'aversion qu'il a contre le voisinage des hommes, que, moins la nature est humaine, plus nous l'aimons, que nous aimons l'art *quand* il est la fuite de l'artiste devant l'homme, ou le persiflage de l'artiste sur l'homme, ou le persiflage de l'artiste sur lui-même...

330.

« Le voyageur » parle. — Pour considérer une fois de loin notre moralité européenne, pour la mesurer à l'étalon d'autres moralités, plus anciennes ou futures, il faut agir comme fait le voyageur qui veut connaître la hauteur des tours d'une ville :

pour cela il *quitte* la ville. Des « pensées sur les préjugés moraux », pour le cas où elles ne devraient pas être des préjugés sur les préjugés, supposent une position *en dehors* de la morale, quelque par delà le bien et le mal vers quoi il faudrait monter, grimper, voler, — et, dans le cas donné, un par delà *notre* bien et *notre* mal, une indépendance de toute « Europe », cette dernière entendue comme une somme de jugements évaluateurs qui nous commandent et qui sont entrés dans notre sang. *Vouloir* se placer en dehors et au-dessus, c'est peut-être là une petite témérité, un « tu dois » particulier et déraisonnable, car nous aussi, nous qui cherchons la connaisance, nous avons nos idiosyncrasies de la volonté « non affranchie » — : la question est de savoir si l'on *peut* véritablement monter là-haut. Cela peut dépendre de conditions multiples. Dans l'ensemble il s'agit de savoir si nous sommes lourds ou légers, c'est le problème de notre « poids spécifique ». Il faut être *très léger* pour pousser sa volonté de la connaissance aussi loin et en quelque sorte au delà de son temps, pour se créer des yeux qui puissent embrasser des milliers d'années et que ce soit le ciel clair qui se reflète dans ces yeux ! Il faut s'être détaché de beaucoup de choses qui nous oppressent, nous entravent, nous tiennent baissés, nous alourdissent, nous autres Européens d'aujourd'hui. L'homme d'un pareil au-delà, qui veut embrasser lui-même les évaluations supérieures de son époque, a besoin d'abord de « surmonter » en lui-même cette époque — c'est là sa preuve de force

— et, par conséquent, non seulement son époque, mais encore l'opposition qu'il ressentait jusqu'à présent *contre* cette époque, la contradiction, la souffrance que lui causait cette époque, son inactualité, son *romantisme*...

381.

La question de la compréhension. — On veut non seulement être compris lorsque l'on écrit, mais certainement aussi ne *pas* être compris. Ce n'est nullement encore une objection contre un livre quand il y a quelqu'un qui le trouve incompréhensible : peut-être cela faisait-il partie des intentions de l'auteur de ne pas être compris par « n'importe qui ». Tout esprit distingué qui a un goût distingué choisit ainsi ses auditeurs lorsqu'il veut se communiquer; en les choisissant il se gare contre les « autres ». Toutes les règles subtiles d'un style ont là leur origine : elles éloignent en même temps, elles créent la distance, elles défendent « l'entrée », la compréhension, — tandis qu'elles ouvrent les oreilles de ceux qui nous sont parents par l'oreille. Et, pour le dire entre nous et dans mon cas particulier, — je ne veux me laisser empêcher ni par mon ignorance, ni par la vivacité de mon tempérament, d'être compréhensible pour vous, mes amis : ni par la vivacité, bien qu'elle me force, pour pouvoir m'approcher d'une chose, de m'en approcher rapidement. Car j'agis avec les problèmes profonds comme avec un bain froid — y entrer vite, en sortir vite. Croire que de cette façon on n'entre pas dans les profondeurs, on ne va pas assez *au fond*, c'est la superstition de ceux qui craignent l'eau, des ennemis de l'eau froide; ils parlent sans expérience. Ah! le grand froid rend prompt! — Et, soit dit en passant, une chose demeure-t-elle vraiment incomprise et inconnue par le fait qu'elle n'est touchée qu'au vol, saisie d'un regard, en un éclair? Faut-il vraiment commencer par s'y asseoir solidement? l'avoir couvée comme un œuf? *Diu noctuque incubando*, comme disait Newton de lui-même? Il y a du moins des vérités d'une pudeur et d'une susceptibilité particulières dont on ne peut s'emparer que d'une façon imprévue,—qu'il faut *surprendre* ou laisser... Enfin, ma brièveté a une autre raison encore : parmi les questions qui me préoccupent, il y en a beaucoup qu'il faut que j'explique en peu de mots pour que l'on m'entende à mots couverts. Car il faut éviter, en tant qu'immoraliste, de pervertir l'innocence, je veux dire les ânes et les vieilles filles des deux sexes, qui n'ont d'autre profit de la vie que leur innocence; mieux encore, mes œuvres doivent les enthousiasmer, les élever et les entraîner à la vertu. Je ne connais rien sur la terre qui fut plus joyeux que le spectacle de vieux ânes et de vieilles filles qu'agite le doux sentiment de la vertu : et « j'ai vu cela » — ainsi parlait Zarathoustra. Ceci pour ce qui en est de la brièveté; la chose est plus grave pour ce qui en est de mon ignorance que je ne me dissimule pas à moi-même. Il y a des heures où j'en ai honte; il est vrai qu'il y a aussi des heures où j'ai honte de cette honte. Peut-être nous autres philosophes sommes-nous tous auourd'hui en fâcheuse posture vis-à-vis du savoir humain : la science grandit, et les plus savants d'entre nous sont prêts à s'apercevoir qu'ils connaissent trop peu de choses. Il est vrai que ce serait bien pis encore s'il en était autrement, — s'ils *savaient* trop de choses. Notre devoir est avant tout de ne pas faire de confusion avec nous-mêmes. Nous *sommes* autre chose que des savants : bien qu'il soit inévitable que, entre autres, nous fussions aussi savants. Nous avons d'autres besoins, une autre croissance, une autre digestion : il nous faut davantage, il nous faut aussi moins. Il n'y a pas de formule pour définir la quantité de nourriture qu'il faut à un esprit; si pourtant son goût est prédisposé à l'indépendance, à une brusque venue, à un départ rapide, aux voyages, peut-être aux aventures qui seules sont de la force des plus rapides, il préférera vivre libre avec une nourriture frugale que gavé et dans contrainte. Ce n'est pas la graisse, mais une plus grande souplesse et une plus grande vigueur que le bon danseur demande à sa nourriture, — et je ne saurais pas ce que l'esprit d'un philosophe pourrait désirer de meilleur que d'être un bon danseur. Car la danse est son idéal, son art particulier, et finalement aussi sa seule piété, son « culte »...

382.

LA GRANDE SANTÉ. — Nous autres hommes nouveaux, innommés, difficiles à comprendre, précurseurs d'un avenir encore non démontré — nous avons besoin, pour une fin nouvelle, d'un moyen nouveau, je veux dire d'une nouvelle santé, d'une santé plus vigoureuse, plus aiguë, plus endurante, plus intrépide et plus joyeuse que ne furent jusqu'à présent toutes les santés. Celui dont l'âme est avide de faire le tour de toutes les valeurs qui ont eu cours et de tous les désirs qui ont été satisfaits jusqu'à présent, de visiter toutes les côtes de cette « méditerranée » idéale, celui qui veut connaître, par les aventures de sa propre expérience, quels sont les sentiments d'un conquérant et d'un explorateur de l'idéal, et, de même, quels sont les sentiments d'un artiste, d'un saint, d'un législateur, d'un sage, d'un savant, d'un homme pieux, d'un devin, d'un divin solitaire d'autrefois : celui-là aura avant tout besoin d'une chose, de la *grande santé* — d'une santé que non seulement on possède mais qu'il faut aussi conquérir sans cesse, puisque sans cesse il faut la sacrifier !... Et maintenant, après avoir été ainsi longtemps en chemin, nous, les Argonautes de l'Idéal, plus courageux peut-être que ne l'exigerait la prudence, souvent naufragés et endoloris, mais mieux portants que l'on ne voudrait nous le permettre, dangereusement bien portants, bien portants toujours à nouveau, — il nous semble avoir devant nous, comme récompense, un pays inconnu, dont personne encore n'a vu les frontières, un au-delà de tous les pays, de tous les recoins de l'idéal connus jusqu'à ce jour, un monde si riche en choses belles, étranges, douteuses, terribles et divines, que notre curiosité, autant que notre soif de posséder sont sorties de leurs gonds, — hélas! que maintenant rien n'arrive plus à nous rassasier! Comment pourrions-nous, après de pareils aperçus et avec une telle faim dans la conscience, une telle avidité de science, nous satisfaire encore des *hommes actuels?* C'est assez grave, mais c'est inévitable, nous ne regardons plus leurs buts et leurs espoirs les plus dignes qu'avec un sérieux mal tenu, et peut-être ne les regardons-nous même plus. Un autre idéal court devant nous, un idéal singulier, tentateur, plein de dangers, un idéal que nous ne voudrions recommander à personne, parce qu'à personne nous ne reconnaissons facilement le *droit* à cet idéal : c'est l'idéal d'un esprit qui se joue naïvement, c'est-à-dire sans intention, et parce que sa plénitude et sa puissance débordent, de tout ce qui jusqu'à présent s'est appelé sacré, bon, intangible, divin; pour qui les choses les plus hautes qui servent, avec raison, de mesure au peuple, signifieraient déjà quelque chose qui ressemble au danger, à la décomposition, à l'abaissement ou bien du moins à la convalescence, à l'aveuglement, à l'oubli momentané de soi; c'est l'idéal d'un bien-être et d'une bienveillance humains-surhumains, un idéal qui apparaîtra souvent *inhumain*, par exemple lorsqu'il se place à côté de tout ce qui jusqu'à présent a été sérieux, terrestre, à côté de toute espèce de solennité dans l'attitude, la parole, l'intonation, le regard, la morale et la tâche, comme leur vivante parodie involontaire — et avec lequel, malgré tout cela, le *grand* sérieux commence peut-être seulement, le véritable problème est peut-être seulement posé, la destinée de l'âme se retourne, l'aiguille marche, la tragédie *commence...*

383.

Épilogue. — Mais en dessinant, pour finir, lentement, lentement, ce sombre point d'interrogation, ayant encore l'intention de rappeler au lecteur les vertus du véritable art de lire, — hélas! quelles vertus oubliées et inconnues ! — il m'arrive d'entendre résonner autour de moi un rire de farfadet, le plus méchant et le plus joyeux : les esprits de mon livre, eux-mêmes, se jettent sur moi, me tirent les oreilles et me rappellent à l'ordre. « Nous n'y tenons plus — ainsi m'interpellent-ils —; au diable avec cette musique sombre et noire comme la robe d'un corbeau. La clarté du matin ne brille-t-elle pas autour de nous ? Ne sommes-nous pas entourés d'une verte et molle pelouse, le royaume de la danse? Y eut-il jamais une meilleure heure pour être joyeux ? Qui veut entonner un chant, un chant du matin, tellement ensoleillé, tellement léger, si aérien qu'il ne chasse *pas* les idées noires, mais qu'il les invite à chanter avec lui, à danser avec lui ? Nous aimons mieux encore la mélodie d'une stupide cornemuse paysanne que de tels sons mystérieux, de tels chants de crapauds sonnants, de telles voix des tombeaux, de tels sifflements de marmottes, par quoi vous nous avez régalés jusqu'à présent, dans votre sauvage solitude, Monsieur l'ermite et musicien de l'avenir ! Non ! Ne venez pas avec de pareils sons! Entonnons des mélodies plus agréables et plus joyeuses ! » — Etes-vous satisfaits ainsi, mes impatients amis ? Eh bien ! Qui donc ne vous obéirait pas volontiers ? Ma cornemuse est prête, ma gorge aussi — il en sortira peut-être des sons rudes, arrangez-vous-en ! nous sommes en montagne ! Mais ce que je vous ferai entendre sera du moins nouveau ; et, si vous ne le comprenez pas, si les paroles du *chanteur* vous sont inintelligibles, qu'importe ! C'est là la « malédiction du chanteur ». Vous entendrez d'autant plus distinctement sa musique et sa mélodie, vous danserez d'autant mieux au son de son pipeau. *Voulez*-vous cela ?...

APPENDICE

CHANT DU PRINCE « VOGELFREI »

GŒTHE

L'impérissable
N'est que symbole !
Dieu l'insidieux
Est surprise de poète...

La roue de l'univers
Roule de but en but :
La haine l'appelle misère,
Le fou dit que c'est un jeu...

Le jeu du monde, impérieux,
Mêle l'être à l'apparence : —
L'éternelle Folie
Nous mélange à elle !...

LA VOCATION DU POÈTE

Tout récemment j'étais assis,
Me reposant à l'ombre des arbres,
Lorsque j'entendis frapper des coups,
Doucement, comme en mesure.
Je voulus me fâcher, je fis la grimace, —

Enfin je finis par céder,
Jusqu'à ce qu'enfin, moi aussi, comme un poète
Je me mis à parler en tic-tac.

Tandis que je faisais des vers, houpsa !
Syllabe par syllabe,
Je me mis soudain à rire,
Au moins durant un quart d'heure.
Toi poète ? Toi poète ?
Ta tête est-elle donc dérangée ?
— « Oui, Monsieur, vous êtes poète ! »
Pic, l'oiseau, hausse les épaules.

Qui j'attends dans le buisson ?
Brigand, qui veux-tu surprendre ?
Est-ce une maxime, une image ?
Et vite je mets la rime.
Tout ce qui rampe, ce qui sautille,
Le poète vite en fait un vers.
— « Oui, Monsieur, vous êtes poète ! »
Pic, l'oiseau, hausse les épaules.

Les rimes, oui, sont comme des flèches,
Tout cela s'agite et tremble,
Lorsque la flèche pénètre
Dans le corps de la bête !
Vous en mourez, pauvre diable !
Hélas ! si ce n'est d'ivresse.
— « Oui, Monsieur, vous êtes poète ! »
Pic, l'oiseau, hausse les épaules.

Versets obliques, pleins de hâte,
Petits mots fous qui se pressent !
Jusqu'à ce que, ligne après ligne,
Tout soit pendu à la chaîne.
Et il y a des gens cruels

Que cela amuse ? Poètes sans cœur ?
— « Oui, Monsieur, vous êtes poète ! »
Pic, l'oiseau, hausse les épaules.

Railles-tu oiseau ? Veux-tu rire ?
As-tu la tête dérangée ?
Mon cœur le serait-il davantage ?
Gare, tu craindras ma colère ! —
Mais le poète tresse des rimes,
Même en colère, brèves et vraies.
— « Oui, Monsieur, vous êtes poète ! »
Pic, l'oiseau, hausse les épaules.

DANS LE MIDI

A une branche torse, me voici suspendu,
Et je balance ma fatigue.
C'est d'un oiseau que je suis l'hôte,
Je repose en un nid d'oiseau.
Où suis-je donc ? Loin ! Hélas, loin !

La blanche mer est endormie,
A sa surface une voile de pourpre.
Une roche, un figuier, la tour et le port,
Des idylles à l'entour, des bêlements de moutons,
Innocence du Midi accueille-moi !

Aller au pas — quelle existence !
Cette allure-là rend allemand et lourd.
J'ai dit au vent de m'emmener,
L'oiseau m'a appris à planer.
Vers le midi, j'ai passé sur la mer.

Raison ! Attristantes affaires !
Le but alors était trop près.

J'ai su, au vol, ce qui me bernait.
Je sens la sève qui monte et le courage
Pour une vie nouvelle et un jeu nouveau...

Penser seul, c'est la sagesse,
Chanter seul serait stupide!
Voici un chant en votre honneur,
Asseyez-vous autour de moi,
En silence, oiseaux méchants!

Si jeune, si faux, si vagabonds,
Vous semblez être faits pour aimer,
Et pour tous les jolis passe-temps?
Dans le nord, — j'hésite à l'avouer, —
J'ai aimé une femme, vieille à pleurer :
« Vérité » s'appelait cette vieille femme...

LA PIEUSE BEPPA

Tant que mon petit corps est joli,
C'est la peine d'être pieuse.
On sait que Dieu aime les femmes,
Les jolies avant tout.
Il pardonnera, j'en suis sûre,
Facilement au petit moine
D'aimer, comme certain petit moine,
A être près de moi.

Ce n'est pas un père de l'Église!
Non, il est jeune et souvent rouge,
Malgré les sombres ivresses,
Plein de peine et de jalousie.
Je déteste tous les vieillards,
Je n'aime pas les vieilles gens;
Avec combien de sagesse,
Dieu, le père, y a pourvu!

L'Église s'entend à vivre,
Elle sonde les cœurs et les visages.
Elle veut toujours me pardonner —
Et qui donc ne me pardonne pas?
On murmure du bout des lèvres,
On s'incline et l'on s'en va,
Avec un petit péché neuf,
On efface vite l'ancien.

Béni soit Dieu sur la terre,
Qui aime les jolies filles,
Et se pardonne volontiers
Cette espèce de peine de cœur.
Tant que mon petit corps est joli,
C'est la peine d'être pieuse :
Quand je serai une vieille femme
Le diable viendra me chercher !

LA BARQUE MYSTÉRIEUSE

La nuit dernière, quand tout dormait,
Et que, dans la rue, on entendait à peine
Les soupirs incertains du vent,
Mes oreillers ne me donnaient pas le sommeil,
Ni le pavot, ni ce qui fait encore
Dormir, — une bonne conscience.

Enfin, renonçant au sommeil,
Je courus vers la plage.
Il faisait clair de lune et doux — et, dans le sable chaud,
Je trouvai l'homme avec sa barque.
Tous deux sommeillaient, le berger et la brebis : —
Sommeillante la barque quitta la rive.

Une heure se passa, peut-être deux,
Ou bien était-ce une année?

Quand soudain mes sens furent plongés
Dans une éternelle inconscience,
Et un gouffre s'ouvrit,
Sans borne : — c'était fini !

— Le matin vint, sur de noires profondeurs
Une barque se repose et se repose encore —
Qu'est-il arrivé ? Un cri s'élève
Cent cris : qu'y a-t-il ? Du sang ? — —
Rien n'est arrivé ! Nous avons dormi,
Tous — hélas ! c'était bon ! si bon !

DÉCLARATION D'AMOUR

(OU LE POÈTE SE FIT ÉCONDUIRE —)

Oh ! merveille ! Vole-t-il encore ?
Il s'élève et ses ailes sont au repos ?
Qu'est-ce qui le porte donc et l'élève ?
Où est maintenant son but, son vol, son trait ?

Comme l'étoile et l'éternité,
Il vit dans les hauteurs dont s'éloigne la vie,
Ayant pitié, même de l'envie — :
Est monté bien haut qui le voit planer !

Oh ! Albatros, oiseau !
Un désir éternel me pousse dans les hauteurs.
J'ai pensé à toi : alors une larme
Après l'autre, a coulé, — oui, je t'aime !

CHANT

D'UN CHEVRIER THÉOCRITIEN

Je suis couché malade,
Les punaises me dévorent
Elles troublent ma lumière !
J'entends qu'elles dansent...

Elle voulait, à cette heure,
Se glisser jusqu'à moi,
J'attends comme un chien
Et rien ne vient.

Ce signe de croix en promettant ?
Comment mentirait-elle ?
— Ou bien court-elle après chacun,
Comme mes chèvres ?

D'où lui vient sa jupe de soie ? —
Eh bien ! la fière ?
Il y a encore plus d'un bouc
Dans ce bois ?

— Comme l'attente amoureuse
Rend trouble et venimeux !
Ainsi pousse dans la nuit humide
Le champignon du jardin.

L'amour me ronge,
Comme les sept maux, —
Je n'ai plus envie de manger !
Adieu, mes oignons !

La lune déjà s'est couchée dans la mer,
Toutes les étoiles sont lasses,
Le jour se lève gris,
J'aimerais mourir.

CES AMES INCERTAINES...

Ces âmes incertaines,
Je leur en veux à mort.
Tout leur honneur est un supplice,
Leurs louanges couvrent de honte

Parce que, au bout de *leur* laisse,
Je ne traverse pas les temps,
Le poison de l'envie, doux et désespéré,
Dans leur regard me salue.

Qu'ils m'injurient avec courage
En me tournant le dos!
Ces yeux suppliants et égarés
Sans cesse se tromperont sur moi.

UN FOU AU DÉSESPOIR

Hélas! ce que j'ai écrit sur la table et le mur
Avec mon cœur de fou et ma main de fou
Devrait orner pour moi la table et le mur...

Mais vous dites : « Les mains de fou gribouillent, —
Et il faut nettoyer la table et le mur
Jusqu'à ce que la dernière trace ait disparu! »

Permettez! Je vais vous donner un coup de main —,
J'ai appris à me servir de l'éponge et du balai,
Comme critique et comme homme de peine.

Mais lorsque le travail sera fini,
J'aimerais bien vous voir, grands sages que vous êtes,
Souiller de votre sagesse la table et le mur.

RIMUS REMEDIUM

OU : COMMENT LES POÈTES MALADES SE CONSOLENT

   Sorcière du temps,
De ta bouche ensalivée découle
Lentement une heure après l'autre.
En vain tout mon dégoût s'écrie :
« Malédiction au gouffre
   De l'Eternité ! »

   Le monde — est d'airain :
Un taureau bouillant — est sourd aux cris.
Avec l'éclat d'un poignard ma douleur écrit
Dans mon cerveau :
   « Le monde n'a pas de cœur
Et ce serait folie de lui en vouloir pour cela ! »

   Verse tous les pavots,
Verse la fièvre ! le poison dans mon cerveau !
Depuis trop longtemps tu interroges ma main et mon front.
Que demandes-tu ? Quoi ? « A quel — prix ? »
   — Ah ! Malédiction sur la fille
Et sa raillerie !

   Non ! Reviens !
Il fait froid dehors, j'entends la pluie —
Je devrais être plus tendre avec toi ?
— Prends ! Voici de l'or : comme la pièce brille ! —
   T'appeler « Bonheur » ?
Te bénir, fièvre ? —

   La porte s'ouvre.
Il pleut à torrents jusqu'à mon lit !
Le vent éteint la lumière, — misère !
— Celui qui maintenant n'aurait pas cent *rimes*,
   Je parie, je parie,
Qu'il y laisserait sa peau !

« MON BONHEUR ! »

Je revois les pigeons de Saint-Marc :
La place est silencieuse, le matin s'y repose.
Dans la douce fraîcheur indolemment j'envoie mes chants,
Comme un essaim de colombes dans l'azur
      Et les rappelle des hauteurs,
Encore une rime que j'accroche au plumage
    — mon bonheur ! mon bonheur !

Calme voûte du ciel, bleu-clair et de soie,
Tu planes protectrice sur l'édifice multicolore
Que j'aime — que dis-je ? — que je crains et *envie*...
Comme je serais heureux de lui vider son âme !
      La rendrais-je jamais ? —
Non, n'en parlons pas, pâture merveilleuse du regard !
    — mon bonheur ! mon bonheur !

Clocher sévère, avec quelle vigueur de lion
Tu t'élèves ici, victorieux, sans peine !
Tu couvres la place du son profond de tes cloches — :
Je dirais en français que tu es son *accent aigu* !
      Si comme toi je restais ici
Je saurais par quelle contrainte, douce comme de la soie...
    — mon bonheur ! mon bonheur !

Éloigne-toi, musique ! Laisse les ombres s'épaissir
Et croître jusqu'à la nuit brune et douce !
Il est trop tôt pour les harmonies, les ornements d'or
Ne scintillant pas encore dans leur splendeur de rose,
      Il reste beaucoup de jour encore,
Beaucoup de jour les poètes, les fantômes et les solitaires.
    — mon bonheur ! mon bonheur !

VERS LES MERS NOUVELLES

Je *veux* aller — là bas, et j'ai dès lors
Confiance en moi et en mes talents de pilote,
La vaste nappe de la mer s'étend
Et mon vaisseau génois navigue vers l'azur.

Tout scintille pour moi, dans sa splendeur nouvelle,
Le midi sommeille sur l'espace et le temps — :
Et *ton* œil seulement — monstrueux
Me regarde, infinité !

SILS MARIA

J'étais assis là dans l'attente — dans l'attente de rien,
Par delà le bien et le mal jouissant, tantôt

De la lumière, tantôt de l'ombre, abandonné
A ce jour, au lac, au midi, au temps sans but.

Alors, ami, soudain un est devenu deux —
Et Zarathoustra passa auprès de moi...

POUR LE MISTRAL
UNE CHANSON A DANSER

Vent mistral, chasseur de nuages,
Tueur de mélancolie, balayeur du ciel,
Toi qui mugis, comme je t'aime !
Ne sommes-nous pas tous deux les prémices
D'une même origine, au même sort
Eternellement prédestinés ?

24.

Là, sur les glissants chemins de rochers,
J'accours en dansant à ta rencontre,
Dansant, selon que tu siffles et chantes :
Toi qui sans vaisseau et sans rames,
Libre frère de liberté,
T'élances sur les mers sauvages.

A peine éveillé, j'ai entendu ton appel,
J'ai accouru vers les falaises,
Vers les jaunes rochers au bord de la mer.
Salut! Déjà comme les clairs flots
D'un torrent diamantin, tu descendais
Victorieusement de la montagne.

Sous les airs unis du ciel,
J'ai vu galoper tes chevaux,
J'ai vu le carrosse qui te porte,
J'ai même vu le geste de la main
Qui, sur le dos des coursiers,
Comme l'éclair abat son fouet, —

Je t'ai vu descendre du char,
Afin d'accélérer ta course,
Je t'ai vu court comme une flèche
Pousser droit dans la vallée, —
Comme un rayon d'or traverse
Les roses de la première aurore.

Danse maintenant sur mille dos,
Sur le dos des lames, des lames perfides —
Salut à qui crée des danses *nouvelles!*
Dansons donc de mille manières,
Que notre art soit nommé — libre !
Qu'on appelle gai — *notre* savoir!

Arrachons à chaque plante
Une fleur à notre gloire,

Et deux feuilles pour une couronne !
Dansons comme des troubadours
Parmi les saints et putains,
La danse entre Dieu et le monde !

Celui qui, avec le vent,
Ne sait pas danser, qui s'enveloppe
De foulards, tel un vieillard,
Celui qui est hypocrite,
Glorieux et faux vertueux,
Qu'il quitte notre paradis.

Chassons la poussière des routes,
Au nez de tous les malades,
Épouvantons les débiles,
Purifions toute la côte
De l'haleine des poitrines sèches
Et des yeux sans courage !

Chassons qui trouble le ciel,
Noircit le monde, attire les nuages !
Éclairons le royaume des cieux !
Mugissons... toi le plus libre
De tous les esprits libres, avec toi
Mon bonheur *mugit* comme la tempête. —

Et prends, pour que le souvenir
De ce bonheur soit éternel,
Prends l'héritage de cette *couronne !*
Jette-la là-haut, jette-la plus loin,
A l'assaut de l'échelle céleste,
Accroche-la — aux étoiles !

NOTES

Nietzsche commença à s'occuper du *Gai Savoir* immédiatement après que fut achevée l'impression d'*Aurore*. En juillet et août 1881, il prit à Sils-Maria les premières notes dont sortit plus tard l'œuvre tout entière. Les ébauches furent continuées jusqu'à la fin de la même année, puis la rédaction définitive parachevée, en un seul mois, à Gênes, pendant « le plus beau de tous les mois de janvier » (1882), c'est pourquoi Nietzsche appelle son volume « le présent de ce seul mois ». Les maximes en vers du prologue *Plaisanterie, ruse et vengeance*, furent écrites en grande partie au cours de ce même hiver à Gênes, puis en avril 1882 à Messine. Un complément d'environ 40 aphorismes fut joint au manuscrit, le 4 juillet, à Tautenburg, près Dornburg.

L'ouvrage imprimé chez B. G. Teubner, à Leipzig, fut publié en septembre (1882) chez E. Schmeitzner, à Chemnitz, sous le titre de *le Gai Savoir*. Il ne contenait alors, en dehors du prologue, que quatre livres et portait comme épigraphe ces mots d'Emerson : « Pour le poète et pour le sage toutes choses sont familières et sanctifiées, tous les événements utiles, tous les jours sacrés, tous les hommes divins. »

Ce n'est que lorsque l'éditeur Fritzsch, de Leipzig, devint le dépositaire des œuvres de Nietzsche que *le Gai Savoir* fut augmenté d'une préface, du cinquième livre et des *Chants du Prince « Vogelfrei »*. Remis en vente par son nouvel éditeur en juin 1887, l'ouvrage prit alors le titre actuel *le*

Gai Savoir (« *la Gaya Scienza* ») et l'épigraphe d'Emerson fut remplacée par un quatrain de Nietzsche.

La préface avait été écrite à Ruta, près Gênes, en octobre 1886, le cinquième livre à la fin de la même année à Nice. *Les Chants du Prince « Vogelfrei »* datent de diverses époques, entre 1882 et 1884.

La présente traduction a été faite sur le cinquième volume des *Œuvres complètes*, publié en 1895 par le *Nietzsche-Archiv*, chez C. G. Naumann à Leipzig.

Ainsi que nous procédons pour la prose de Nietzsche, nous avons tenu à donner des vers du philosophe une version aussi littérale que possible. A passer dans une autre langue certaines pièces, celles du prologue, ont perdu presque entièrement la saveur de l'original. Cela tient à leur caractère même : proverbes ou sentences, rimées richement, elles ne sont parfois que jeux de mots, amusement de l'esprit. La pointe étant dans la rime, ou du moins dans la consonance et dans le choix des mots, l'idée s'efface dès que les termes sont changés. Nous n'avons donc donné le prologue de ce volume que pour présenter au public français une traduction entière des ouvrages de Nietzsche, sans aucune omission. Dans l'appendice, le hasard de la traduction nous a parfois permis de rendre entièrement le rythme de l'original, mais, en général, nous avons dû nous contenter de traduire vers par vers, ne voulant pas sacrifier l'idée à la nécessité de la rime.

Voici maintenant quelques notes relatives à la traduction :
Page 17, ligne 1. du h. : *Plaisanterie, ruse et vengeance* — titre d'un poème d'opéra de Gœthe, écrit pendant les premières années de son séjour à Weimar (1775).
— 22, ligne 3. du h. : jeu de mot sur *hineinlegen* (mettre dedans) et *auslegen* (interpréter).
— 66, ligne 15. du h. : *ordre du jour pour le roi* — en français dans le texte.
— 123, ligne 3. du h. : *esprit* — en français dans le texte.

Page 138, ligne 9. du h. et suiv. : *noblesse* — en français dans le texte.

— 138, ligne 11. du b. : *régime* — en français dans le texte.

— 139, ligne 4. du b. : *Ah! mon ami,* etc. — en français dans le texte.

— 151, ligne 11. du h. : *noblesse, esprit, élégance* — en français dans le texte.

— 177, ligne 9. du b. : *amour-plaisir* — en français dans le texte.

— 177, ligne 8, du b. : *amour-vanité* — en français dans le texte.

— 225, ligne 4. du b. : jeu de mot sur *nachmachen* (imiter) et *sich vormachen* (se remontrer).

— 278, ligne 1. du h. : *esprit* — en français dans le texte.

— 300, ligne 3. du h. : l'épigraphe, en français dans le texte.

— 311, ligne 9. du b. : *chauvinisme* — en français dans le texte.

— 311, ligne 7. du b. : *naturalisme* — en français dans le texte.

— 311, ligne 73. du b. : *vérité vraie* — en français dans le texte.

— 313, ligne 7. du h. : *par excellence* — en français dans le texte.

— 315, ligne 14. du h. : *raison* — en français dans le texte.

— 335, ligne 15. du h. : *par excellence* — en français dans le texte.

— 390, ligne 2. du . : *Vogelfrei* signifie en même temps libre comme l'oiseau et « hors la loi ».

— 398, ligne 11. du b. : *accent aigu* — en français dans le texte.

HENRI ALBERT.

INDEX DES APHORISMES

LIVRE PREMIER

La doctrine du but de la vie............	33
La conscience intellectuelle	38
Noble et vulgaire........	39
Ce qui conserve l'espèce.	42
Devoirs absolus.........	43
Dignité perdue..........	45
Pour les hommes actifs...	45
Vertus inconscientes.....	47
Nos éruptions...........	49
Une espèce d'atavisme....	49
La conscience............	50
Du but de la science.....	52
Pour la doctrine du sentiment de puissance.....	53
Tout ce que l'on appelle l'amour...............	56
A distance..............	58
Sur le passage...........	59
Motiver sa pauvreté......	60
Fierté antique...........	60
Le Mal.................	61
Dignité de la folie.......	62
A ceux qui enseignent le désintéressement.......	62
L'ordre du jour pour le roi...................	66
Symptômes de la corruption................	68
Différents mécontents....	72
Ne pas être prédestiné à la connaissance.........	73
Que signifie vivre........	74
Le renonciateur.........	74
Nuire avec ce que l'on a de meilleur............	75
Ceux qui ajoutent un mensonge.................	76
Comédie des hommes célèbres.................	76
Commerce et noblesse....	77
Disciples que l'on ne souhaite point............	79
Au dehors de la salle de cours.................	79
Historia abscondita.....	80
Hérésie et sorcellerie....	80
Dernières paroles........	81
De trois erreurs.........	82
Les explosifs............	82
Goût changé............	83
De l'absence des formes nobles.................	84
Contre le remords.......	85

Travail et ennui..........	85
Ce que révèlent les lois...	87
Les motifs que l'on croit..	88
Epicure..................	88
Notre étonnement........	89
De la répression des passions.................	90
Connaissance de la misère	91
La générosité et ce qui lui ressemble............	93
L'argument de l'isolement.	94
Véracité................	95
Ce que les autres savent de nous................	95
Où le bien commence.....	95
La conscience de l'apparence.................	96
La dernière noblesse de sentiment..............	97
Le désir de souffrance...	98

LIVRE DEUXIÈME

Pour les réalistes........	101
Comme créateurs seulement................	102
Nous autres artistes......	103
Les femmes et leurs effets à distance............	105
A l'honneur de l'amitié...	106
Amour..................	107
La femme dans la musique	107
Femmes sceptiques......	107
Don de soi-même........	108
La force des faibles.....	108
Simuler sa propre nature.	108
Volonté et soumission....	109
Faculté de vengeance.....	110
Les dominatrices des maîtres.................	110
De la chasteté féminine...	111
Les mères..............	112
Cruauté sacrée..........	113
Sans succès.............	114
Le troisième sexe........	114
Le plus grand danger....	114
L'animal avec la bonne conscience............	116
Ce pour quoi nous devons être reconnaissants....	118
Attrait de l'imperfection..	118
Art et nature............	119
Goût grec...............	122
L'esprit n'est pas grec....	123
Traductions.............	124
De l'origine de la poésie..	125
Le bien et le beau........	129
Au théâtre..............	130
De la vanité des artistes...................	132
Prendre la vérité au sérieux.................	133
Maintenant et autrefois...	134
Les lumières et les ombres.	134
Précaution..............	135
Prose et poésie..........	135
Mais toi, pourquoi écris-tu donc?................	136
Croissance après la mort.	137
Chamfort...............	138
Deux orateurs...........	140
De la loquacité des écrivains..................	140

INDEX DES APHORISME

A la gloire de Shakespeare..................	141
Les disciples de Schopenhauer..................	143
Apprendre à rendre hommage..................	148
Voltaire..................	149
Un mot pour les philologues..................	150
De la musique allemande.	150
De l'intonation de la langue allemande..........	152
Les Allemands en tant qu'artistes..............	156
La musique qui intercède.	157
Notre dernière reconnaissance envers l'art......	158

LIVRE TROISIÈME

Luttes nouvelles.........	161
Gardons-nous...........	161
Origine de la connaissance.	163
Origine du logique.......	167
Cause et effet............	168
Pour la science des poisons..................	170
Limites du domaine moral.	170
Les quatre erreurs.......	171
Instinct de troupeau.....	171
Remords de troupeau....	172
Bienveillance............	173
Pas d'altruisme..........	174
Santé de l'âme...........	174
La vie n'est pas un argument..................	175
Le scepticisme moral dans le christianisme........	176
La connaissance est plus qu'un moyen...........	177
Dans l'horizon de l'infini.	179
L'insensé................	179
Explications mystiques...	181
Effet de la plus ancienne religiosité.............	181
La valeur de la prière....	183
Les conditions de Dieu...	185
Une résolution dangereuse	185
Le christianisme et le suicide..................	185
Contre le christianisme...	186
Principe................	186
Les pessimistes comme victimes..............	186
Origine du péché.........	187
Le peuple élu............	188
Pour parler en images....	189
L'erreur du Christ.......	190
Couleur des passions....	190
Trop juif................	191
Trop oriental............	191
Fumigations.............	191
La plus grande utilité du polythéisme............	191
Guerres de religion.......	193
Danger des végétariens...	194
Espoirs allemands........	194
Question et réponse......	195
Où naissent les réformes..	195
Insuccès des réformes....	196
Pour la critique des saints	197
De l'origine des religions.	198
Le plus grand changement..................	198

Homo poeta............	199	Pauvre................	208
La vie plus ou moins dangereuse...............	200	Mauvaise conscience.....	209
		Ce qu'il y a d'offensant dans le débit.........	209
Ce qui nous manque......	200	Travail...............	209
Le plus influent.........	200	Le penseur............	210
Mentiri...............	201	Contre les louanges.....	210
Qualité gênante.........	201	Contre certains défenseurs	210
Chaque vertu a son temps.	201	Les êtres charitables.....	210
Dans les rapports avec les vertus................	201	Malice de Kant.........	211
Aux amoureux du temps.	202	« A cœur ouvert »......	211
Egoïsme...............	202	A mourir de rire.......	211
Après une grande victoire	202	Les bornes de notre faculté d'entendre...........	211
Ceux qui cherchent le repos.................	202	Attention !............	211
Bonheur du renoncement.	203	Dépit de la fierté.......	212
Toujours en notre société.	203	Libéralité.............	212
Misanthropie et amour....	203	Rire..................	212
A propos d'un malade....	204	Approbation...........	212
Ennemis sincères........	204	Un dissipateur.........	212
Avec la foule...........	204	*Hic niger est*.........	213
Gloire................	205	Les mendiants et la politesse................	213
Le gâte-sauce..........	205	Besoin................	213
Etre profond et sembler profond..............	205	Pendant la pluie.......	213
A l'écart..............	206	L'envieux.............	213
De l'éloquence.........	206	Grand homme.........	214
Compassion............	206	Une façon de demander les raisons.............	214
Pour le « système d'éducation »............	207	Mesure dans l'activité....	214
Pour l'émancipation morale................	207	Ennemis secrets........	214
Notre pensée...........	207	Ne pas se laisser tromper.	215
Le bon temps des esprits libres................	207	Le chemin du bonheur...	215
		La foi qui sauve........	215
Suivre et précéder......	207	Idéal et matière........	216
Dans la solitude........	208	Danger dans la voix.....	216
La musique du meilleur avenir...............	208	Cause et effet..........	216
		Mes antipodes.........	216
		But du châtiment.......	216
Justice...............	208	Sacrifice..............	217

Ménagements	217	Culpabilité	224
Poète et menteur	217	Souffrance méconnue	224
Vicariat des sens	217	Plutôt devoir	225
Critique des animaux	217	Toujours chez soi	225
Le naturel	218	Contre l'embarras	225
Les méfiants et le style	218	Imitateurs	225
Fausse conclusion	218	A fleur de peau	225
Contre les médiateurs	218	Par expérience	226
Entêtement et fidélité	219	Les négateurs du hasard	226
Manque de discrétion	219	Entendu au paradis	226
Les êtres « profonds »	219	Une fois un	226
Rêver	219	Originalité	226
Le point de vue le plus dangereux	220	*Sub specie œterni*	227
Paroles consolatrices d'un musicien	220	Sans vanité	227
		Ce que nous faisons	227
Esprit et caractère	220	Dernier scepticisme	228
Pour remuer la foule	220	Où la cruauté est nécessaire	228
L'homme poli	221	Avec un but élevé	228
Sans envie	221	Qu'est-ce qui rend héroïque	228
Sans joie	221		
Au bord de la mer	221	En quoi as-tu foi	228
L'œuvre et l'artiste	222	Que dit ta conscience	228
Suum cuique	222	Où sont tes grands dangers	229
Origine du bon et du mauvais	222	Qu'aimes-tu chez les autres	229
Pensées et paroles	222	Qui appelles-tu mauvais	229
Louanges dans le choix	223	Que considères-tu comme ce qu'il y a de plus mauvais	229
Mathématiques	223		
Habitudes	223		
Livres	223		
Le soupir de celui qui cherche la connaissance	223	Quel est le sceau de la liberté réalisée	229

LIVRE QUATRIÈME

Pour la nouvelle année	231	Amitié d'étoiles	234
Providence personnelle	232	Architecture pour ceux qui cherchent la connaissance	235
La pensée de la mort	233		

Savoir trouver la fin....	236	Pas de tableau de martyr.	266
L'allure................	237	Nouveaux animaux domestiques................	267
Les hommes qui préparent	237	De la dernière heure....	267
La foi en soi-même......	239	Hommes prophétiques....	267
Excelsior !.............	239	Regard en arrière........	268
Digression..............	240	Sagesse dans la douleur...	269
Joie de l'aveuglement....	241	Interprètes des événements de votre vie...........	270
Etat d'âme élevé........	241	En se revoyant..........	271
Sur les vaisseaux........	242	Nouvelle précaution......	271
Une seule chose est nécessaire...................	243	Symbole................	272
Gênes..................	245	Bonheur dans la destinée.	272
Aux prédicateurs de la morale...................	246	*In media vita*...........	272
Notre atmosphère........	247	Ce qui fait partie de la grandeur.................	273
Contre les calomniateurs de la nature...........	249	Les medecins de l'âme et la souffrance..........	273
Courtes habitudes........	250	Prendre au sérieux.......	275
La reputation fixe.......	251	Nuire à la bêtise........	276
Savoir contredire........	253	Loisirs et oisiveté.......	277
Soupir	253	Approbation.............	279
Ce qu'il faut apprendre des artistes'.............	253	Plutôt sourd qu'assourdi.	279
Prélude de la science....	254	La mauvaise heure.......	280
Illusion des contemplatifs.	255	Qu'est-ce que c'est que connaître ?...........	280
Danger des plus heureux.	257	Il faut apprendre à aimer.	282
Deux hommes heureux...	258	Vive la physique !.......	282
En agissant nous omettons	259	Avarice de la nature.....	287
L'empire sur soi-même....	260	L'« humanité » de l'avenir.	288
Stoïciens et épicuriens....	261	La volonté de vie et les compatissants.........	290
En faveur de la critique..	262	*Vita femina*............	293
L'histoire de chaque jour.	263	Socrate mourant.........	294
De la septième solitude...	263	Le poids formidable.....	295
Volonté et vague........	264	*Incipit tragœdia*........	296
Lumière brisée..........	265		
Mon chien..............	266		

LIVRE CINQUIÈME

Notre sérénité............ 299
De quelle manière, nous aussi, nous sommes encore pieux............ 301
La morale en tant que problème............ 305
Notre point d'interrogation 308
Les croyants et leurs besoins de croyance...... 310
De l'origine du savant.... 313
Encore l'origine des savants............ 315
A l'honneur des *homines religiosi*............ 316
A l'honneur des natures de prêtres............ 317
De quelle manière l'on peut à peine se passer de morale............ 319
De l'origine des religions. 320
Du « génie de l'espèce »... 322
L'origine de notre notion de la « connaissance »... 327
De quelle manière l'Europe deviendra de plus en plus artistique......... 328
Sur le vieux problème : « Qu'est-ce qui est allemand ? »............ 332
Le soulèvement des paysans dans le domaine de l'esprit............ 339
La vengeance de l'esprit et autres arrière-plans de la morale............ 343
Deux espèces de causes que l'on confond..... 345
Le problème du comédien. 346

Notre foi en une virilisation de l'Europe....... 349
Comment chacun des deux sexes a ses préjugés sur l'amour............ 350
L'ermite parle............ 352
L'ermite parle encore une fois............ 353
En regard d'un livre savant............ 354
Quelle est la première distinction à faire pour les œuvres d'art........ 357
Le cynique parle......... 358
Notre juxtaposition....... 360
Qu'est-ce que le Romantisme ?............ 361
Nous qui sommes incompréhensibles.......... 365
Pourquoi nous ne sommes pas des idéalistes...... 367
La « Science » en tant que préjugé............ 368
Notre nouvel « infini »... 371
Pourquoi nous semblons être des épicuriens...... 372
Le ralentissement dans notre temps............ 373
Nous autres sans-patrie.. 374
« Et nous redevenons clairs »............ 377
Interruption du fou....... 378
« Le voyageur » parle.... 379
La question de la compréhension............ 381
La grande santé......... 383
Epilogue............ 386

TABLE DES MATIÈRES

AVANT-PROPOS....................................	5
PLAISANTERIE, RUSE ET VENGEANCE, PROLOGUE EN VERS..	17
LIVRE PREMIER....................................	33
LIVRE DEUXIÈME...................................	101
LIVRE TROISIÈME..................................	161
LIVRE QUATRIÈME. SAINT JANVIER...................	231
LIVRE CINQUIÈME. NOUS QUI SOMMES SANS CRAINTE..	299
APPENDICE : CHANTS DU PRINCE « VOGELFREI ».....	389
NOTES..	403
INDEX DES APHORISMES.............................	407

Poitiers. — Imprimerie Blais et Roy, 7, rue Victor-Hugo.

www.ingramcontent.com/pod-product-compliance
Lightning Source LLC
Chambersburg PA
CBHW052137230426

43671CB00009B/1283